Odysséo

Géographie

Cycle 3

Conforme 2008 Programmes

Direction d'ouvrage

Marie-Jeanne Ouriachi

Didier Caille
Professeur des écoles, maître formateur

Catherine Caille-Cattin
Maître de conférences en géographie

Marie-Jeanne Ouriachi
Professeur agrégée d'histoire-géographie

Éliane Riot
Professeur agrégée d'histoire-géographie,
diplômée de l'École du Louvre

Michel Vrac
Maître de conférences en géographie

MAGNARD

www.geo.odysseo.magnard.fr

Conception maquette intérieure et couverture : Anne-Danielle Naname
Réalisation : Anne-Danielle Naname, Adeline Calame
Illustrations : Alice Gravier
Iconographie : Virginie Dauvet, Cécile Depot et Soizic Landais
Cartographie : Valérie Goncalves, Marie-Christine Liennard et Christel Parolini
Relecture : Lucie Martinet
Photogravure : MCP-Jouve
Édition : Christine Pincemaille

Source : Atlas du 21e siècle. Projection Winkel.

Géographie cycle 3

Une approche dynamique de la géographie, axée sur l'observation et le questionnement, en parfaite conformité avec les nouveaux programmes 2008.

Les nouveaux programmes inscrivent la France au cœur de l'apprentissage de la géographie, favorisant ainsi l'implication des élèves.
Leur village, leur ville, les lieux qu'ils côtoient au quotidien servent de point d'appui à un questionnement sur le fonctionnement de l'espace, qui leur permettra dans un second temps de construire des savoirs sur des espaces plus éloignés. L'étude de la France replacée dans un contexte européen et mondial s'en trouve facilitée.

Dans cet ouvrage, nous avons fait le choix d'une progression conforme à l'esprit des nouveaux programmes, afin de faciliter votre tâche d'enseignant.

Géographie cycle 3 s'ouvre sur « Les outils du géographe », un appareil méthodologique indispensable, consultable tout au long des trois années du cycle.
Dans un même souci de méthode, des cartons de localisation, présents sur une majorité de documents, fournissent aux élèves des repères indispensables à la réflexion géographique.

Géographie cycle 3 s'appuie sur une démarche en 3 temps :

- une phase de *découverte* permettant aux élèves de comprendre l'enjeu de la leçon ;
- une phase d'*observation* et d'*interrogation* portant sur des documents variés : cartes, schémas, photographies, illustrations, graphiques, témoignages… ;
- une phase de *synthèse* pour revoir toutes les notions étudiées au cours de la leçon, notamment les « Les mots du géographe » que les élèves viennent de découvrir.

Au terme de chaque partie, les élèves sont mis en situation de recherche grâce aux rubriques « Je mène l'enquête » qui portent sur un lieu énigmatique : cette approche leur permet de réinvestir autrement leurs acquis.
Ils trouveront aussi des pages « Histoire des arts », conçues en lien avec chaque partie du programme : elles leur proposent une autre vision des objets étudiés par la géographie.

Enfin, des ressources numériques complémentaires sont mises à votre disposition sur un site dédié à la collection **Odysséo**. Vous y trouverez des cartes interactives, des fonds de cartes à imprimer, des liens pour approfondir les questions du programme, notamment celles portant sur le niveau local, le tout au service de votre liberté pédagogique.

LES AUTEURS

Pour bien utiliser ton manuel

Ces pictos t'aident à te repérer

Ce picto te montre que tu peux te rendre sur les pages « Outils du géographe » pour t'aider à mieux comprendre la leçon.

Ce picto, présent dans le sommaire, te signale que les leçons aborderont le développement durable.

Ce picto renvoie aux pages « Histoire des arts ».

Ce picto t'indique que tu dois consulter l'atlas à la fin du manuel.

Ce picto t'indique que tu devras utiliser un ordinateur ou faire une recherche sur Internet.

Ce picto renvoie aux pages « Je mène l'enquête ».

Les outils du géographe

Ils te guident tout au long de l'année et t'aident à travailler comme un géographe.

Le titre de la leçon.

Cet encadré t'explique la méthode à suivre.

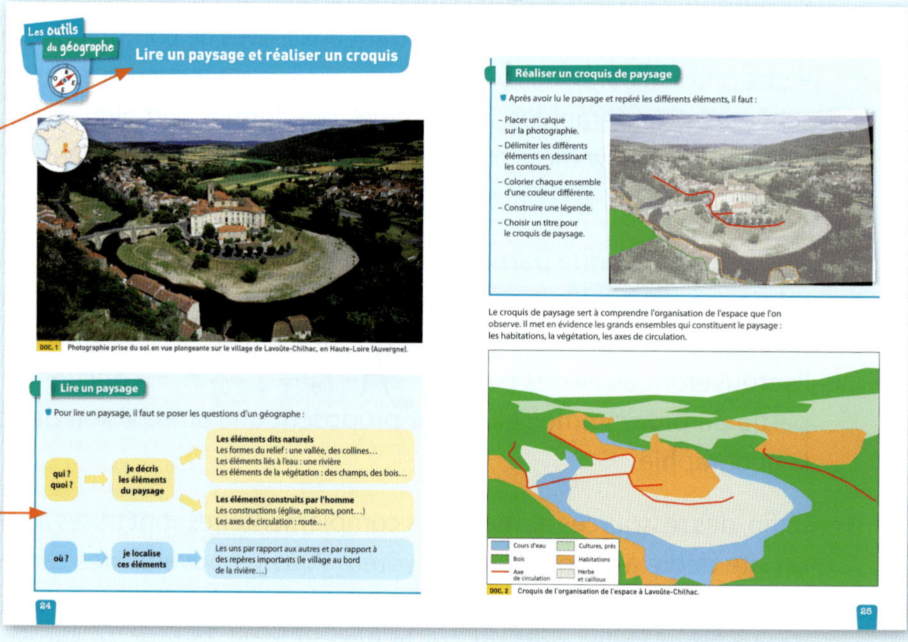

Les outils du géographe

Lire un paysage et réaliser un croquis

DOC. 1 Photographie prise du sol en vue plongeante sur le village de Lavoûte-Chilhac, en Haute-Loire (Auvergne).

Lire un paysage

Pour lire un paysage, il faut se poser les questions d'un géographe :

qui ? quoi ? → je décris les éléments du paysage →
Les éléments dits naturels
Les formes du relief : une vallée, des collines…
Les éléments liés à l'eau : une rivière
Les éléments de la végétation : des champs, des bois…
Les éléments construits par l'homme
Les constructions (église, maisons, pont…)
Les axes de circulation : route…

où ? → je localise ces éléments → Les uns par rapport aux autres et par rapport à des repères importants (le village au bord de la rivière…)

24

Réaliser un croquis de paysage

Après avoir lu le paysage et repéré les différents éléments, il faut :
- Placer un calque sur la photographie.
- Délimiter les différents éléments en dessinant les contours.
- Colorier chaque ensemble d'une couleur différente.
- Construire une légende.
- Choisir un titre pour le croquis de paysage.

Le croquis de paysage sert à comprendre l'organisation de l'espace que l'on observe. Il met en évidence les grands ensembles qui constituent le paysage : les habitations, la végétation, les axes de circulation.

Cours d'eau
Bois
Axe de circulation
Cultures, prés
Habitations
Herbe et cailloux

DOC. 2 Croquis de l'organisation de l'espace à Lavoûte-Chilhac.

25

L'organisation de chaque chapitre

Je découvre

Le titre du chapitre.

Cette petite carte t'aide à situer l'endroit représenté sur la photograhie.

Les mots liés à la géographie sont écrits en bleu et définis dans l'encadré **Les mots du géographe**.

L'encadré **Les mots du géographe**.

Des questions sur les documents t'aident à comprendre la leçon.

J'observe et je m'interroge

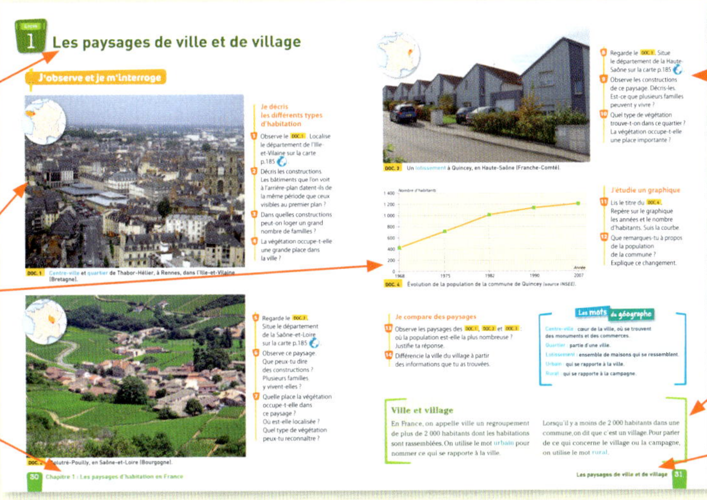

Le titre de la leçon.

Des questions pour t'aider à observer, déduire, comprendre.

Des documents variés à observer.

Pour en savoir plus sur la leçon.

Le rappel du titre du chapitre.

Le rappel du titre de la leçon.

Je retiens

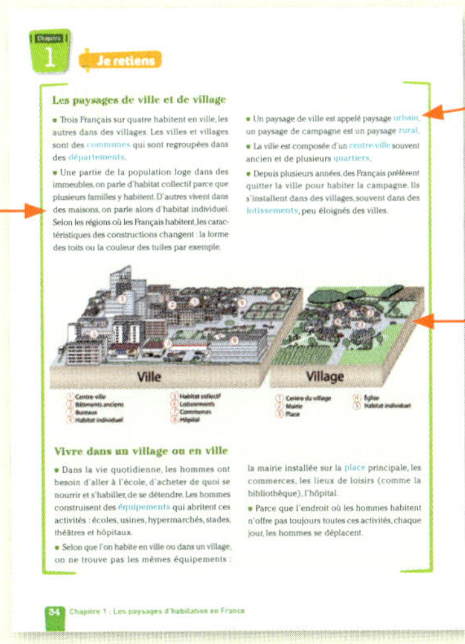

Tu retrouves les mots du géographe en bleu.

Un résumé de ce que tu dois retenir du chapitre.

Une illustration ou une photographie te permet de retenir plus facilement ce que tu as étudié.

Pour bien utiliser ton manuel

Histoire des arts

Découvre quelques œuvres artistiques, en lien avec la géographie et les chapitres que tu as étudiés.

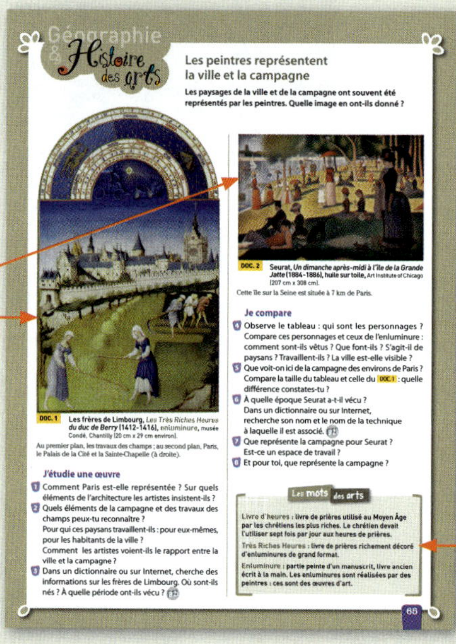

Tu vas observer et comparer deux œuvres.

Les mots liés à l'art sont définis.

Je mène l'enquête

À toi de mettre en pratique ce que tu as appris !

Tu dois identifier un endroit que tu ne connais pas à l'aide d'indices.

Trois indices te permettent d'utiliser tes connaissances pour trouver l'endroit mystère.

Sommaire

Les outils du géographe

Des réalités géographiques locales à la région où vivent les élèves

Le territoire français dans l'Union européenne

Les Français dans le contexte européen

Se déplacer en France et en Europe

Produire en France

La France dans le monde

Atlas

Quel est le travail du géographe ?

DOC. 1 **Le géographe.** Johannes Vermeer (1668-1669). Huile sur toile. Étude de cartes par un géographe au XVIIe siècle.

DOC. 2 **Le géographe au XXIe siècle.** Observation d'un glacier au Spitsberg (pôle Nord), par la géographe Madeleine Griselin.

La démarche du géographe

Les géographes étudient la Terre et ils cherchent à comprendre comment les hommes vivent et mettent en valeur leur territoire. Le travail des géographes consiste à poser les questions suivantes :

Qui ? Quoi ?	**Je décris…**	Un parc d'attractions.
Où ?	**Je localise…**	À 30 km de Paris, en direction du nord de la France et de la Belgique.
Pourquoi ?	**J'explique…**	C'est un espace de loisirs pour les Parisiens et les touristes européens.
Comment ?	**Je comprends…**	Il a été construit à côté d'une autoroute et d'un aéroport. Il rassemble au même endroit de nombreux manèges dans un décor qui rappelle un village gaulois.

Albert-René

Les outils du géographe

Pour faire leur métier, les géographes utilisent plusieurs outils. Ils vont souvent sur le terrain pour observer les paysages. Ils travaillent aussi sur différents types de documents : des cartes, des photographies de paysages, des images réalisées par des satellites, des textes, des documents statistiques, des œuvres d'art.
Par exemple, pour étudier la ville de Rouen, les géographes auront besoin de documents comme ceux-ci :

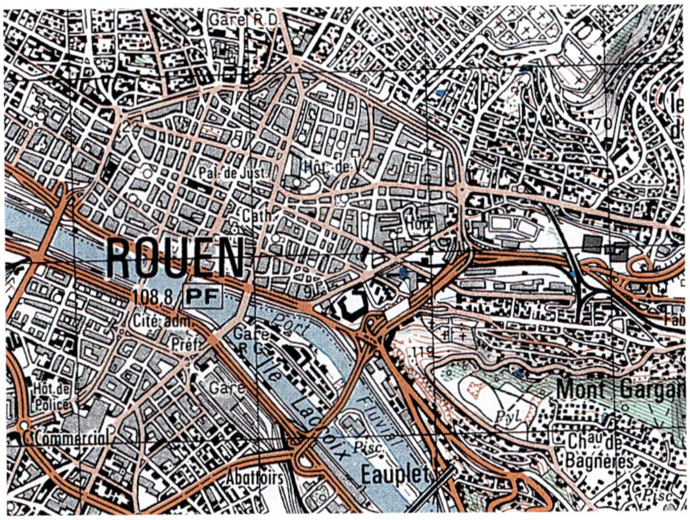

Une carte.

Une photographie.

> Dès 1983, l'idée de créer des animations sur les quais de Rouen afin de donner aux Rouennais l'envie de reconquérir leur port germe dans l'esprit de Patrick Herr, alors adjoint au maire [...]. L'envie de créer une grande concentration de voiliers fait son chemin et, en 1985, une association « Les Voiles de la Liberté » est créée. [...]. Le maire de Rouen [...] propose d'organiser cette grande manifestation (l'Armada), qui rassemblerait les plus beaux et les plus grands voiliers du monde.
>
> *www.armada.org/presentation*

Un texte.

Une image satellitaire.

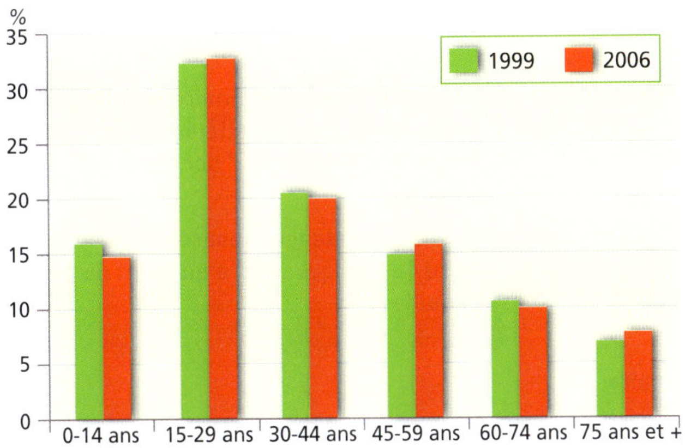

Un document statistique.

Les mots du géographe

Carte : représentation d'une partie ou de la totalité de la Terre, sur une surface plane.

Territoire : partie de l'espace terrestre qu'un groupe d'hommes considère comme le sien et organise pour pouvoir y vivre.

Paysage : portion de l'espace terrestre que l'on découvre en regardant autour de soi.

Les outils du géographe

Se repérer sur la Terre

Les grands repères géographiques

Pour se déplacer sur la Terre, il faut des repères. Les hommes ont défini deux points remarquables, les pôles, et tracé sur le globe des lignes imaginaires qui le quadrillent : ces lignes sont l'équateur, les cercles polaires et les parallèles, qui permettent de mesurer la latitude d'un point, tandis que les méridiens permettent de mesurer sa longitude. Ces repères sont dessinés sur les planisphères.

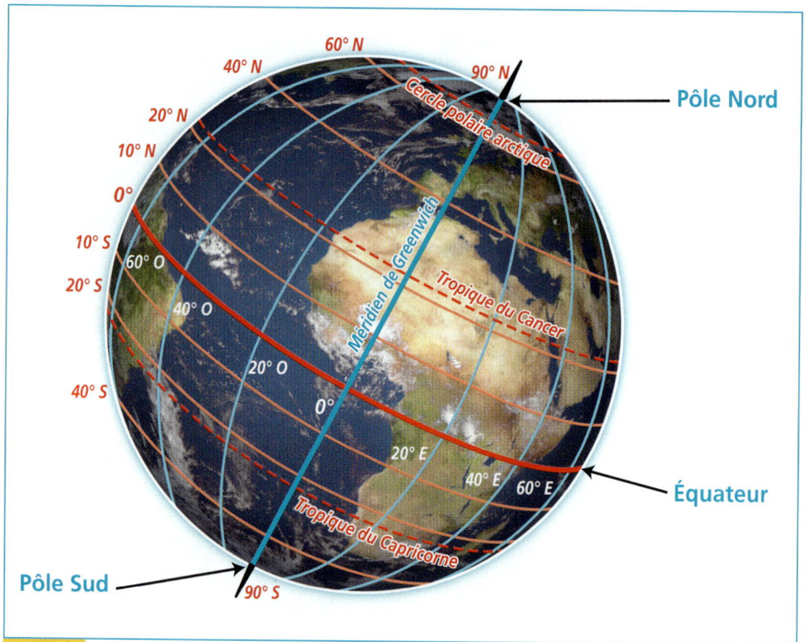

DOC. 1 La Terre vue du ciel.

Les mots du géographe

Pôle : extrémité nord ou sud de la Terre par laquelle passe l'axe de rotation de la Terre.

Globe : sphère sur laquelle est dessinée une carte de la Terre.

Équateur : ligne imaginaire, située à égale distance des pôles, qui sépare la Terre en deux parties égales appelées hémisphères.

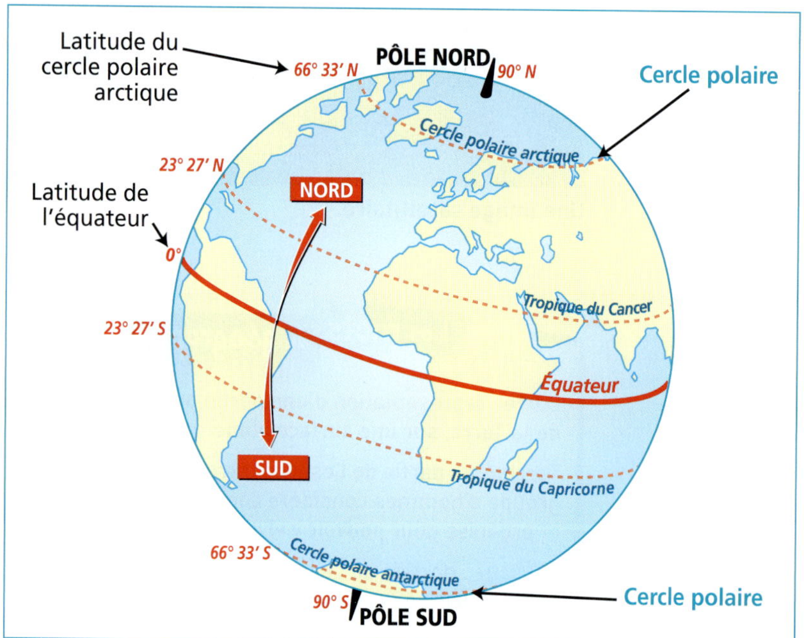

DOC. 2 Le globe terrestre avec les parallèles.

Les mots du géographe

Cercle polaire : ligne délimitant une zone où, pendant au moins une journée, le soleil ne se lève pas en hiver (nuit permanente) et ne se couche pas en été (jour permanent).

Parallèle : ligne imaginaire parallèle à l'équateur. Les parallèles situés à la latitude de 23° 27′ sont appelés tropiques.

Latitude : distance mesurée en degrés Nord ou Sud qui sépare un point de l'équateur.

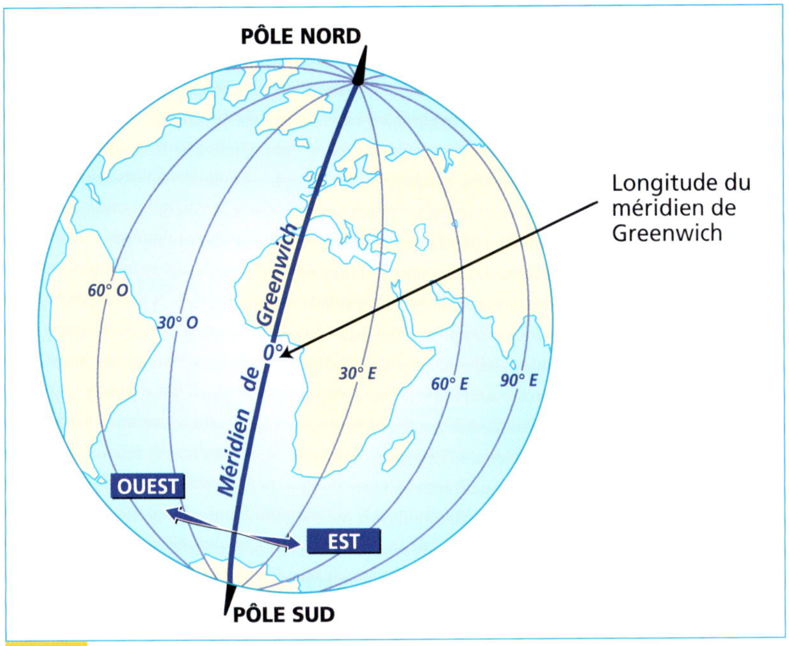

DOC. 3 Le globe avec les méridiens.

Les mots du géographe

Méridien : ligne imaginaire qui relie les pôles. Le méridien de Greenwich qui passe par Londres sert de référence.

Longitude : position de tout point par rapport au méridien de Greenwich soit à l'est, soit à l'ouest de cette ligne.

Planisphère : représentation à plat de la Terre.

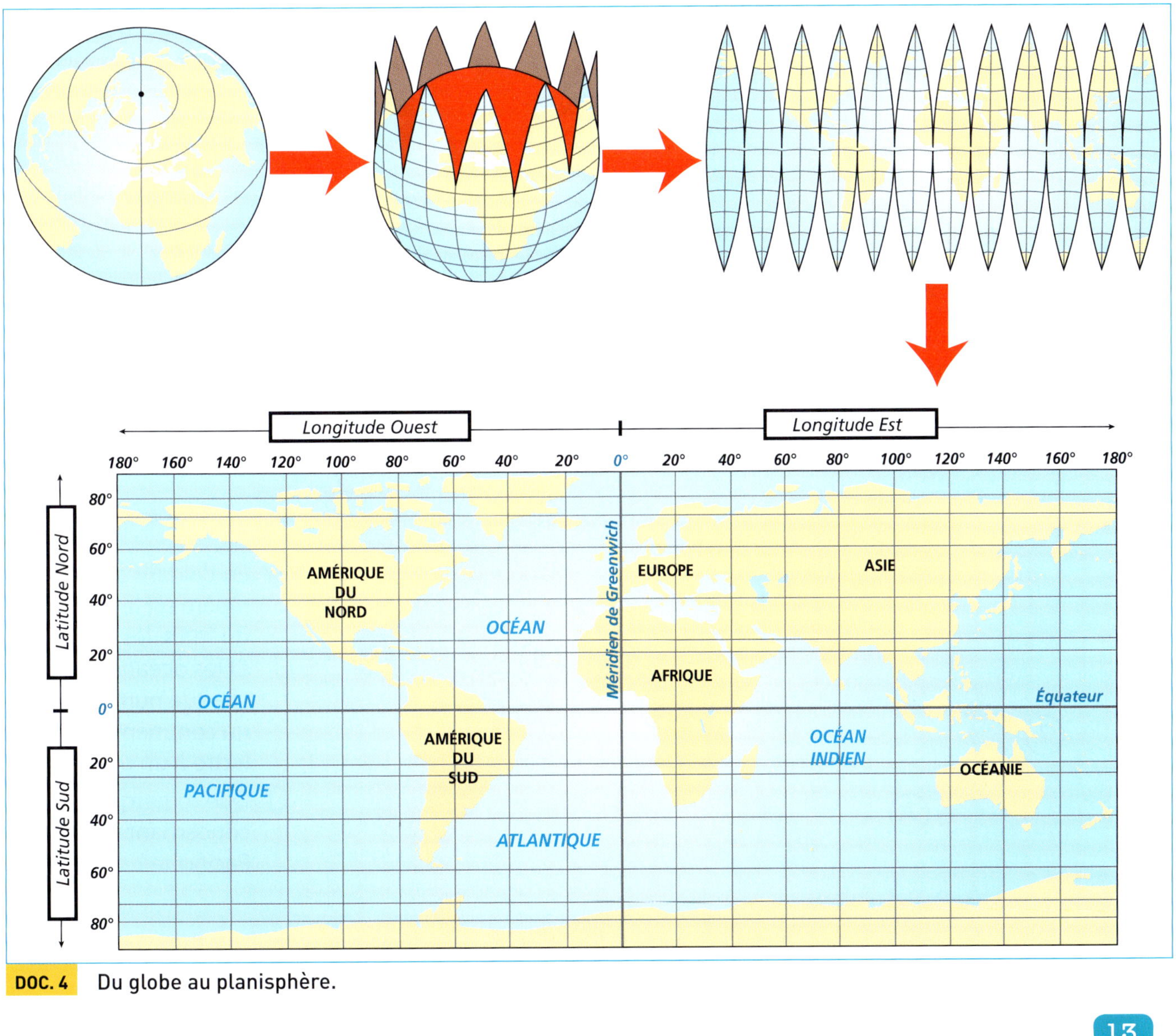

DOC. 4 Du globe au planisphère.

Les outils du géographe

Se repérer sur la Terre

Continents et océans

La surface de la planète est occupée par six continents et cinq océans. Les océans sont beaucoup plus étendus que les continents. Les terres émergées, c'est-à-dire les continents, ne couvrent qu'un tiers de la surface terrestre.

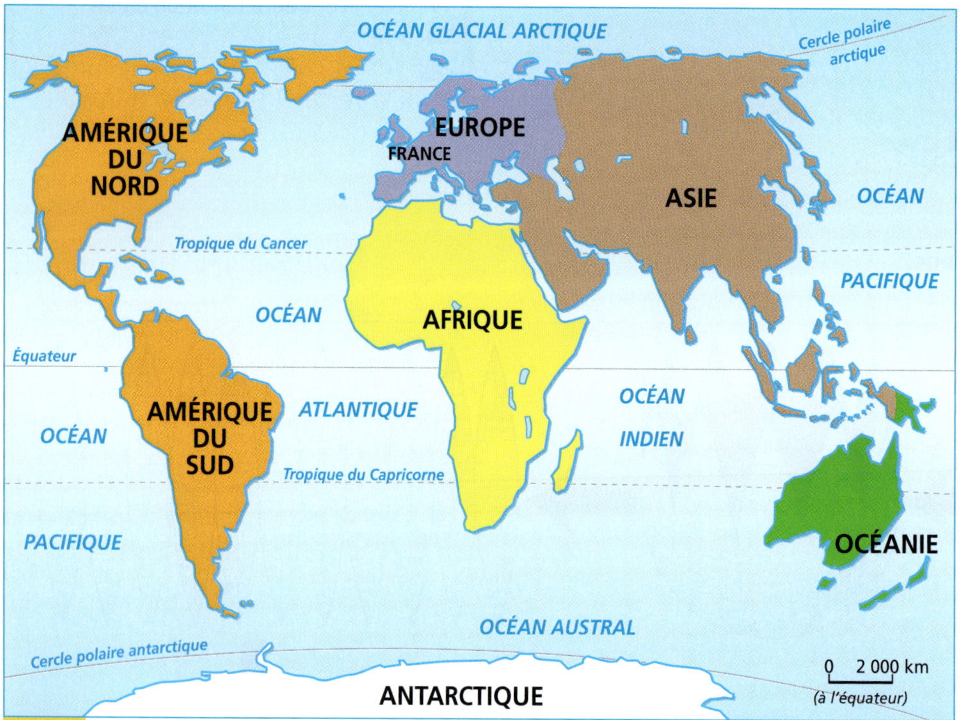

DOC. 1 Les continents et les océans.

1. Observe le DOC. 1. Nomme les six continents et les cinq océans.
2. Dans quel hémisphère trouve-t-on l'essentiel des terres émergées ?
3. Sur cette carte, quelle est la particularité de l'océan Pacifique ?

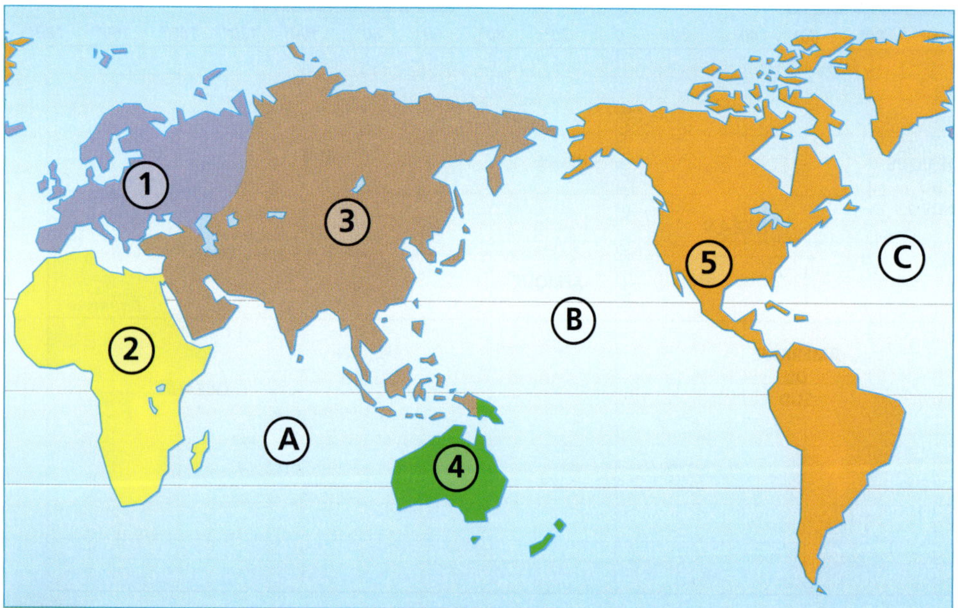

DOC. 2 Planisphère centré sur l'océan Pacifique.

4. En t'aidant du DOC. 1, repère sur le planisphère du DOC. 2 les continents et les océans : associe chaque numéro à un continent et chaque lettre à un océan.
5. Que remarques-tu concernant l'océan Pacifique ?

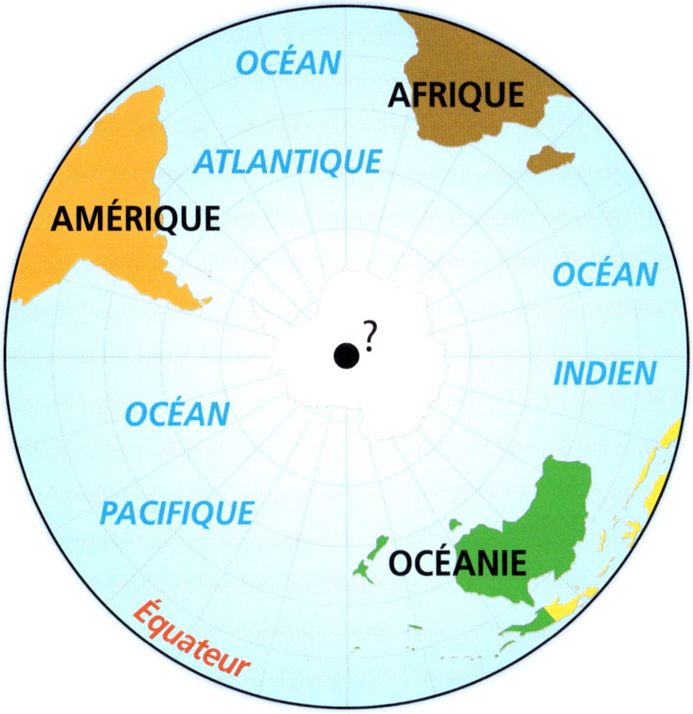

DOC. 3 Autre représentation : la terre vue d'un pôle.

6. Observe le DOC. 3. Sur quel continent est-il centré ?
7. Sommes-nous dans l'hémisphère Nord ou Sud ?
8. À quoi correspond le point mystère ?
9. Quel océan entoure ce continent ? Quelle est sa particularité par rapport aux autres océans ?
10. En observant cette image, explique pourquoi la Terre est appelée la « planète bleue ».

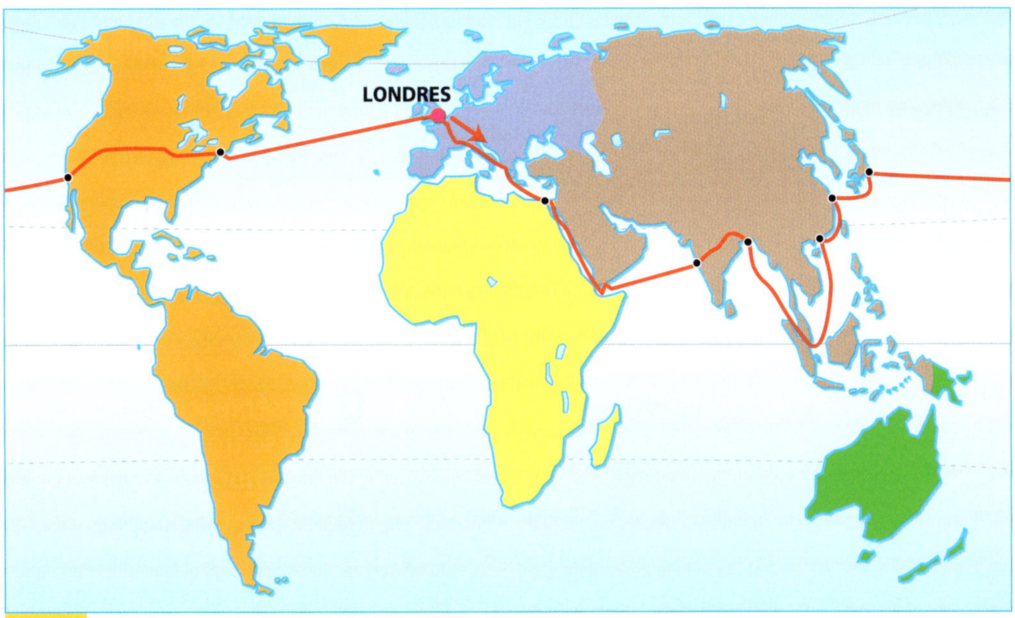

DOC. 4 Carte du tour du monde en 80 jours du roman de Jules Verne.

11. Nomme dans l'ordre les continents par où passe ce tour du monde commencé à Londres.
12. Repère les océans que les héros de Jules Verne ont traversés.
13. Quels océans les héros du livre de Jules Verne n'ont-ils pas traversés ?

Les mots du géographe

Continent : immense étendue de terre entourée d'eau.

Océan : vaste étendue d'eau salée.

Les outils du géographe

La diversité des cartes

Il existe une grande diversité de cartes. Celles-ci varient notamment en fonction des thèmes représentés. Les cartes suivantes se rapportent toutes au même espace : la Réunion. Elles en donnent des images différentes et complémentaires.

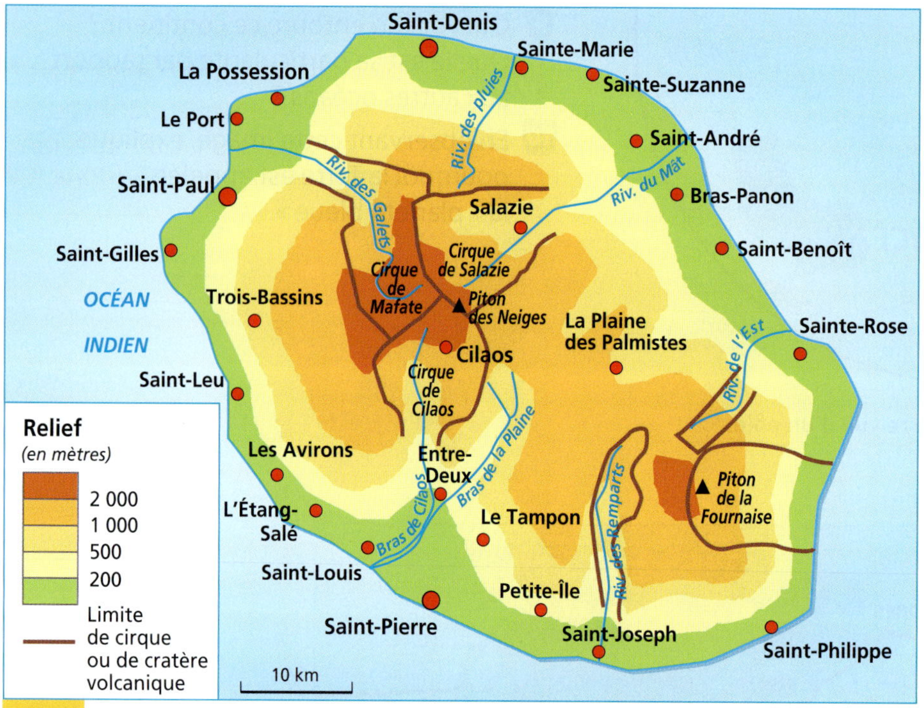

DOC. 1 Le relief de l'île de la Réunion.

1. Observe le DOC. 1. Quelles informations la carte nous donne-t-elle ? Où sont localisées les montagnes ?
2. Quel est le point le plus haut de l'île ?
3. Quel est le nom des volcans de la Réunion ?
4. Cite le nom de deux fleuves qui coulent sur l'île.

DOC. 2 Le réseau routier de l'île de la Réunion.

5. Observe le DOC. 2. Où se trouvent les principales villes ?
6. Où sont localisées les routes nationales (RN) ? Les départementales (D) ? Quelle partie de l'île est mal desservie ?
7. Quel est l'itinéraire le plus court pour aller de Saint-Denis à Saint-Pierre ?
8. À quoi sert ce type de carte ?

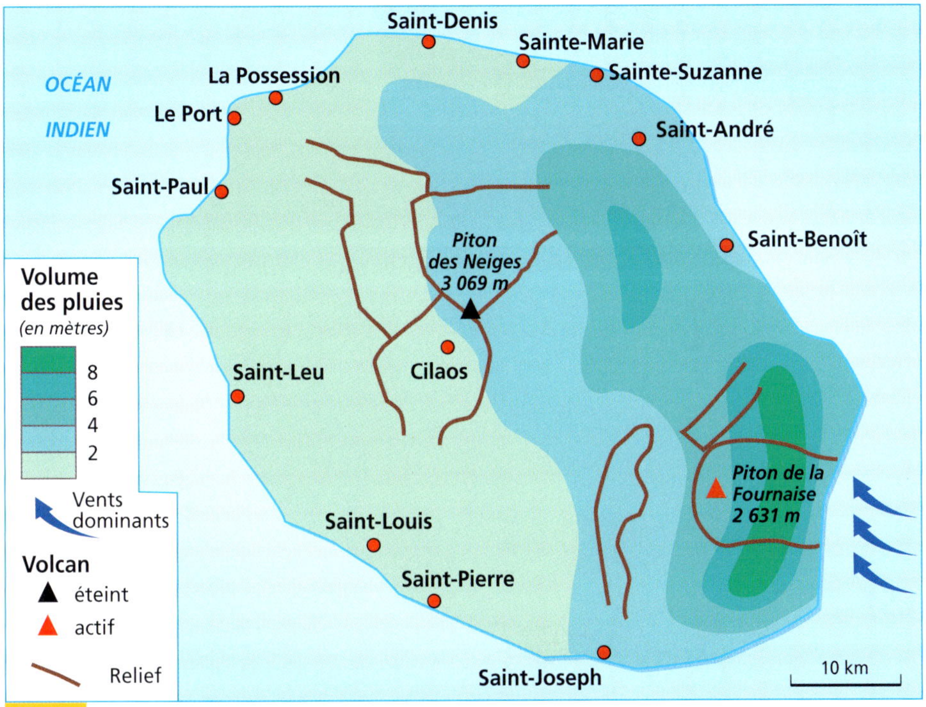

DOC. 3 Carte des précipitations de l'île de la Réunion.

9 Dans quelle partie de l'île les pluies sont-elles les plus fortes ?

10 La carte nous permet-elle de comprendre la répartition des pluies ? Si oui, quels éléments jouent un rôle important dans cette répartition ?

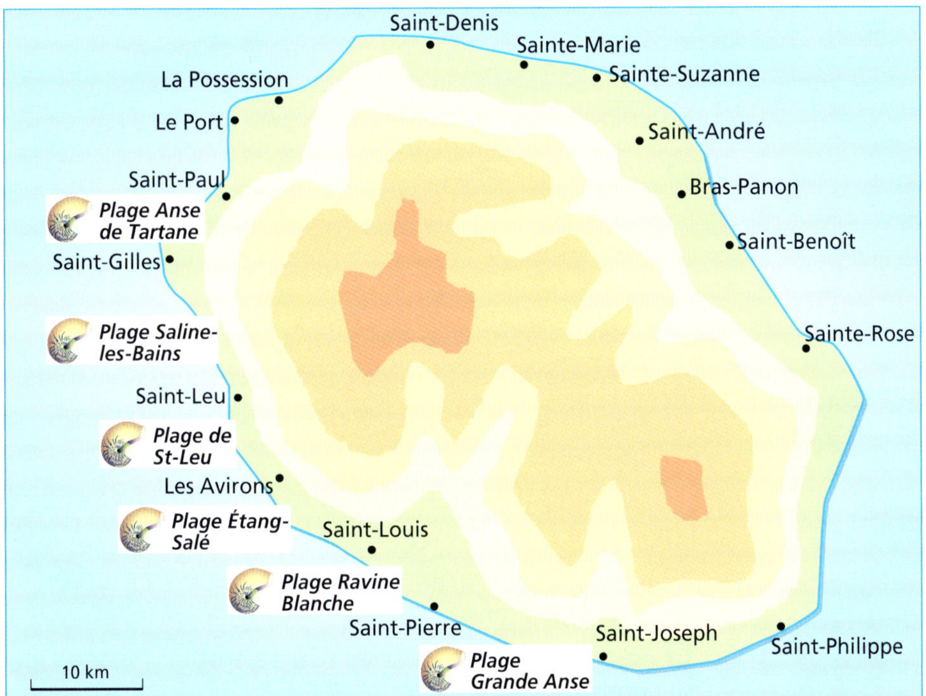

DOC. 4 Les principales plages de l'île de la Réunion.

11 Cette carte montre le relief de l'île ainsi que la localisation des villes. Elle donne aussi une autre information : laquelle ?

12 À qui ce type de carte est-il destiné ?

La plupart des cartes donnent une seule information, voire deux (relief ou routes et villes par exemple). Mais d'autres cartes, qui cherchent à se rapprocher le plus possible de la réalité, associent un grand nombre d'informations (relief, végétation, habitat, routes, etc.).

Le contenu des cartes dépend avant tout des personnes auxquelles elles s'adressent et de ce que celles-ci comptent en faire.

Les outils du géographe

S'orienter sur une carte

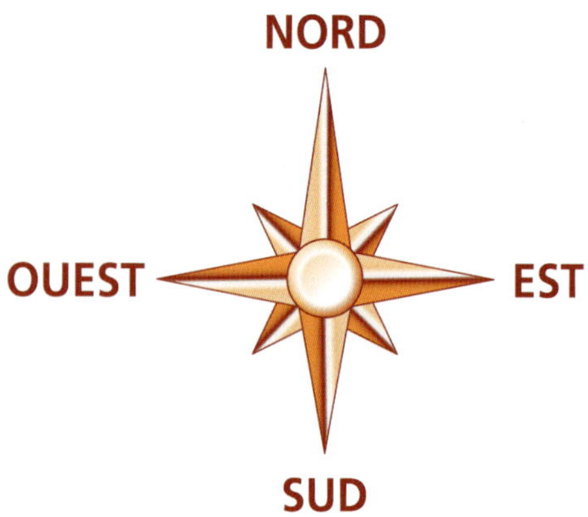

DOC. 1 Rose des vents à quatre directions.

DOC. 2 Carte de l'Europe.

Se repérer sur une carte

Pour localiser un lieu A par rapport à un lieu B, il faut :

- repérer les lieux A et B sur la carte ;
- trouver le nord en s'aidant de la flèche qui indique cette direction ;
- regarder la rose des vents qui donne les trois autres directions et les repérer sur la carte car elles ne sont pas indiquées par des flèches ;
- utiliser ces repères (nord, sud, est, ouest) pour situer le lieu A par rapport au lieu B.

Entraîne-toi en répondant aux questions suivantes.

1. Repère la France : dans quelle partie de l'Europe se trouve-t-elle ?
2. L'océan Atlantique est-il situé à l'est ou à l'ouest de la France ?
3. La mer Méditerranée se trouve-t-elle au nord ou au sud de la France ?
4. Repère Paris et Moscou. Où se trouve Moscou par rapport à Paris ?
5. Où se trouve l'Algérie par rapport à la France ?
6. Pour aller de Paris à Londres, quelle direction dois-tu suivre ?
   Et si tu dois revenir, vas-tu suivre la même direction ?
7. Pour aller de Paris à Vienne, quelle direction prendras-tu ?
8. Si, partant de Paris, tu te diriges vers le sud-ouest, dans quel pays arriveras-tu ? Pour répondre, aide-toi de la carte p. 199.

DOC. 3 La carte au trésor de l'île de Jade.

Voici la carte d'une île au trésor.

9 Observe la carte : où se trouvent les Monts Perdus ? Le Cap d'Enfer ? La Baie de la Tortue ? L'Anse des Alizés ?

10 Pour chaque lieu, réponds en choisissant l'une des quatre propositions suivantes :
– au nord de l'île ;
– au sud de l'île ;
– à l'est de l'île ;
– à l'ouest de l'île.

11 Si tu arrives par la mer à bord du bateau dessiné sur la carte, dans quelle partie de l'île vas-tu arriver ?

12 Repère « le coffre au trésor ».
La carte indique le chemin à suivre pour l'atteindre. Tu dois faire un détour par la grotte secrète où se trouve la clé qui te permettra d'ouvrir le coffre. Rédige un texte pour décrire ton itinéraire : tu prendras soin de citer les lieux et les directions que tu dois suivre pour y arriver. Aide-toi de la rose des vents p. 18 pour répondre.

DOC. 4 Une boussole.

Lire des cartes à différentes échelles

Échelle de la France

DOC. 1 Marseille, en France.

Il y a deux façons d'écrire l'échelle :

0 km 500 km

ou **1 : 10 000 000**

La carte est 10 000 000 de fois plus petite que la réalité.

Échelle de la région

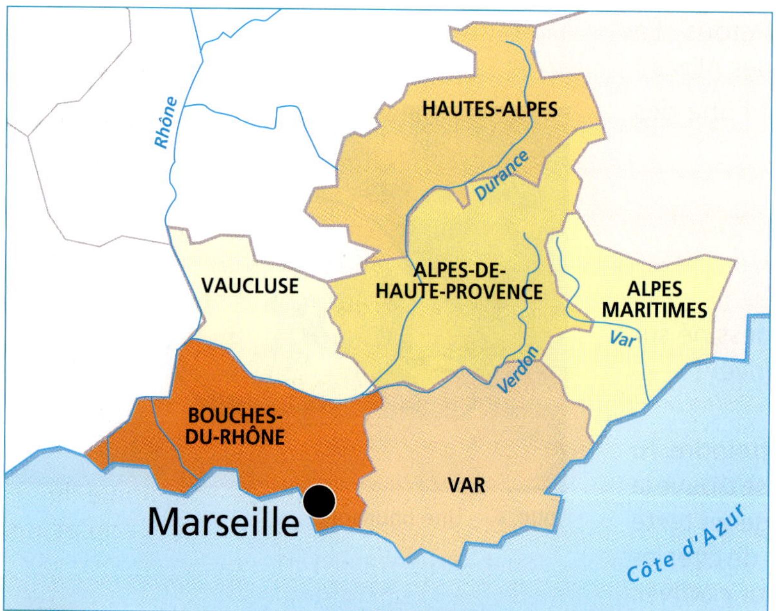

DOC. 2 Marseille, en région Provence-Alpes-Côte d'Azur.

Il y a deux façons d'écrire l'échelle :

0 km 100 km

ou **1 : 2 000 000**

La carte est 2 000 000 de fois plus petite que la réalité.

Échelle du département

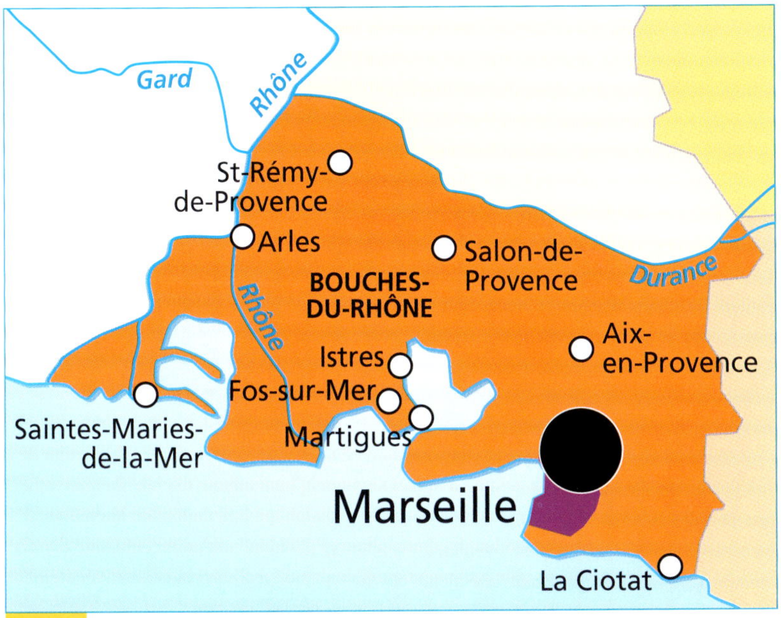

DOC. 3 Marseille, dans le département des Bouches-du-Rhône.

Il y a deux façons d'écrire l'échelle :

ou **1 : 1 000 000**

La carte est 1 000 000 de fois plus petite que la réalité.

Les mots du géographe

Échelle : rapport entre la distance sur la carte et la distance sur le terrain.

Région et département : divisions administratives du territoire français. Il y a 26 régions et 100 départements en 2010.

Échelle locale

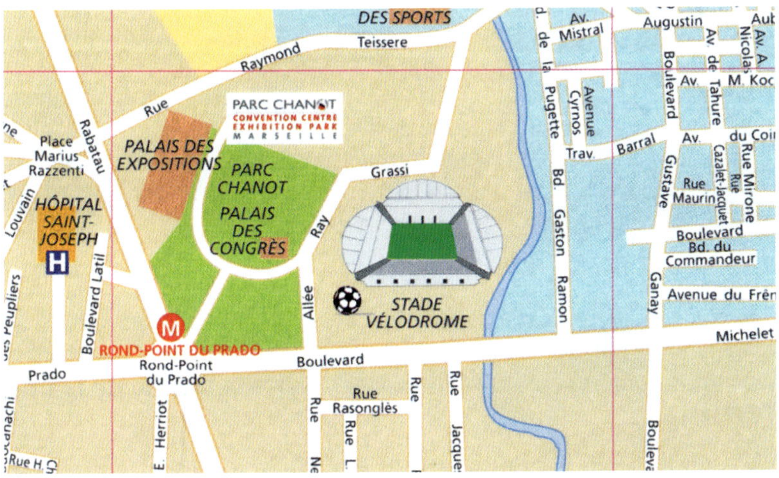

DOC. 4 Plan du centre-ville de Marseille.

Il y a deux façons d'écrire l'échelle :

ou **1 : 11 250**

La carte est 11 250 fois plus petite que la réalité.

DOC. 5 Le stade Vélodrome à Marseille.

1 Compare les DOCS. 1 à 3 : quelles informations chacune des trois cartes donne-t-elle sur le département des Bouches-du-Rhône ? Sur quelle carte le département apparaît-il plus grand ? Pourquoi ?

2 Des cartes des DOCS. 1 à 3, laquelle utiliserais-tu pour :
- localiser la région Provence-Alpes-Côte d'Azur ?
- localiser Fos-sur-Mer ?

3 Le DOC. 5 est une photographie du stade Vélodrome où joue l'équipe de football de l'Olympique de Marseille. Sur quel document peux-tu trouver où il se situe précisément ?

Les outils du géographe

Lire la légende d'une carte

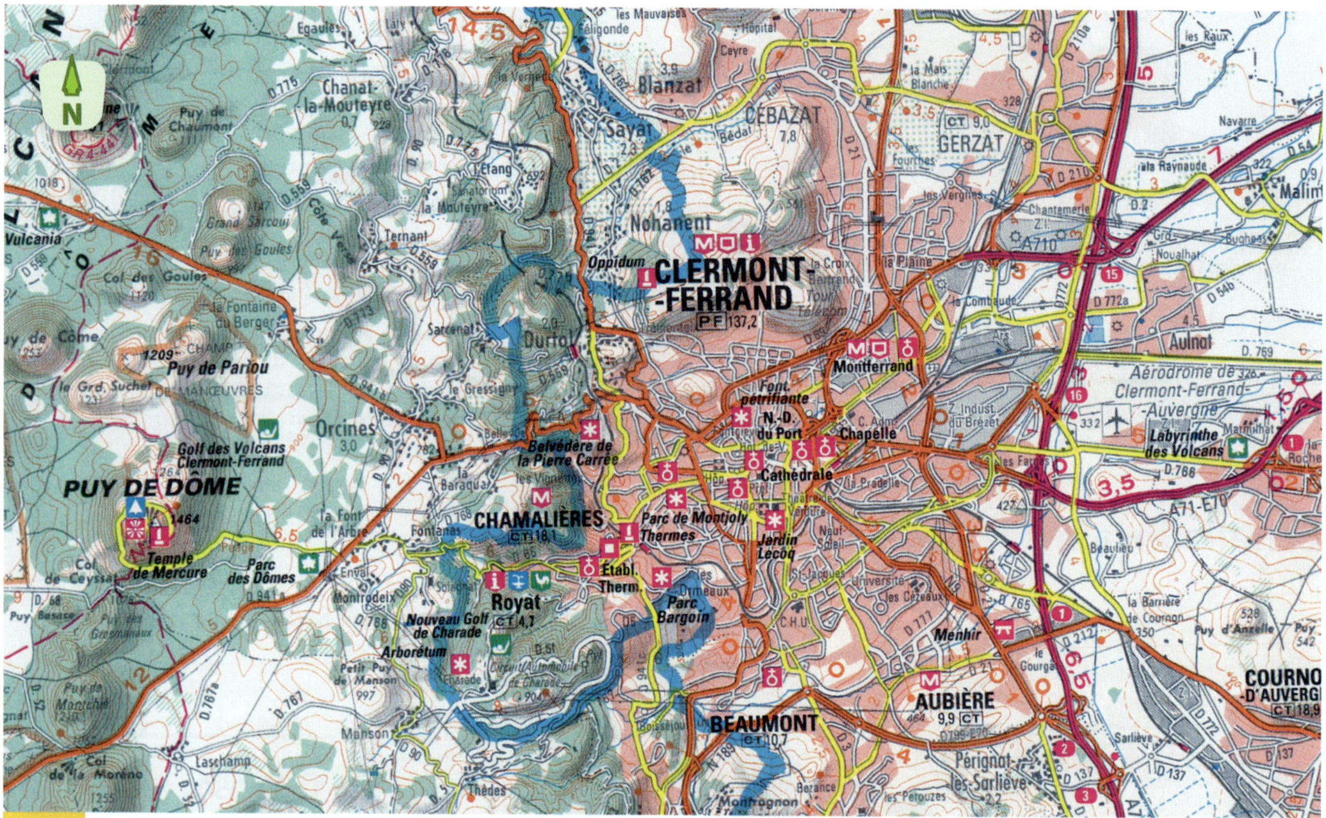

DOC. 1 Extrait de la carte IGN Clermont-Ferrand, Montluçon au 1/100 000e (IGN 2004).

DOC. 2 Le Puy de Dôme avec, au premier plan, le parc d'activités Vulcania.

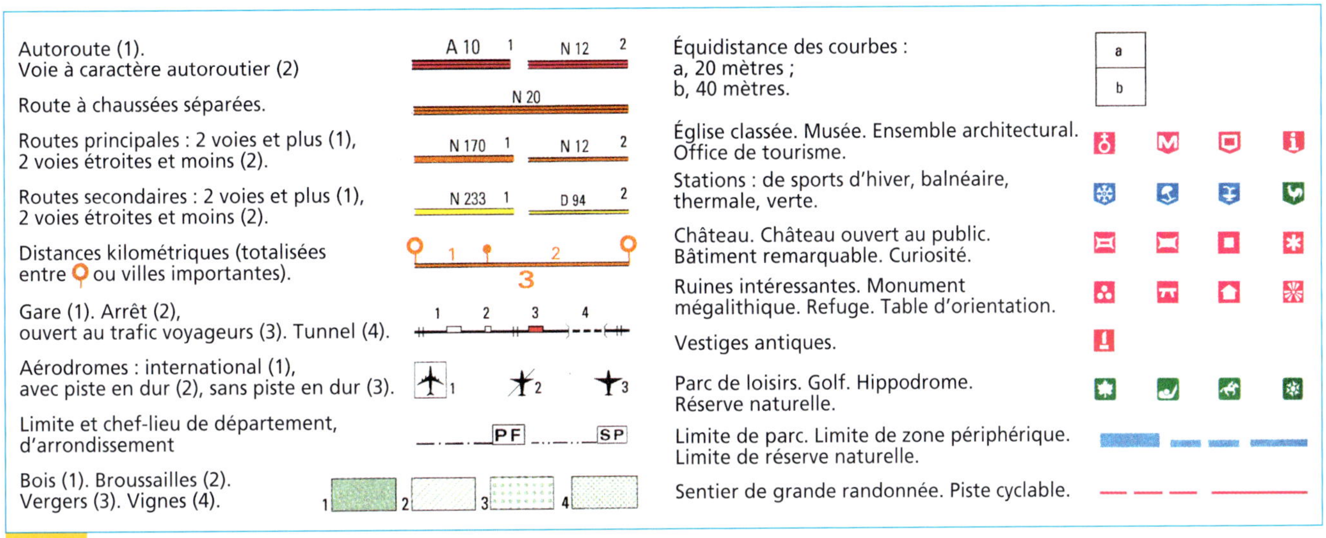

DOC. 3 Légende de la carte IGN de Clermont-Ferrand, Montluçon.

Exemples de figurés	Que signifient ces figurés sur une carte ?
Points	Ces figurés représentent tout ce qui est situé à un endroit précis comme un village, une ville, une zone industrielle, etc.
Lignes	Ces figurés représentent tout ce qui s'étend en longueur comme un fleuve, une route, une voie ferrée ou une frontière.
Surfaces	Ces figurés représentent tout ce qui s'étend sur un grand espace comme une région, un pays, mais aussi une forêt ou un type de cultures.

DOC. 4 Exemples de figurés (ou symboles) utilisés pour faire une carte.

Voici comment on passe du relief aux courbes de niveau :

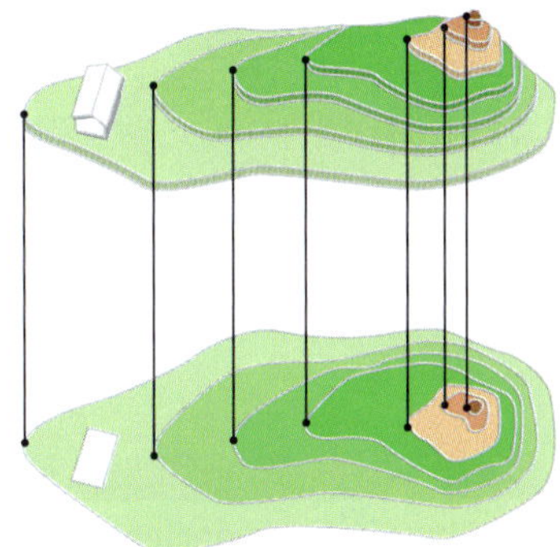

Courbe de niveau : c'est une ligne tracée sur la carte qui relie tous les points de même altitude.
Plus la pente est forte, plus les courbes de niveau sont raprochées (à droite).
Plus la pente est faible, plus elles sont espacées (à gauche).

DOC. 5 La représentation du relief.

1. Observe le DOC. 3.
2. Recherche dans cette légende les symboles qui représentent l'autoroute, l'aéroport de Clermont-Ferrand, les bois. Pour chacun, dis de quel type de figuré il s'agit.
3. Repère-les ensuite sur la carte du DOC. 1.
4. Regarde la photographie du DOC. 2. Que vois-tu au premier plan ? Cherche dans la légende du DOC. 3 quel figuré est utilisé pour représenter cet élément. Localise-le sur la carte.
5. Observe la forme du Puy de Dôme sur le DOC. 2. Comment ce relief est-il représenté sur la carte du DOC. 1 ? Aide-toi du DOC. 5 pour dire quel type de figuré a été employé. Indique quelle est l'altitude maximale de ce relief.
6. À quel type de montagne correspond le Puy de Dôme ? La carte te donnera un indice.

Les mots du géographe

Relief : inégalités de la surface terrestre (montagne, plateau, colline, vallée, plaine).

Les outils du géographe

Lire un paysage et réaliser un croquis

DOC. 1 Photographie aérienne oblique de Lavoûte-Chilhac, en Haute-Loire (Auvergne).

Lire un paysage

Pour lire un paysage, il faut se poser les questions d'un géographe :

Qui ? Quoi ? → **Je décris les éléments du paysage** →

- **Les éléments dits naturels**
  Les formes du relief : une vallée, des collines…
  Les éléments liés à l'eau : une rivière
  Les éléments de la végétation : des champs, des bois…
- **Les éléments construits par l'homme**
  Les constructions (église, maisons, pont…)
  Les axes de circulation : route…

Où ? → **Je localise ces éléments** → Les uns par rapport aux autres et par rapport à des repères importants (le village au bord de la rivière…).

Réaliser un croquis de paysage

Après avoir lu le paysage et repéré les différents éléments, il faut :

- Placer un calque sur la photographie.
- Délimiter les différents éléments en dessinant les contours.
- Colorier chaque ensemble d'une couleur différente.
- Construire une légende.
- Choisir un titre pour le croquis de paysage.

Le croquis de paysage sert à comprendre l'organisation de l'espace que l'on observe. Il met en évidence les grands ensembles qui constituent le paysage : les habitations, la végétation, les axes de circulation.

DOC. 2 Croquis de l'organisation de l'espace à Lavoûte-Chilhac.

Les outils du géographe

Expliquer un paysage

Pour expliquer un paysage, il faut se poser des questions :

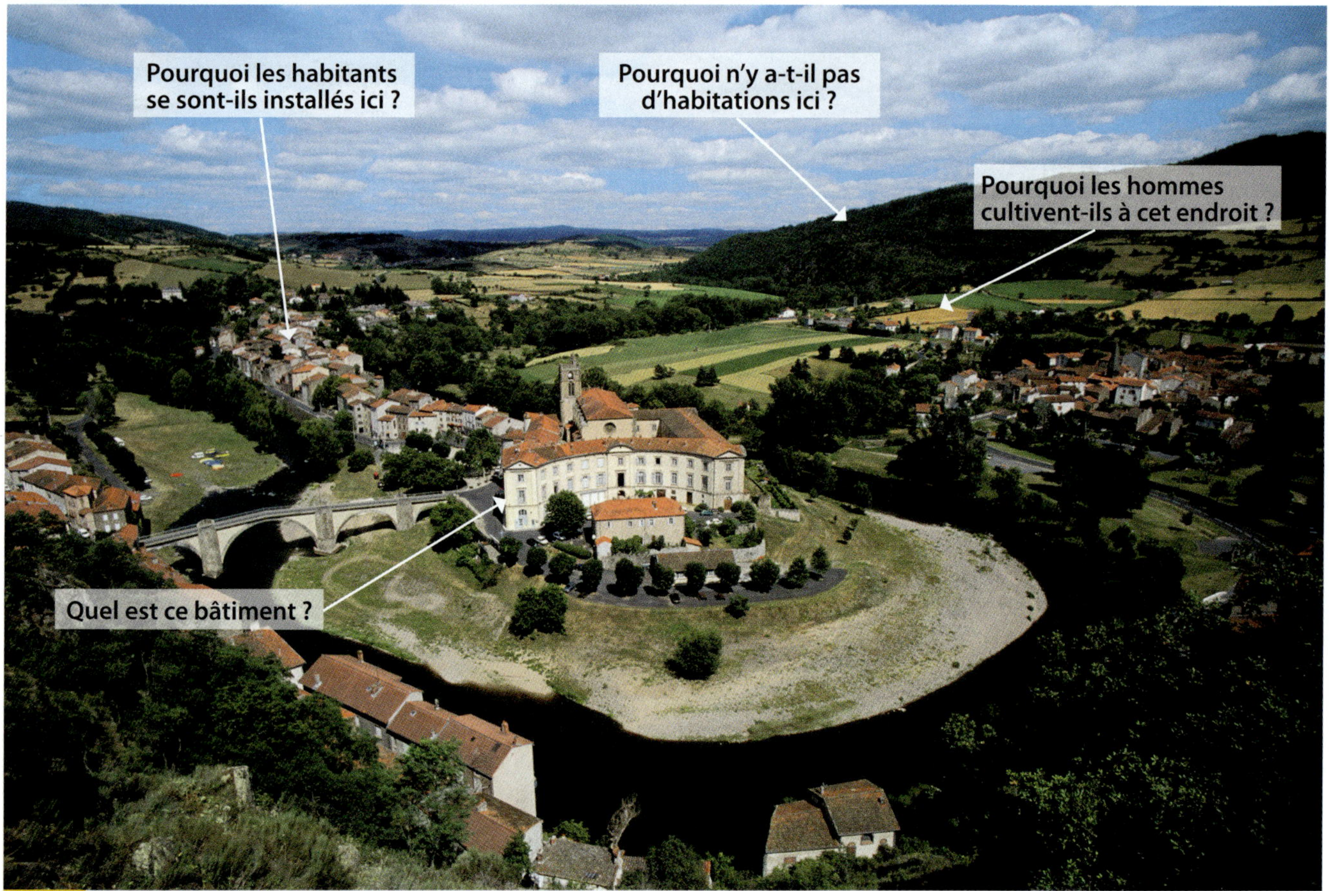

DOC. 1 Photographie aérienne oblique de Lavoûte-Chilhac.

Il faut reprendre les questions du géographe et émettre des hypothèses

Pourquoi ? → **J'explique …** → Les maisons sont groupées au bord de la rivière ; le bâtiment le plus important semble être une église (il y a un clocher). Il n'y pas d'habitations sur les pentes de la colline.
Les champs cultivés se trouvent dans une zone plane tandis que les collines sont occupées par la forêt.

Comment ? → **Je comprends…** → Une partie des habitants vit de l'agriculture (seule activité visible sur la photographie).
C'est un paysage de campagne.

- Pour expliquer un paysage, il faut aller chercher des informations sur une carte :

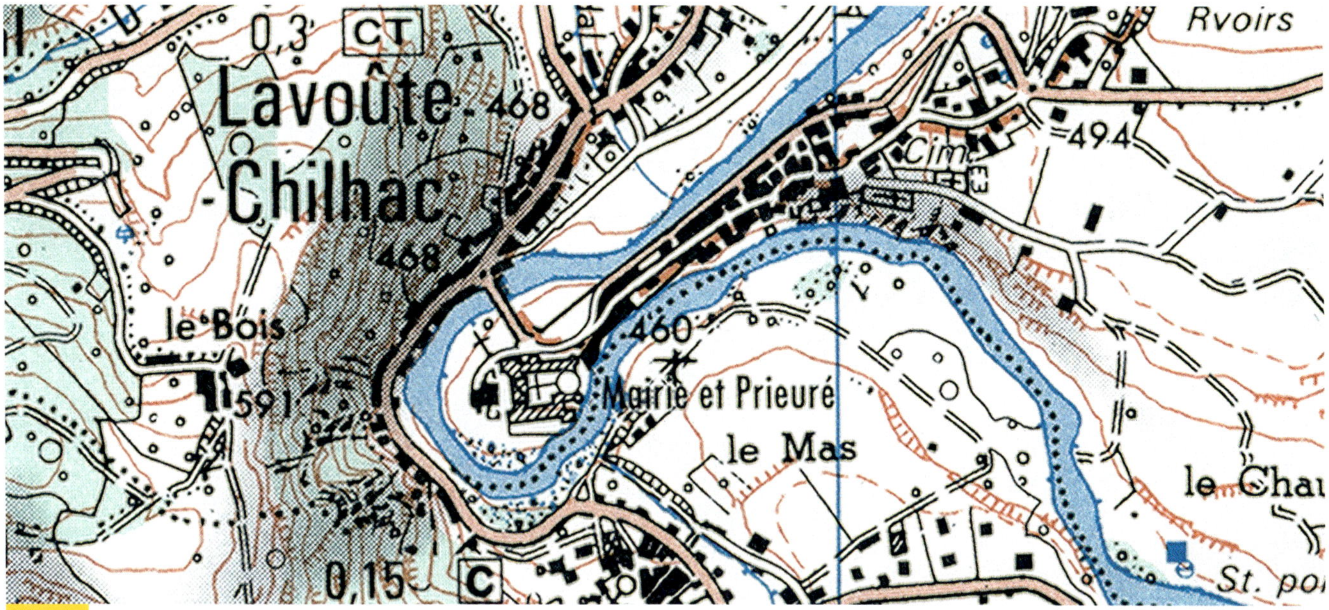

DOC. 2 Carte IGN de Lavoûte-Chilhac.

Je reprends les différentes questions. Quelles informations la carte me donne-t-elle ?

- Lavoûte-Chilhac compte 300 habitants.
  Une partie des habitations est localisée à l'intérieur de la boucle (un méandre) dessinée par la rivière.
  Les autres habitants sont sur l'autre rive, le long de la route qui longe le cours d'eau.
- Le grand bâtiment situé dans le méandre est un prieuré, c'est-à-dire un endroit où sont regroupés des religieux.
  À côté du prieuré, se trouve la mairie.
- Les zones blanches indiquent les espaces cultivés.
  Les zones en vert correspondent aux espaces boisés.

Ce que la carte ne dit pas.

- La carte ne dit pas ce qui est cultivé.
- Elle ne nous dit pas quelles sont les activités des habitants. On devine qu'une partie d'entre eux cultivent les champs qui sont proches du village, mais on ne sait pas ce que font les autres.
- Elle ne nous dit pas si les religieux vivent toujours dans le prieuré.
- Elle ne donne pas d'indications sur l'évolution de la population du village (constructions récentes ou non).

Pour compléter l'analyse du paysage observé, le géographe étudiera d'autres documents comme des tableaux statistiques ou d'autres photographies (voir p. 28).

Je m'oriente

1. Localise le village de Lavoûte-Chilhac sur la carte du DOC. 2.
2. Les deux documents sont-ils orientés de la même façon ?
3. Sachant que le nord se trouve en haut dans une carte IGN, où se trouve le nord sur la photographie ?

Expliquer un paysage

Des images différentes pour des informations complémentaires.

DOC. 1 Photographie de Lavoûte-Chilhac prise au sol.

Cette photographie est prise depuis le sol. Elle donne des renseignements précis sur les constructions et la végétation, par exemple.

DOC. 2 Photographie aérienne verticale de Lavoûte-Chilhac.

Les vues verticales sont prises d'avion à une altitude élevée. Ces images donnent des informations sur l'organisation d'une ville, d'un espace agricole, etc.

Chapitre 1 Les paysages d'habitation en France

64 millions de Français peuplent la France aujourd'hui. Dans quels lieux habitent-ils ? À quoi servent les habitations qu'ils construisent ?

Je découvre

DOC. 1 Poitiers, dans la Vienne (Poitou-Charentes).

1. Localise le département de la Vienne sur la carte p. 185.
2. Décris les bâtiments : sont-ils anciens ou récents, combien d'étages comptent-ils ? Qu'observes-tu au bas des immeubles ? Quels moyens de se déplacer peux-tu reconnaître ? Dans ce paysage, y a-t-il beaucoup de végétation ?
3. Où logent les habitants ? Que font les personnes au premier plan de la photographie ?
De quel type de paysage s'agit-il ?

Les mots du géographe

Département : division administrative du territoire français composée de communes (100 départements en 2010).

Commune : la plus petite division du territoire français (36 783 en 2010).

Leçon 1

Les paysages de ville et de village

J'observe et je m'interroge

DOC. 1 Centre-ville et quartier de Thabor-Hélier, à Rennes, dans l'Ille-et-Vilaine (Bretagne).

Je décris les différents types d'habitation

1. Observe le DOC. 1. Localise le département de l'Ille-et-Vilaine sur la carte p.185.
2. Décris les constructions. Les bâtiments que l'on voit à l'arrière-plan datent-ils de la même période que ceux visibles au premier plan ?
3. Dans quelles constructions peut-on loger un grand nombre de familles ?
4. La végétation occupe-t-elle une grande place dans la ville ?

DOC. 2 Solutré-Pouilly, en Saône-et-Loire (Bourgogne).

5. Regarde le DOC. 2. Situe le département de la Saône-et-Loire sur la carte p.185.
6. Observe ce paysage. Que peux-tu dire des constructions ? Plusieurs familles y vivent-elles ?
7. Quelle place la végétation occupe-t-elle dans ce paysage ? Où est-elle localisée ? Quel type de végétation peux-tu reconnaître ?

DOC. 3 Un lotissement à Quincey, en Haute-Saône (Franche-Comté).

8 Regarde le DOC. 3. Situe le département de la Haute-Saône sur la carte p.185.

9 Observe les constructions de ce paysage. Décris-les. Est-ce que plusieurs familles peuvent y vivre ?

10 Quel type de végétation trouve-t-on dans ce quartier ? La végétation occupe-t-elle une place importante ?

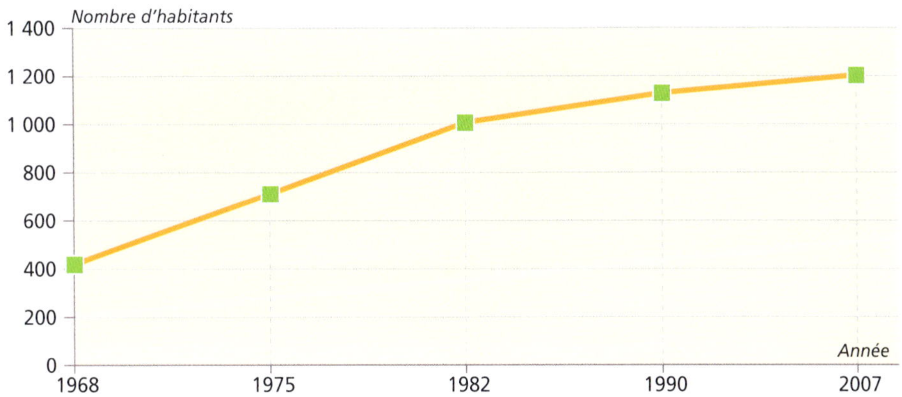

DOC. 4 Évolution de la population de la commune de Quincey *(source INSEE)*.

J'étudie un graphique

11 Lis le titre du DOC. 4. Repère sur le graphique les années et le nombre d'habitants. Suis la courbe.

12 Que remarques-tu à propos de la population de la commune ? Explique ce changement.

Je compare des paysages

13 Observe les paysages des DOC. 1, DOC. 2 et DOC. 3 : où la population est-elle la plus nombreuse ? Justifie ta réponse.

14 Différencie la ville du village à partir des informations que tu as trouvées.

Les mots du géographe

Centre-ville : cœur de la ville, où se trouvent des monuments et des commerces.

Quartier : partie d'une ville.

Lotissement : ensemble de maisons qui se ressemblent.

Urbain : qui se rapporte à la ville.

Rural : qui se rapporte à la campagne.

Ville et village

En France, on appelle ville un regroupement de plus de 2 000 habitants dont les habitations sont rassemblées. On utilise le mot urbain pour nommer ce qui se rapporte à la ville.

Lorsqu'il y a moins de 2 000 habitants dans une commune, on dit que c'est un village. Pour parler de ce qui concerne le village ou la campagne, on utilise le mot rural.

Leçon 2

Vivre dans un village ou en ville

J'observe et je m'interroge

DOC. 1 La mairie, l'école et la poste de Parentignat, dans le Puy-de-Dôme (Auvergne).

Je décris le centre d'un village

1. Observe le DOC. 1. Localise le département du Puy-de-Dôme sur la carte p. 185.
2. Ces bâtiments sont situés sur la place d'un village. Décris les constructions. Lis les inscriptions sur les murs. Que trouve-t-on à l'intérieur de ces bâtiments ? Que font les gens dans ces lieux ?

« Le mercredi après-midi, je vais faire les courses avec ma maman. On prend la voiture et on va souvent à Plan de Campagne, c'est un petit peu loin de chez moi. Mais on va là-bas parce qu'il y a plein de magasins au même endroit. On peut acheter toutes sortes de choses ! Maman dit que c'est pratique pour garer la voiture, parce qu'il y a de grands parkings et qu'ils ne sont pas payants.
Les autres jours en sortant de l'école, je ramène le pain de la boulangerie. Elle est juste à côté de chez moi ! »

Léa, 10 ans

DOC. 2 Récit de Léa, habitant Marseille, dans les Bouches-du-Rhône (Provence-Alpes-Côte d'Azur).

Je recherche des informations dans un texte

3. Lis le titre du DOC. 2. Localise le département des Bouches-du-Rhône sur la carte p. 185.
4. Où Léa va-t-elle le mercredi ? Comment s'y rend-elle ? Pourquoi sa maman préfère-t-elle aller à cet endroit ? Où Léa achète-t-elle le pain tous les jours ?

DOC. 3 Centre hospitalier de Nancy, en Meurthe-et-Moselle (Lorraine).

Je décris différents lieux d'une ville

5 Observe le **DOC. 3**. Localise le département de la Meurthe-et-Moselle sur la carte p. 185.

6 Décris les constructions. Quel métier exercent les personnes qui travaillent ici ?

7 Pourquoi se rend-on dans ce lieu ?

8 Trouve-t-on cet équipement dans tous les villages et les villes ?

DOC. 4 Stade Gerland à Lyon, dans le Rhône (Rhône-Alpes).

9 Observe le **DOC. 4**. Localise le département du Rhône sur la carte p. 185.

10 Décris le lieu. Que font les personnes lorsqu'elles se rendent dans cet endroit ?

11 Est-ce que tous les stades se ressemblent ? Compare celui-ci avec ceux que tu connais.

J'enquête

12 Dresse une liste des différentes activités que tu peux pratiquer dans ta ville ou dans ton village. Est-il possible de tout faire dans ton quartier ou dois-tu te rendre dans un autre endroit pour pratiquer certaines activités ?

Les mots du géographe

Place : lieu public qui sert à tous, situé dans un village ou dans une ville. La place est souvent entourée de bâtiments publics, parfois de commerces.

Équipement : installation nécessaire au developpement ou à la pratique d'une activité (sport, santé, culture, etc.).

Les activités quotidiennes

Les hommes n'ont pas toujours la possibilité d'aller à l'école, de travailler ou de faire leurs courses dans le lieu où ils vivent. Pour cette raison, ils sont obligés de se déplacer, parfois tous les jours. Le moyen de déplacement qu'ils utilisent le plus souvent est la voiture.

Je retiens

Les paysages de ville et de village

- Trois Français sur quatre habitent en ville, les autres dans des villages. Les villes et villages sont des communes qui sont regroupées dans des départements.
- Une partie de la population loge dans des immeubles, on parle d'habitat collectif parce que plusieurs familles y habitent. D'autres vivent dans des maisons, on parle alors d'habitat individuel. Selon les régions où les Français habitent, les caractéristiques des constructions changent : la forme des toits ou la couleur des tuiles par exemple.
- Un paysage de ville est appelé paysage urbain, un paysage de campagne est un paysage rural.
- La ville est composée d'un centre-ville souvent ancien et de plusieurs quartiers.
- Depuis plusieurs années, des Français préfèrent quitter la ville pour habiter la campagne. Ils s'installent dans des villages, souvent dans des lotissements, peu éloignés des villes.

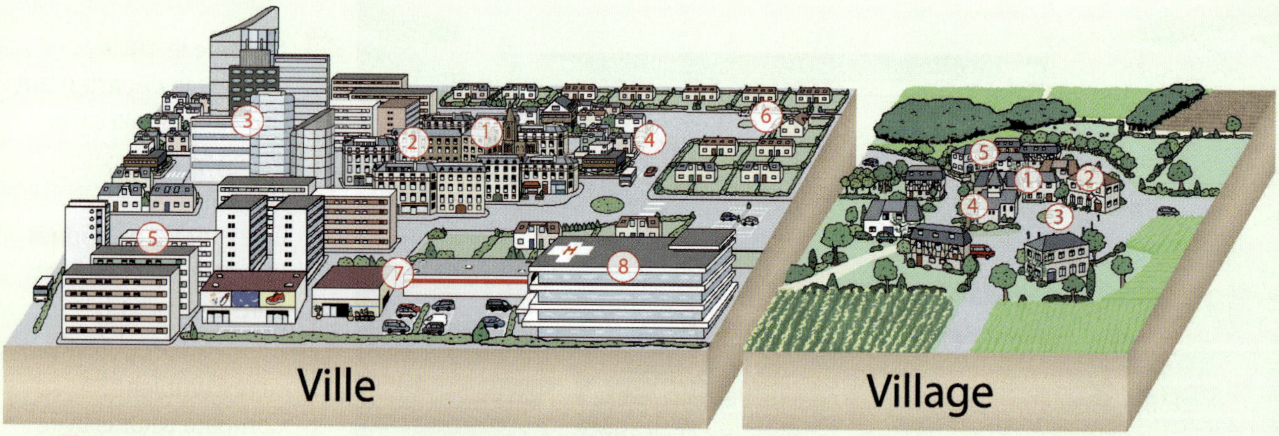

Ville :
1. Centre-ville
2. Bâtiments anciens
3. Bureaux
4. Habitat individuel
5. Habitat collectif
6. Lotissements
7. Commerces
8. Hôpital

Village :
1. Centre du village
2. Mairie
3. Place
4. Église
5. Habitat individuel

Vivre dans un village ou en ville

- Dans la vie quotidienne, les hommes ont besoin d'aller à l'école, d'acheter de quoi se nourrir et s'habiller, de se détendre. Les hommes construisent des équipements qui abritent ces activités : écoles, usines, hypermarchés, stades, théâtres et hôpitaux.
- Selon que l'on habite en ville ou dans un village, on ne trouve pas les mêmes équipements : la mairie installée sur la place principale, les commerces, les lieux de loisirs (comme la bibliothèque), l'hôpital.
- Parce que l'endroit où les hommes habitent n'offre pas toujours toutes ces activités, chaque jour, les hommes se déplacent.

Chapitre 2

Travailler et produire

Les hommes travaillent pour produire ce dont les populations ont besoin pour vivre, ce sont les activités économiques. Quelles sont ces activités ? Comment modifient-elles les paysages ?

Je découvre

DOC. 1 Le boulevard Saint-Germain à Paris (Île-de-France).

1. Localise Paris sur la carte p. 185. Quel type de paysage est présenté ici ? Quels indices te permettent de le dire ?
2. Observe ce que les gens font, puis lis les panneaux placés sur les immeubles : ces enseignes indiquent aux passants un commerce ou une activité. Quels sont les services proposés aux personnes ?
3. Quelles activités économiques sont représentées ici ? Est-ce que ces activités sont présentes dans toutes les communes ? Pourquoi ?

Les mots du géographe

Activités économiques : actions de l'homme pour produire, fabriquer ou mettre à disposition un service.

Services : activités qui correspondent aux besoins des habitants : l'administration, les commerces, les loisirs.

Leçon 1

Les différentes activités économiques

J'observe et je m'interroge

DOC. 1 Ramassage des pommes de terre dans la Beauce au sud de Paris, en Eure-et-Loir (région Centre).

J'identifie les activités humaines

1. Observe le DOC. 1. Localise la Beauce sur la carte p. 190.
2. Quelle est l'activité de ces hommes ? Que produisent ces agriculteurs ?
3. De quel type de paysage s'agit-il ?
4. À quelle période de l'année cette photographie a-t-elle été prise ?

DOC. 2 Une usine d'assemblage d'avion à Blagnac, en Haute-Garonne (Midi-Pyrénées).

5. Regarde le DOC. 2. Localise le département de la Haute-Garonne sur la carte p. 185.
6. Que font les hommes sur cette photographie ? Que signifie le terme assemblage ?
7. Dans quel lieu travaillent ces ouvriers ? Que deviennent les produits fabriqués ?

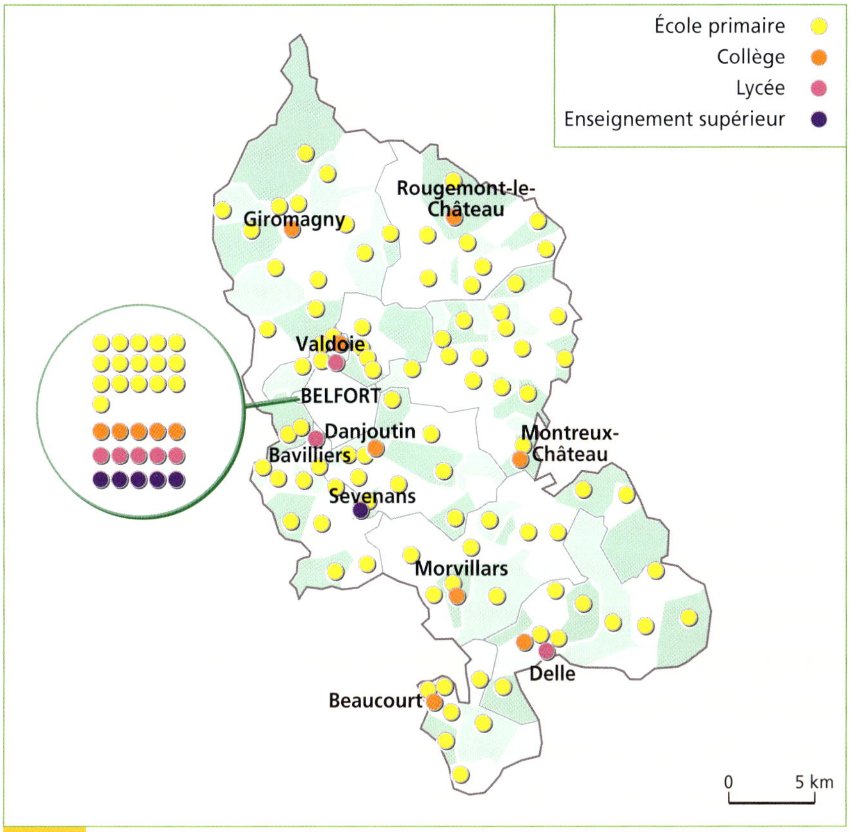

DOC. 3 Les établissements scolaires publics par commune, dans le département du Territoire-de-Belfort (Franche-Comté).

Je lis une carte

8 Observe le DOC. 3.
Lis le titre du document.
Localise le département du Territoire-de-Belfort sur la carte p. 185.

9 Quelles activités exercent les personnes qui travaillent dans ces établissements ?
Dresse la liste de tous les métiers que l'on trouve dans les établissements scolaires.

10 Repère les différents éléments de la légende sur la carte.
Sachant que les ronds jaunes sont les plus nombreux, classe les établissements des plus nombreux aux moins nombreux.
Que remarques-tu ? Où sont situés les moins nombreux ? Pourquoi ?

Je réalise un schéma

11 Complète le chemin d'un produit, de la plante au magasin sous forme de schéma. Dessine sur ton cahier les produits fabriqués et le lieu où ils sont vendus pour les étapes 4 et 5.
Décris ensuite l'activité des hommes à chacune des étapes.

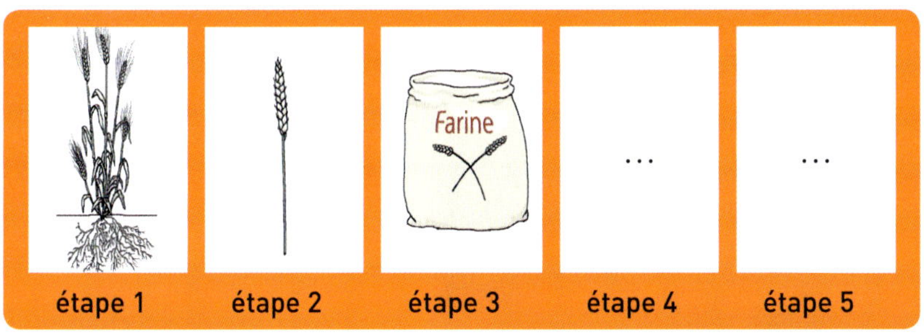

Les mots du géographe

Agriculteur : personne qui cultive les sols pour produire des plantes et récolter des céréales ou du colza, par exemple.

Ouvrier : personne qui fait un travail avec ses mains dans une usine, une ferme.

Les traces d'activités

Les activités économiques marquent les paysages. Ces traces d'activités peuvent être des champs de maïs, des usines, des commerces, des ports, des écoles.

Certaines activités sont moins visibles dans le paysage : c'est le cas des activités de services, par exemple ; ainsi, les bureaux des architectes ne se distinguent pas des bâtiments d'habitation.

Leçon 2

Les transformations des paysages

J'observe et je m'interroge

En 2001, à Toulouse, dans le quartier de Langlade, une importante usine de fabrication de produits chimiques a explosé. Les constructions effondrées ont été rasées. Aujourd'hui, de nouveaux bâtiments sont en construction.

DOC. 1 Usines de fabrication de produits chimiques en 1970, quartier de Langlade à Toulouse, en Haute-Garonne (Midi-Pyrénées).

J'observe la transformation du paysage industriel

1. Observe les DOC. 1 et DOC. 2. Est-ce le même lieu ? Localise le département de la Haute-Garonne sur la carte p. 185.
2. Regarde tout d'abord le DOC. 1. De quand date-t-il ? Repère tous les éléments du paysage (utilise la méthode d'analyse de paysage pp. 24 et 25).
3. Dresse la liste des axes de circulation et des constructions. Définis à quoi ils servent.

DOC. 2 Construction d'une zone d'activités liées à la santé en 2009, quartier de Langlade à Toulouse, en Haute-Garonne (Midi-Pyrénées).

4. Réalise le même travail avec le DOC. 2. Observe ce qui a changé et ce qui n'a pas changé. Que remarques-tu ?
5. Que va devenir cet ancien espace industriel ?

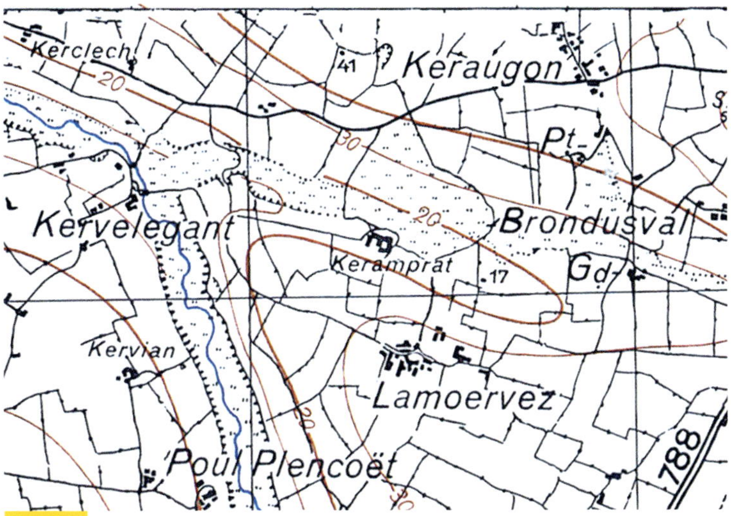

DOC. 3 Extrait de la carte topographique de Saint-Pol-de-Léon dans le Finistère (Bretagne) en 1943.

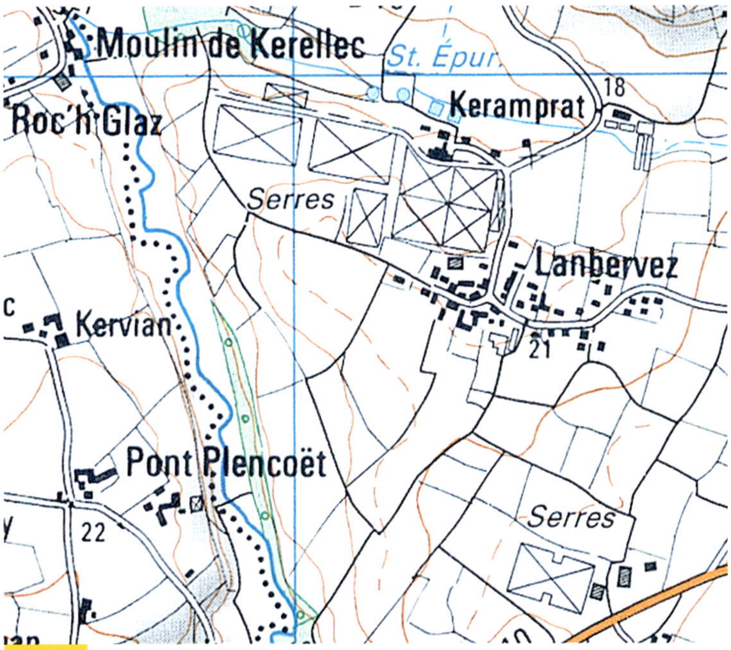

DOC. 4 Extrait de la carte topographique de Saint-Pol-de-Léon dans le Finistère (Bretagne) en 2007.

Je compare deux cartes topographiques de dates différentes

6 Observe les DOC. 3 et DOC. 4.
Localise le département du Finistère sur la carte p. 185.
Lis les documents en t'aidant des pp. 22 et 23 qui t'expliquent ce qu'est la légende d'une carte topographique.

7 Regarde le DOC. 3. Lis les noms des lieux. Repère les éléments suivants : l'eau, la végétation, les constructions et les axes de circulation.

8 Que représentent les nombreux traits fins noirs ? Quelle activité les hommes pratiquaient-ils ?
Que remarques-tu le long du cours d'eau ?

9 Réalise ensuite le même travail avec le DOC. 4. Compare les informations que tu as obtenues avec celles données par le DOC. 3. Qu'observes-tu ?

10 Sur la carte, repère le mot *serre*. Recherche ce mot dans un dictionnaire. Aujourd'hui, quelle est l'activité principale des hommes ?

Je rédige un texte sur la transformation des paysages

11 Explique comment les activités des hommes transforment les paysages. Pour répondre, tu peux t'aider des mots suivants : changement d'activité, nouvelles constructions, traces, paysages.

Les mots du géographe

Axe de circulation : permet aux hommes de se déplacer (routes, voies ferrées).

Zone d'activités : lieu où sont concentrés des usines, des commerces, des laboratoires de recherche…

Industriel : se rapporte à l'industrie, c'est-à-dire à toutes les activités de fabrication de produits.

Périphérie : qui se situe autour de la ville. Se dit aussi d'un espace éloigné du centre.

Les nouveaux paysages du travail

Les activités de services se sont développées depuis plusieurs années. Aujourd'hui, elles occupent sept Français sur dix.
Les paysages de services s'observent surtout en ville, au centre-ville (bureaux, commerces, restaurants) et en périphérie de la ville, à proximité des axes de circulation (hypermarché, hôpital, université).

Chapitre 2

Je retiens

Les différentes activités économiques

- Les activités économiques sont nombreuses et variées ; elles sont regroupées en trois grands secteurs :

– Le **secteur primaire** regroupe les activités qui produisent les matières premières : ce que l'on trouve dans la nature et que l'homme peut transformer comme le maïs, le bois, le pétrole, le poisson, etc.

– Le secteur secondaire rassemble toutes les activités qui transforment ces matières premières pour fabriquer des objets. On parle aussi de secteur industriel.

– Le secteur tertiaire réunit les activités de services comme l'hôtellerie, l'enseignement ou la santé. Il existe de nombreux services.

Les métiers des différents secteurs

Secteur primaire

Éleveur

Bûcheron

Pêcheur

Secteur secondaire

Chimiste

Menuisier

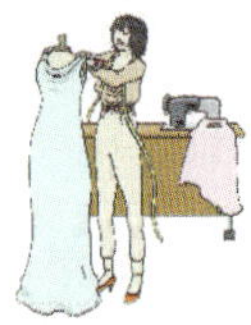
Couturière

Secteur tertiaire

Vétérinaire

Factrice

Coiffeuse

- Les activités économiques laissent des marques dans les paysages : usines, cultures, commerces. Certaines d'entre elles sont moins visibles, comme les activités de services : assurances, recherche, etc.

Les transformations des paysages

- Les activités économiques des hommes évoluent. Les besoins des hommes ont changé et des progrès importants ont été réalisés. En France, les agriculteurs sont moins nombreux, mais ils produisent de plus grandes quantités. La façon de vivre des Français s'est aussi modifiée : besoin de moyens de transport rapides, envie de se détendre.
- Parce que les activités de services ont progressé depuis plusieurs années, de nouveaux paysages sont apparus dans les villes (quartier de bureaux) et dans leurs périphéries où les axes de circulation sont nombreux (zones d'activités dans lesquelles travaillent des ouvriers).

Chapitre 3

La circulation des personnes et des marchandises

Chaque jour, des millions de personnes se déplacent.
Pour quelles raisons ? Que transportent-elles ?
Comment se déplacent-elles ?

Je découvre

DOC. 1 Affiche sur les transports urbains à Mulhouse, dans le Haut-Rhin (Alsace).

1. Observe le DOC. 1. Quelle est la ville citée ? Localise le département du Haut-Rhin sur la carte p. 185.
2. Quel est le principal message écrit ? À qui ce message est-il destiné ? Pour quelles raisons ?
3. Que font les personnes représentées ? Quels moyens de transport sont visibles ?
4. Pourquoi avoir écrit « Un tramway toutes les 4 à 8 mn » ?
5. Pourquoi devient-il nécessaire de choisir ces moyens de transport en ville ?

Les mots du géographe

Tramway : transport en ville (ou urbain) qui circule sur des rails.

Leçon 1

Se déplacer, déplacer, qui, quoi, pourquoi, comment ?

J'observe et je m'interroge

DOC. 1 TER, train express régional, à Chalindrey, en Haute-Marne (Champagne-Ardenne).

Je lis des photographies

1. Observe le DOC. 1.
2. Localise le département de la Haute-Marne sur la carte p. 185.
3. Quel est le moyen de transport représenté ? Ce moyen de transport est-il destiné aux personnes ou aux marchandises ?
4. Qu'est-ce que les hommes ont construit pour que ce moyen de transport fonctionne ?
5. Comment appelle-t-on l'endroit qui permet l'embarquement et le débarquement des personnes ? Il est visible sur la photographie.

DOC. 2 Le transport de marchandises, Marseille, dans les Bouches-du-Rhône (Provence-Alpes-Côte d'Azur).

6. Observe le DOC. 2.
7. Localise le département des Bouches-du-Rhône sur la carte p. 185.
8. Dans cette rue, comment les personnes se déplacent-elles ? Où circulent les piétons, c'est-à-dire les personnes qui se déplacent à pied ? Et les véhicules ?
9. Que fait l'homme au premier plan ? Pourquoi ?
10. Quels autres moyens de transport peuvent être utilisés pour déplacer des marchandises ?

DOC. 3 Débarquement à l'aéroport de Paris-Charles de Gaulle, Roissy-en-France, dans le Val-d'Oise (Île-de-France).

11 Observe le DOC. 3.

12 Localise le département du Val-d'Oise sur la carte p. 185.

13 Quel est le moyen de transport visible ici ? Que peut-il transporter ?

14 Quels équipements sont nécessaires pour que les déplacements puissent se faire ? Est-ce que l'on trouve ces équipements dans toutes les villes de France ? Pourquoi ?

DOC. 4 Le transport par péniche sur le canal d'Alsace, Strasbourg, dans le Bas-Rhin (Alsace).

15 Observe le DOC. 4.

16 Localise le département du Bas-Rhin sur la carte p. 185.

17 De quel moyen de transport s'agit-il ? À quoi sert-il le plus souvent ?

18 Sur quel type de voie se déplace-t-il ? En existe-t-il partout en France ?

19 Quels équipements les hommes ont-ils construits pour permettre le déplacement des marchandises ?

J'enquête

20 Quels moyens de transport existent près de chez toi ? Lesquels sont les plus éloignés ? Pourquoi ?

21 Pour toi ou ta famille, à quoi servent les différents modes de transport suivants ? Aller à l'école ? Aller travailler ? Faire des courses ? Partir en vacances ?

Les mots du géographe

Péniche : une péniche est un long bateau à fond plat utilisé pour le transport de marchandises.

Covoiturage : regroupement de plusieurs personnes dans une même voiture pour effectuer un déplacement.

Transport en commun : permet à un nombre important de personnes de se déplacer ensemble en ville, dans un même véhicule : bus, tramway, métro.

Usager : personne qui utilise un service.

Se déplacer en ville

Les déplacements sont de plus en plus nombreux, surtout dans les villes et leurs périphéries où beaucoup de Français travaillent aujourd'hui. Les embouteillages sont fréquents, la circulation devient difficile. Le covoiturage et les transports en commun permettent de réduire les gaz d'échappement et les dépenses de transport des usagers. L'utilisation de ces moyens de transport permet aussi aux piétons de circuler plus facilement dans les rues des villes.

Leçon 2

Comment se déplacer ?

J'observe et je m'interroge

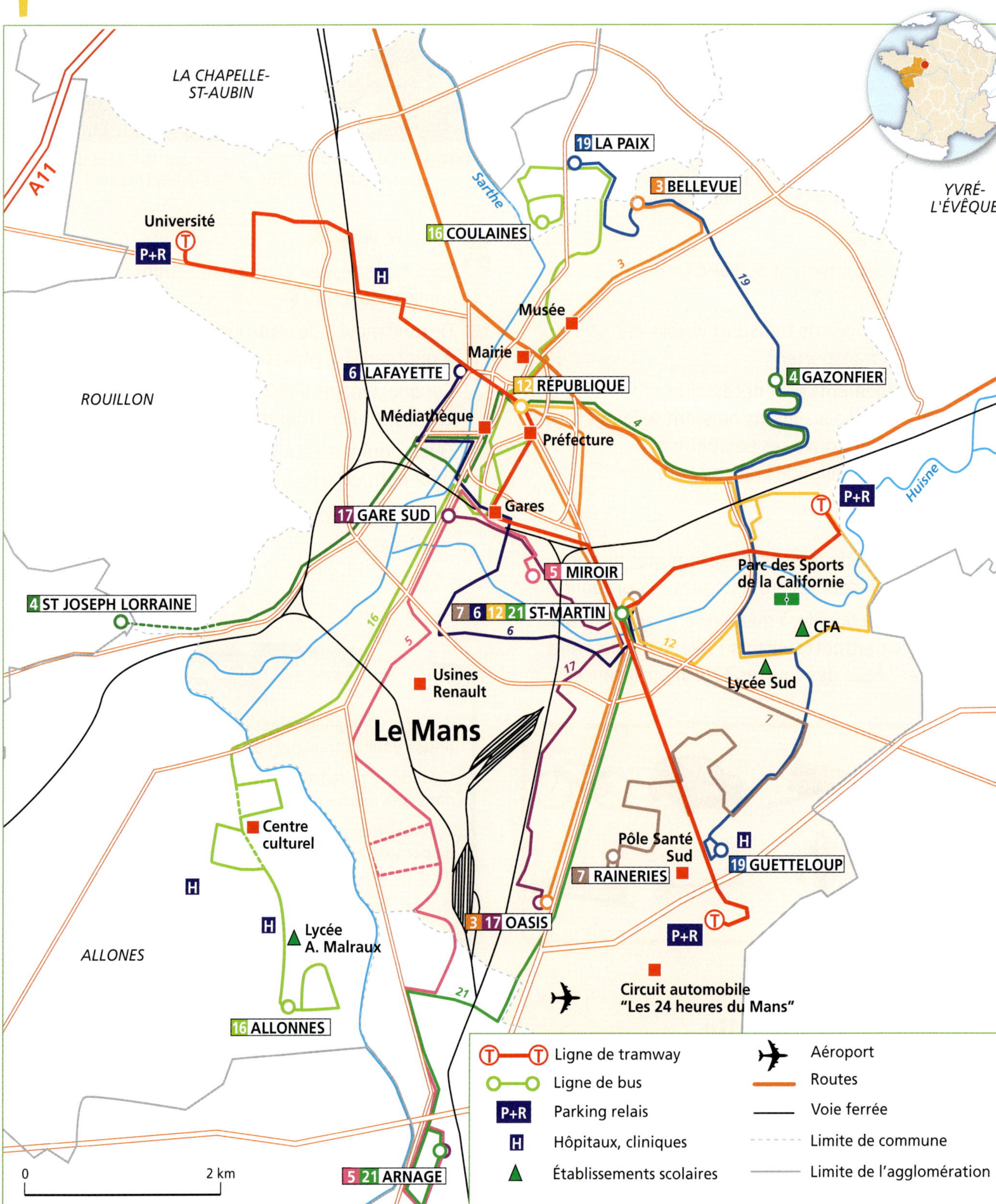

DOC. 1 Plan de lignes de transport de la ville du Mans, dans le Sarthe (Pays-de-Loire).

Je lis un plan de transport urbain

1 Observe le DOC. 1.

2 Localise le département de la Sarthe sur la carte p. 185.

3 À quoi sert ce document ? À qui sert-il ?

4 Après avoir repéré le nord sur le document, recherche le nom des villes qui se situent à l'ouest (aide-toi des pp. 18 et 19).

5 Observe la légende : quels figurés (symboles) sont utilisés dans cette carte ? Recherche ensuite ces symboles sur le document (aide-toi des pp. 22 et 23).

6 Repère les cours d'eau, puis les voies ferrées, les routes principales et l'aéroport.

7 Regarde les lignes de transports en commun. Observe le tracé de la ligne de tramway. Que remarques-tu aux terminaux (aux endroits où s'arrête le tramway) ?

8 Imagine que tu te déplaces dans cette ville, tu te trouves devant la gare, quelles lignes de transport en commun prendrais-tu pour aller à l'usine Renault ? Au pôle santé sud ? À la médiathèque ?

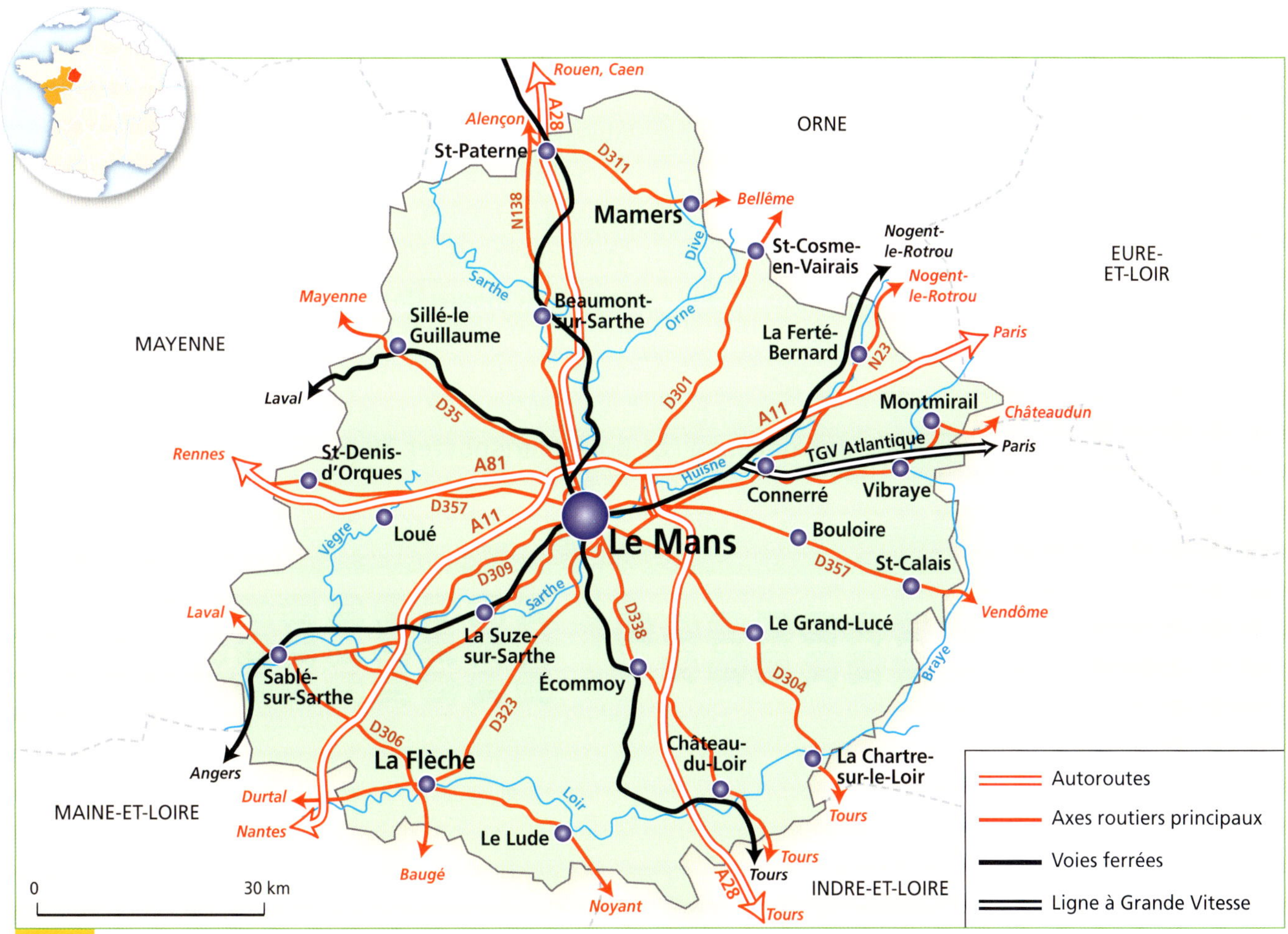

DOC. 2 Carte des voies de communication dans le département de la Sarthe (Pays-de-la-Loire).

Je lis une carte des réseaux de transport

9 Observe le DOC. 2.

10 Lis la légende, recherche les symboles sur le document.

11 Quels sont les modes de transport présentés ? Repère les axes de circulation.

12 Du Mans, pour te rendre à La Flèche, quels types d'axes routiers pourrais-tu emprunter ? Pourrais-tu prendre le train ? Et de La Ferté-Bernard (au nord-est) à Château-du-Loir (au sud-est), qu'utiliserais-tu pour faire le trajet ?

Chapitre 3

Je retiens

Se déplacer, déplacer, qui, quoi, pourquoi, comment ?

- Chaque jour, des milliers d'hommes se déplacent pour les besoins courants de leur vie : se nourrir, aller travailler, se détendre. Les déplacements des hommes et des marchandises sont donc fréquents.
- De nombreux moyens de transport existent et nécessitent des axes de circulation adaptés :
  – les voitures, camions, bus, vélos, motos utilisent les routes et autoroutes ;
  – les trains de voyageurs et de marchandises et les métros utilisent les voies ferrées ;
  – les bateaux et péniches naviguent en mer sur des routes maritimes ou sur des voies navigables (cours d'eau ou canal) ;
  – les avions prennent des couloirs aériens pour circuler sans risque de croiser un autre avion.
- Les lieux de débarquement ou d'embarquement des passagers ou des marchandises sont adaptés au moyen de transport : des gares, des aéroports, des ports, des stations de bus ou de métro, etc.
- Les embouteillages sont fréquents à l'entrée des villes parce que de nombreuses personnes utilisent leur voiture pour se déplacer. Afin de faciliter les déplacements urbains, les élus, personnes choisies par un vote des habitants pour les représenter, organisent les transports des usagers dans leur commune.
- Le covoiturage et les transports en commun (bus, tramway) permettent le déplacement de nombreuses personnes et réduisent les embouteillages dans les villes.

Nombre de véhicules nécessaires pour transporter 30 personnes

Comment se déplacer ?

- Les plans de transports en commun permettent aux usagers de connaître le chemin et la ligne de bus ou de métro qu'ils doivent prendre pour se rendre à l'endroit qu'ils ont choisi.

Parfois, pour aller d'un lieu à un autre, différents chemins sont possibles et plusieurs moyens de transport peuvent être utilisés, cela dépend des lieux où l'on souhaite aller.

Chapitre 4

L'eau dans la commune : besoins et traitements

L'eau est nécessaire à la vie des êtres vivants. Quels sont nos besoins en eau ? D'où vient l'eau que nous consommons ? Que devient-elle ? Pourquoi l'eau est-elle une richesse qu'il faut préserver ?

Je découvre

DOC. 1 Affiche de la campagne d'information sur la préservation de l'eau dans le regroupement de communes du bassin de Thau, dans l'Hérault (Languedoc-Roussillon).

1. Observe le document. Recherche les éléments qui composent l'image et lis le message principal. Pourquoi les auteurs ont-ils choisi de faire apparaître un enfant sur ce document ? Qu'est-il en train de faire ? Quel symbole est représenté ?
2. Localise le département de l'Hérault sur la carte p. 185. Quelles sont les caractéristiques de ce lieu ? Quel paysage vois-tu sur l'affiche ? Sur quel problème les auteurs veulent-ils attirer l'attention des habitants ?

Les mots du géographe

Assainissement : traitement des eaux usées.

Campagne d'information : sert à faire connaître à de nombreuses personnes des informations importantes.

Leçon 1

Les besoins en eau

J'observe et je m'interroge

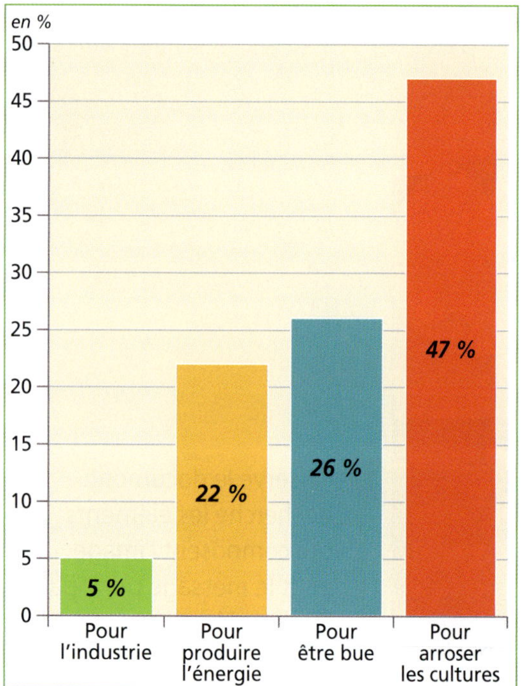

5 % Industrie (exemple) : machine de découpe laser guidé par jet d'eau.

22 % Énergie (exemple) : barrage de Roselend, Savoie, Rhône-Alpes.

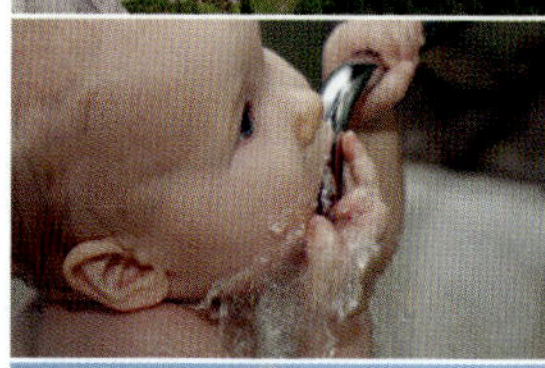

26 % Eau potable (eau qui peut être bue sans danger).

47 % L'arrosage des cultures (exemple) : le Thou, Charente-Maritime (Poitou-Charentes).

DOC. 1 La répartition en % de l'eau consommée en France.

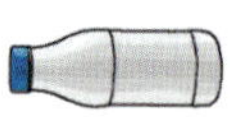	1 à 2 litres d'eau pour produire 1 kg de matière plastique
	80 litres d'eau pour produire 1 kg de tomates
	500 litres d'eau pour produire 1 kg de papier blanc, et de 1 à 10 litres pour fabriquer 1 kg de papier recyclé
	1 000 litres d'eau pour fabriquer 1 kg de pain (culture du blé comprise)
	8 000 litres d'eau pour fabriquer un jeans
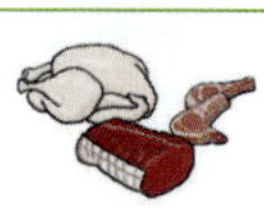	15 000 à 20 000 litres d'eau pour produire 1 kg de viande de bœuf, 10 000 pour 1 kg de viande de mouton, 3 500 pour un poulet
	Environ 380 000 litres d'eau pour fabriquer une voiture

DOC. 2 Le volume d'eau nécessaire à la production de biens souvent utilisés.

Je lis un diagramme

1. Observe le DOC. 1. Quelle utilisation les Français font-ils de l'eau ?
2. Quels secteurs consomment le plus d'eau ? Pourquoi ?
3. D'où vient l'eau consommée ? Pour répondre, aide-toi de tes connaissances.

J'explique les consommations d'eau

4. Lis le DOC. 2. Quelles informations nous donne-t-il ?
5. Recherche pour quelles raisons il faut beaucoup d'eau pour produire 1 kg de viande de bœuf (n'oublie pas ce qu'il faut pour nourrir l'animal !).
6. Comment expliques-tu la différence entre le volume d'eau nécessaire à la production d'1 kg de viande de bœuf et celui nécessaire à la production d'un poulet ?

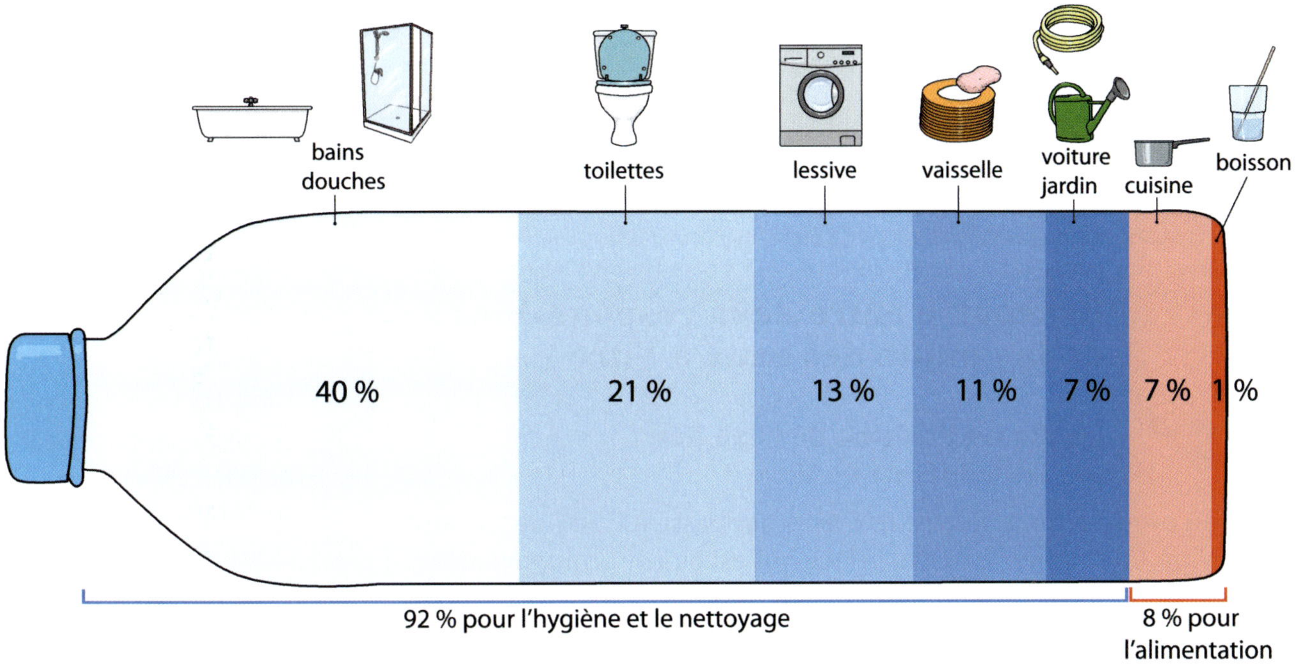

DOC. 3 La répartition de la consommation en eau dans une famille en France.

J'étudie les besoins en eau d'une famille

7 Observe le DOC. 3. Quels sont les deux grands types d'utilisation de l'eau dans une famille française ? Aide-toi des couleurs pour répondre. Quel usage correspond à la consommation la plus importante ? À la plus faible ? Rédige une liste des utilisations de l'eau : utilise tes connaissances pour répondre.

8 Recherche comment nous salissons l'eau chaque jour. Que pouvons-nous faire pour réduire ces pollutions ?

9 Quels sont les produits que nous utilisons parfois et qu'il faut éviter de verser dans l'évier, le lavabo ou les toilettes ?

Je réalise une affiche d'information

10 Réalise une affiche donnant des conseils pour réduire notre consommation en eau potable. Elle permettra d'informer les personnes sur la manière de mieux gérer l'eau dans leur maison. Aide-toi des campagnes d'information vues à la télévision ou dans des journaux.

Les mots du géographe

Pollution : présence dans l'eau, dans le sol ou dans l'air de produits dangereux pour l'homme et l'environnement.

Engrais : produit permettant d'accélérer la croissance des plantes et d'augmenter les récoltes.

L'eau en danger

Parfois, dans leur travail, les hommes utilisent des produits qui peuvent polluer les eaux. Les engrais répandus dans les champs ou certains produits industriels deviennent dangereux pour l'homme, lorsque l'on en trouve des traces importantes dans les sols et dans l'eau des rivières. L'environnement devient alors pollué : des hommes, des animaux et des végétaux deviennent malades.
Les hommes sont aujourd'hui plus attentifs aux produits qu'ils utilisent : ils réduisent leurs quantités et contrôlent la pollution des sols et des eaux.

Leçon 2

Le circuit de l'eau que je consomme

J'observe et je m'interroge

Rencontre entre deux responsables de la qualité des eaux à Vitré

Quelle est l'origine de l'eau bue par les habitants de Vitré ?

L'eau provient de la Valière, la rivière qui passe à l'est puis au sud de Vitré. C'est donc l'eau de surface qui est puisée. L'inconvénient, c'est qu'elle est principalement polluée par des algues et des produits utilisés par l'agriculture (engrais, insecticides).

Comment se déroule le traitement de l'eau ?

L'eau de la rivière subit plusieurs traitements afin de filtrer les petits éléments et d'éliminer les matières polluantes. Ensuite, on ajoute de l'eau de Javel pour désinfecter l'eau. Elle est alors consommable. L'eau rendue potable est acheminée vers les habitations.

D'après le dialogue entre Jacques Le Luherne et Alain Trochu. Article d'*Ouest France* paru le 9 avril 2009 sur le site de www.vitre.maville.com.

DOC. 1 L'eau potable dans la commune de Vitré, en Ille-et-Vilaine (Bretagne).

Je recherche des informations dans un texte

1. Lis le DOC. 1.
2. Localise le département de l'Ille-et-Vilaine sur la carte p. 185.
3. D'où vient l'eau qui sera utilisée par les habitants ? Comment appelle-t-on ce type d'eau ?
4. Que constatent ces deux responsables, à propos de cette eau, dans leur commune ?
5. Quels sont les traitements nécessaires pour rendre l'eau consommable ? Que devient l'eau après avoir été rendue potable ?

DOC. 2 La station d'épuration des eaux usées de Thionville et des communes voisines, en Moselle (Lorraine).

Je lis une image

6. Observe le DOC. 2.
7. Localise le département de la Moselle sur la carte p. 185.
8. En t'aidant du titre du document, recherche à quoi sert cet équipement. D'où vient l'eau qui est traitée là ?
9. Pourquoi cette installation est-elle située à cet endroit ?
10. Est-ce que l'on trouve cet équipement dans ta commune ?

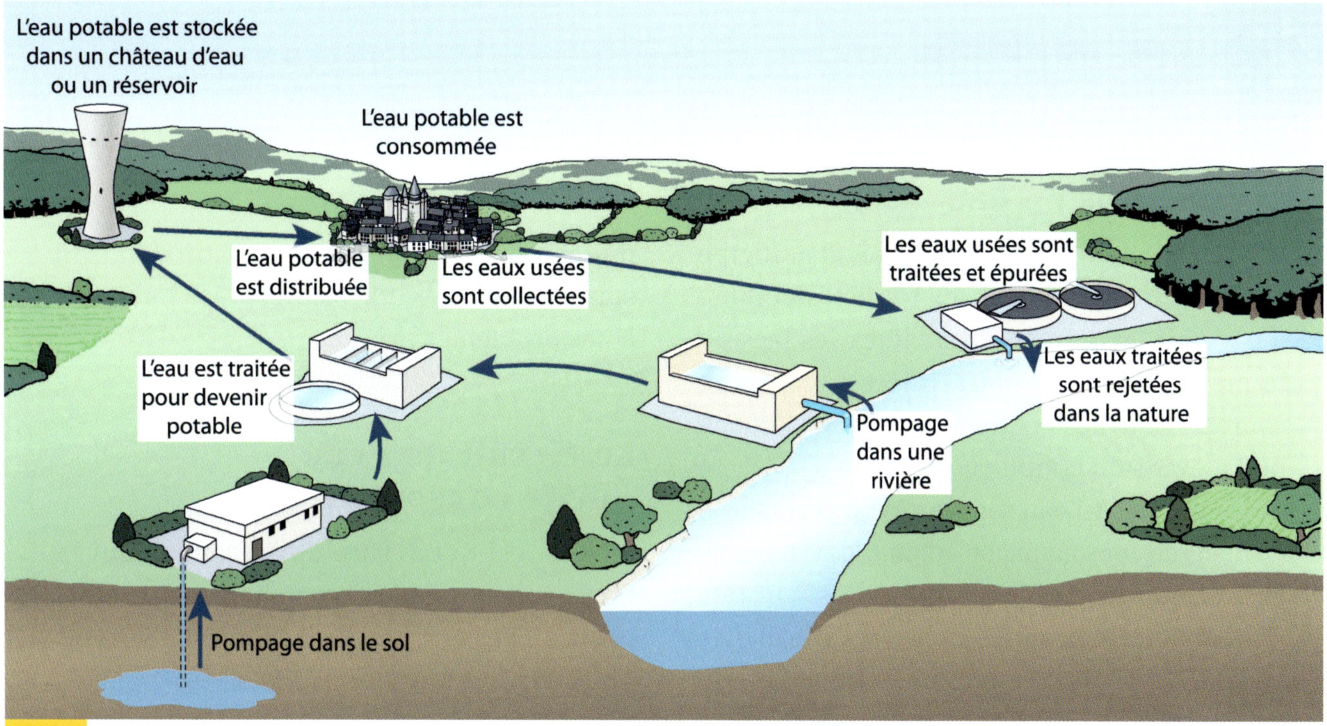

DOC. 3 L'eau potable dans une commune.

Je lis le schéma du cycle de l'eau consommée

11 Regarde le DOC. 3 puis dis si les affirmations suivantes sont vraies ou fausses :

a- L'eau de la rivière est traitée pour pouvoir être utilisée par les habitants.

b- C'est dans le château d'eau que l'eau potable est stockée avant d'être distribuée aux habitants.

c- Les eaux usées arrivent au robinet des habitants.

d- L'eau salie est rejetée directement dans la rivière.

J'enquête

12 Dresse la liste de l'utilisation de l'eau potable dans ton école. Repère les façons de salir l'eau.

13 Réalise une affiche pour inviter les différentes personnes qui fréquentent l'école à moins consommer d'eau et à moins la polluer.

Je rédige une synthèse

14 Rédige un court texte expliquant les différentes étapes du cycle de l'eau que nous consommons. Explique pourquoi il est nécessaire de traiter l'eau au début et à la fin du cycle.

Les mots du géographe

Insecticide : produit qui sert à détruire les insectes.

Station d'épuration : équipement destiné à traiter les eaux salies, usées par les hommes.

Fosse septique : équipement qui traite les eaux usées d'une seule habitation.

Le traitement des eaux usées

Après avoir utilisé l'eau, nous la rejetons dans les égouts ou dans les fosses septiques, qui permettent de traiter les eaux usées d'une maison. Lorsque les égouts existent, ils acheminent les eaux usées de nombreuses habitations vers des stations d'épuration. Elles traiteront les eaux sales et polluées rejetées par les habitants. Le personnel de la station surveille les différentes étapes de l'épuration. À la fin des traitements, l'eau est rejetée dans la nature.

Chapitre 4

Je retiens

Les besoins en eau

- L'eau fait partie de nos paysages et participe à les rendre agréables : les touristes comme les sportifs apprécient les rivières, les lacs ou la mer pour se détendre. Elle est aussi une source d'activités économiques avec la pêche ou l'élevage de coquillages.
- Nos besoins en eau sont variés. La production de biens de consommation comme les vêtements, la fabrication d'objets comme les voitures nécessitent de grandes quantités d'eau. Les activités des hommes impliquent une grande consommation en eau.
- Les hommes tentent de réduire leur consommation par une meilleure gestion de l'eau qu'ils utilisent. Ils agissent aussi pour limiter les pollutions des eaux qu'ils rejettent : ces pollutions sont dues à l'emploi important d'engrais, insecticides et autres produits dangereux. Des campagnes d'information sont réalisées pour sensibiliser les habitants à ces problèmes.

Le circuit de l'eau que je consomme

- L'eau est nécessaire aux hommes qui la consomment tous les jours, elle doit être alors potable. Elle nécessite de nombreux traitements pour la rendre buvable, puisqu'elle est pompée dans les rivières ou dans les sols. L'eau potable est ensuite stockée dans un château d'eau avant d'être distribuée dans les habitations.
- Après avoir été utilisées, les eaux salies doivent subir un traitement d'assainissement dans des stations d'épuration ou des fosses septiques, avant d'être rejetées dans les rivières.

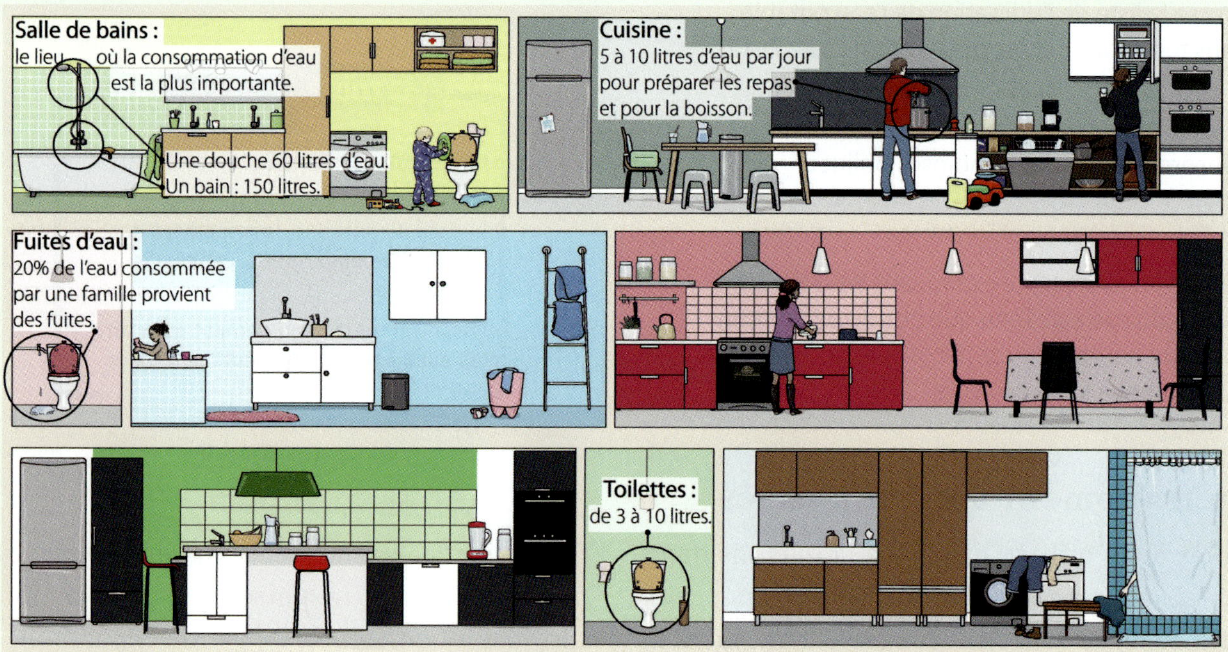

L'utilisation de l'eau par une famille.

Chapitre 5

Les déchets : gestion, réduction et recyclage

Depuis toujours, les hommes produisent des déchets.
Cette quantité a-t-elle augmenté ? Pourquoi ? Comment les hommes organisent-ils la collecte, le traitement et le recyclage des déchets ?

Je découvre

Surfrider Foundation

DOC. 1 Affiche d'une campagne d'information pour la réduction des déchets sur les plages.

1. Observe le document attentivement. Par qui a-t-il été réalisé ? À qui s'adresse-t-il ? De quels déchets s'agit-il ?
2. Quelle est l'information principale communiquée ? Par quel moyen le message transmis est-il souligné ?
3. Que demande-t-on aux lecteurs de l'affiche ? Pourquoi ?

Les mots du géographe

Recyclage : opération visant à utiliser tels quels des déchets ou à les employer pour fabriquer d'autres choses.

Leçon 1

Les hommes produisent des déchets

J'observe et je m'interroge

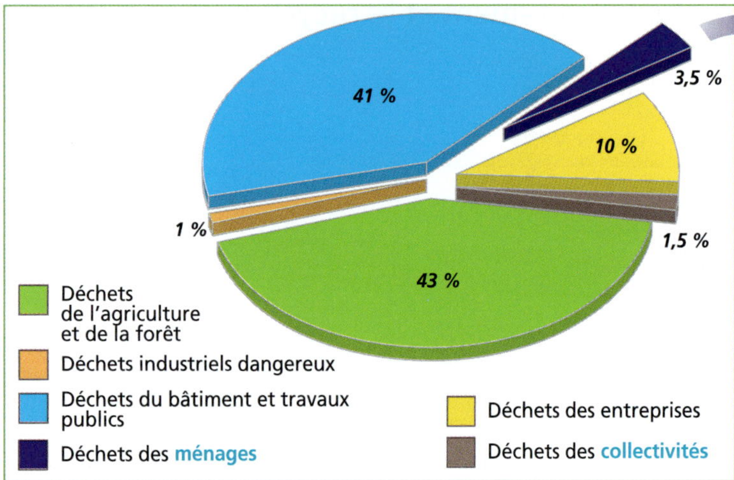

DOC. 1 Répartition des déchets par secteur *(d'après source ADEME).*

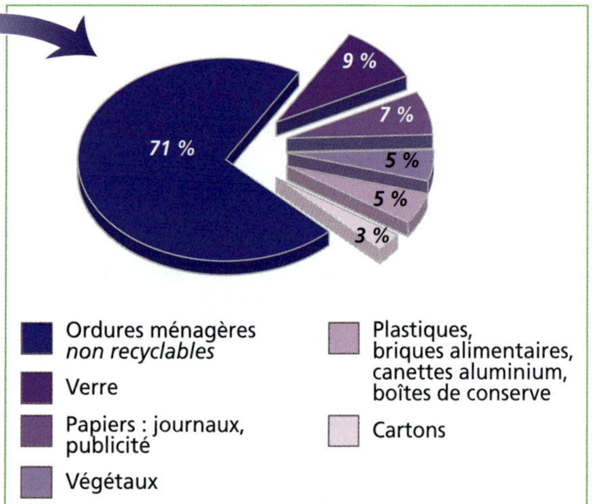

DOC. 2 Répartition des déchets des ménages *(d'après source ADEME).*

Je lis un diagramme circulaire

1. Observe les DOC. 1 et DOC. 2.
D'après les légendes, quelles informations vas-tu trouver sur ces documents ?
2. Repère sur le DOC. 1 les deux secteurs qui produisent le plus de déchets.
De quels types de déchets s'agit-il ?
Quels sont ceux qui peuvent être recyclés ?
3. Regarde la part des déchets des ménages : que remarques-tu ?
Observe le DOC. 2. En quoi consistent les déchets des ménages ?
4. Fais une liste de produits achetés par une famille pour se nourrir.
Quels sont les grands types d'emballages utilisés ?

DOC. 3 Démolition d'un immeuble à Quimper, dans le Finistère (Bretagne).

Je lis une photographie

5. Observe le DOC. 3.
6. Localise le département du Finistère sur la carte p. 185.
7. Que font les hommes qui conduisent les engins ?
Pourquoi ?
8. De quel type de déchets s'agit-il ?
Recherche dans le DOC. 1 ce que représente ce type de déchets dans la totalité des déchets produits en France.
Que constates-tu ?

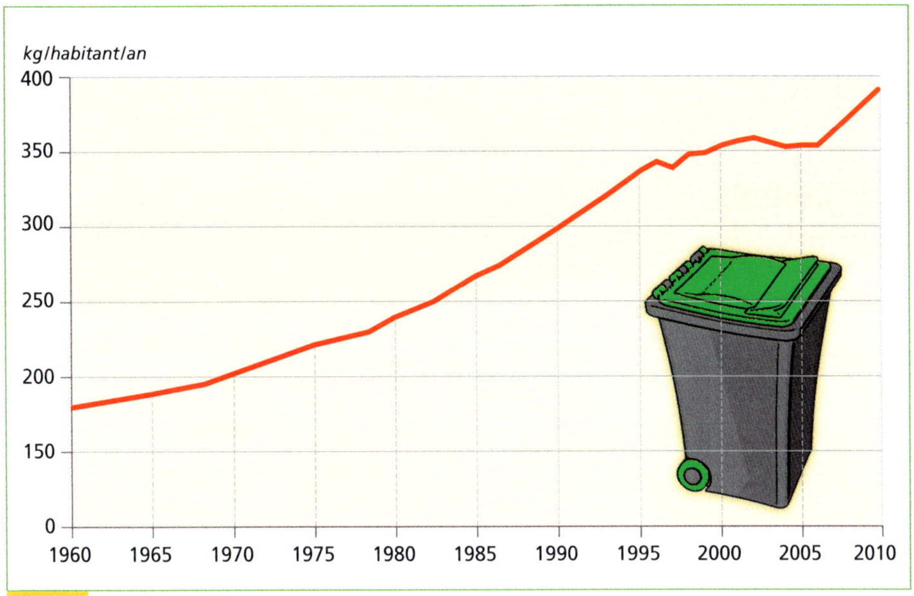

DOC. 4 Évolution de la quantité d'ordures ménagères *(source ADEME)*.

Je lis un graphique

9 Observe le DOC. 4. Quelles informations donne-t-il ?

10 Combien de déchets une famille produisait-elle en 1960 et en 1980 ? Quelles sont les périodes de forte augmentation ?

11 Entre 2005 et 2010, de combien de kg les ordures ont-elles augmenté ? Pourquoi la quantité de déchets ménagers a-t-elle augmenté ?

Je réalise un schéma

12 Complète le chemin des déchets recyclés, de la démolition d'un immeuble à la construction de voies ferrées.
Dessine sur ton cahier les étapes intermédiaires : décris ce que deviennent les habitations démolies, indique ce que font les hommes.

J'enquête

13 Recherche des informations sur les déchets produits dans ton école (en classe, à la cantine).
Dresse la liste des déchets. Que deviennent-ils ?

14 Que serait-il possible de faire pour réduire la production de déchets dans ton école ?
Réalise une affiche pour informer tes camarades et le personnel de ton école sur la réduction des déchets.

Les mots du géographe

Ménage : ensemble des personnes vivant dans un même logement.

Collectivité : territoire administré par un conseil élu, par exemple la commune.

Enfouir : les déchets sont enterrés dans une décharge.

Incinérer : les déchets sont brûlés pour être réduits.

Les traitements des déchets

Les déchets produits par l'homme sont variés, certains sont dangereux (ceux de l'industrie ou des hôpitaux), d'autres non ; certains peuvent être recyclés, les autres sont enfouis ou incinérés. Le recyclage permet de réduire les quantités de déchets. Il permet aussi de fabriquer des matériaux qui serviront à nouveau ; ainsi les morceaux de matériaux issus de la démolition des bâtiments serviront à faire des routes ou des voies ferrées. Cette réutilisation est appelée valorisation des déchets.

Leçon 2

Le traitement des déchets des ménages

J'observe et je m'interroge

La collecte des déchets

Dans la région de Vesoul, à l'est de la France, dix-neuf communes se sont regroupées pour collecter les poubelles des 23 000 habitants. Les dépenses sont ainsi moins élevées.

Il y a plusieurs collectes dans la semaine. Chaque collecte permet de ramasser une catégorie de déchets :
– la **poubelle verte** contient ce qui ne peut pas être recyclé (ordures ménagères) ;
– la **poubelle jaune**, ce qui peut être recyclé (plastique, papier, conserves, etc.).

Le contenu des poubelles vertes est enfoui dans un terrain prévu pour qu'il n'y ait pas de pollutions.
Le contenu de la poubelle jaune est trié par des personnes à l'aide de machines.
Le ramassage des déchets verts (végétaux) se fait chaque semaine en été. Ils peuvent être aussi placés dans un composteur.
Les éboueurs collectent le verre une fois par mois.

DOC. 1 La gestion des déchets à Vesoul, en Haute-Saône (Franche-Comté).

Je recherche des informations dans un texte

1. Lis le DOC. 1.
2. Localise la Haute-Saône sur la carte p. 185.
3. Comment les communes se sont-elles organisées pour prendre en charge les déchets des habitants ?
4. Quels déchets les habitants mettent-ils dans la poubelle verte ? Donne quelques exemples.
5. Que deviennent ces ordures ?
6. Que deviennent les déchets de la poubelle jaune ?
7. Quand les végétaux et le verre sont-ils ramassés ?
8. Qui collecte les déchets ?

DOC. 2 Le tri automatique des déchets de la poubelle jaune au centre de Noidans-les-Vesoul, en Haute-Saône (Franche-Comté).

Je fais le lien entre une image et un texte

9. À quel endroit la photographie a-t-elle été prise ?
10. À quoi sert cette machine ?
11. De quels types de déchets s'agit-il ? D'où proviennent les déchets ? Que vont-ils devenir ?
12. Quels déchets produits par la population ne sont pas ramassés par les éboueurs ? Que fait-on de ces déchets ?

Matériaux	Nombre de kg par habitant	Filière	Lieu de traitement
Boîtes de conserve	3	recyclage	Moselle
Briques alimentaires	0,8	recyclage	Gironde
Cartons	9	recyclage	Doubs
Plastiques	2	recyclage	Haut-Rhin et Saône-et-Loire
Ordures ménagères : poubelle verte	300	enfouissement	Haute-Saône
Verre	39	recyclage	Vosges
Déchets verts collectés à domicile	22	compostage	Haute-Saône

DOC. 3 Traitement des déchets du regroupement de communes de Vesoul.

Je lis un tableau

13 Lis le DOC. 3. Repère les colonnes et leur titre, fais le même travail avec les lignes du tableau. Quelles informations ce document te donne-t-il ?

14 Quelle est la nature des déchets les plus importants ? Pourquoi ?

Je réalise une carte

15 À l'aide de la carte p. 185, repère et localise la destination des déchets collectés pour être traités.

16 Sur un fond de carte de France, trace des flèches entre Vesoul et les départements où seront traités les déchets. Qu'observes-tu ? Rédige une légende et donne un titre à ta carte.

Je classe des éléments

17 Parmi les déchets représentés ci-dessous, indique dans quelle poubelle (jaune ou verte) ils doivent être déposés, après avoir été triés.

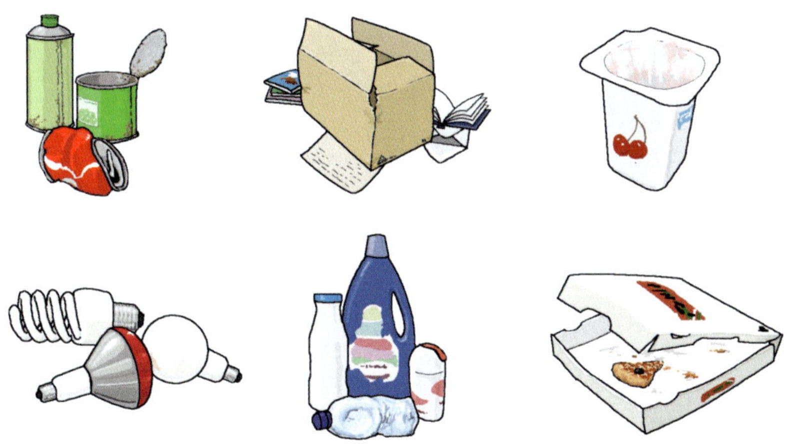

Les mots du géographe

Collecter (les déchets) : ramasser les poubelles pour recycler les déchets.

Éboueur : personne chargée d'enlever les poubelles.

Composteur : objet dans lequel sont déposés des déchets biodégradables.

Compostage : traitement biologique des végétaux qui sont stockés dans un lieu où ils se décomposent : ils sont biodégradables.

Réduire les déchets

Le déplacement des déchets et leurs traitements coûtent très cher aux communes et à leurs habitants.

Les conséquences sur l'homme et l'environnement sont aussi importantes. La réduction des déchets est donc indispensable. Elle peut se faire en refusant la publicité dans sa boîte à lettres, en évitant d'acheter des produits jetables ou en installant un composteur pour les déchets verts, par exemple.

Je retiens

Les hommes produisent des déchets

- Les activités agricoles et du bâtiment produisent une grande quantité de déchets. D'autres activités comme l'industrie ou la santé (hôpitaux) en produisent aussi, qui sont dangereux et doivent être **collectés** par des entreprises spécialisées : celles-ci les traitent afin qu'ils polluent moins l'environnement.

- Les déchets sont de différents types. Beaucoup ne peuvent pas être recyclés, mais d'autres peuvent l'être comme le verre ou le papier. Le **recyclage** des déchets est réalisé par des entreprises spécialisées. Il permet la fabrication de matériaux nouveaux servant à la création d'objets : les bouteilles en plastique deviennent des pull-overs par exemple.

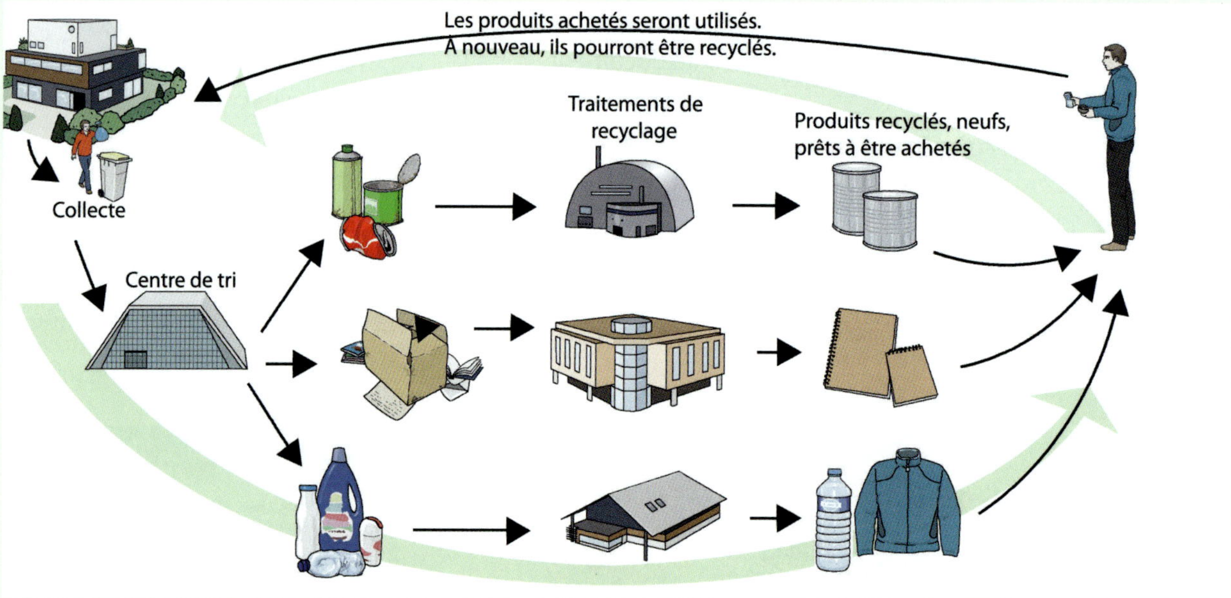

Le cycle des déchets recyclables.

Le traitement des déchets des ménages

- Les déchets des **ménages** ont aussi augmenté, parce que nos habitudes ont changé. Les **collectivités** prennent en charge le ramassage de ceux-ci, les **éboueurs** collectent les poubelles régulièrement.
Si certains déchets ménagers peuvent être recyclés, une grande quantité d'entre eux ne peut pas l'être. Les déchets qui ne peuvent pas être recyclés sont soit **enfouis** dans une décharge, soit **incinérés**.

- Tous les déchets que nous produisons ne sont pas recyclables et coûtent cher aux habitants (collectes, traitements). Certains ménages recyclent les déchets végétaux dans leur jardin, dans un **composteur**.
La réduction des ordures menagères est donc nécessaire, car ces déchets ne peuvent pas être traités par recyclage ou **compostage**.

Chapitre 6

De la commune à la région

De quelle manière le territoire français est-il divisé ? Comment de nouveaux découpages ont-ils été créés pour mieux répondre aux modes de vie actuels des Français ?

Je découvre

DOC. 1 Carte des régions françaises avec leurs symboles en 2009.

DOC. 2 La nouvelle plaque d'immatriculation.

1. Observe le DOC. 1. Identifie les espaces délimités à l'intérieur de chaque région. Quelle est la particularité des régions représentées à droite ?
2. Observe la nouvelle plaque d'immatriculation du DOC. 2. Repère le symbole rouge et retrouve sur le DOC. 1 à quoi il correspond.
3. Que représentent les autres symboles et le nombre sur fond bleu placés à gauche et à droite du numéro de la voiture ?

Les mots du géographe

Région : division de la France regroupant plusieurs départements. Il y a 26 régions en France.

Leçon 1 De la commune à la région : des services différents

J'observe et je m'interroge

DOC. 1 Les services dans la commune, extrait du site internet de la commune de Béziers, dans l'Hérault (Languedoc-Roussillon).

DOC. 2 Affiche du département de l'Hérault (Languedoc-Roussillon).

J'étudie la page internet d'une commune

1. Observe le DOC. 1. Localise le département de l'Hérault sur la carte p. 185.
2. Qu'est-ce qu'une mairie ?
3. Quels sont les services proposés par la commune ?
4. Définis le terme d'état civil en t'aidant d'un dictionnaire.

Je lis une affiche

5. Observe le DOC. 2.
6. Que représentent les différents personnages ?
7. En t'aidant de ce que tu as trouvé et de ce qui est écrit sur l'affiche, explique quels services le département rend à la population.
8. Recherche dans un dictionnaire ou sur Internet qui sont les conseillers généraux. B2i

DOC. 3 Affiche des TER en région Languedoc-Roussillon.

Je lis des affiches

9 Observe le DOC. 3. À qui s'adresse cette affiche ?

10 Quelles sont les deux villes citées sur l'affiche ? Quelle est la destination (le point d'arrivée) proposée ?

11 En t'aidant de la carte p. 185, localise cette destination.

12 Recherche quel type de transport est évoqué.

13 À quel moment de l'année a-t-on les « pieds dans l'eau » ?

14 Que signifie alors l'expression « sans les bouchons » ?

15 Regarde le bas de l'affiche : il indique « TER Languedoc-Roussillon ». Qu'est-ce que cela signifie ? Peux-tu expliquer pourquoi il est écrit « entre TER et mer » ?

16 Repère ensuite les autres symboles du bas de l'affiche et trouve ce qu'ils représentent.

17 Pourquoi la région a-t-elle fait cette affiche ?

Les mots du géographe

TER : transport express régional. Les transports régionaux (train ou car) sont gérés par le conseil régional.

Préfet : représentant de l'État dans les départements et les régions.

État : autorité qui gouverne l'ensemble de la population sur le territoire français.

Les collectivités territoriales et le préfet

La commune, le département et la région sont des territoires gérés par des conseils élus par les habitants.

Le conseil municipal dirigé par le maire est élu pour six ans, il gère le territoire de la commune.

Le conseil général administre le département. Les conseillers généraux sont élus pour six ans par les habitants du département lors des élections cantonales.

Le conseil régional gère la région et ses membres sont élus pour six ans lors des élections régionales.

Ces différents conseils sont appelés des collectivités territoriales. Dans les départements et les régions, le préfet représente l'État et doit faire appliquer les lois. La ville où il est installé s'appelle une préfecture.

Leçon 2

La communauté de communes, un exemple d'intercommunalité

J'observe et je m'interroge

DOC. 1 Site internet de la communauté de communes du Haut-Minervois (Languedoc-Roussillon).

DOC. 2 Rapport de la communauté de communes du Haut-Minervois.

J'analyse une page d'un site internet

1. Regarde le DOC. 1. Quel symbole apparaît en haut, à droite ? Quelles images ont été choisies pour représenter le Haut-Minervois ?
2. Lis la partie gauche de la page internet : dans quels domaines la communauté de communes intervient-elle ?
3. Lis la partie droite de la page : associe chacun des points cités à l'un des domaines proposés à gauche.

Je lis la couverture d'une brochure

4. Lis le DOC. 2. Pourquoi les communes du Haut-Minervois se sont-elles regroupées en communauté de communes ?
5. Retrouves-tu des compétences semblables à celles que tu as étudiées pour les autres territoires ?

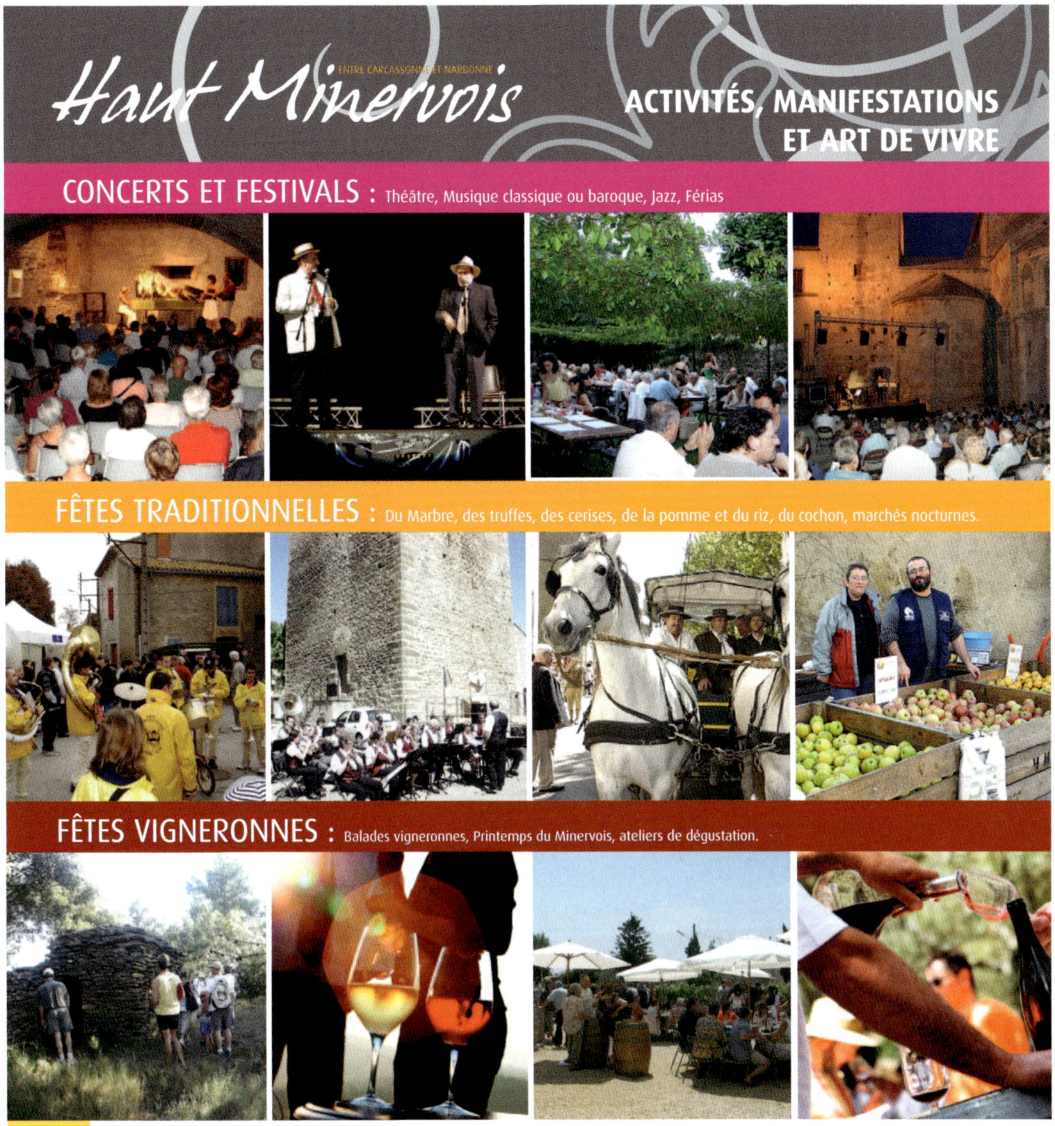

DOC. 3 Brochure du Haut-Minervois.

J'étudie une brochure

6 Observe le DOC. 3.

7 Repère les différentes activités et trouve à quels domaines cités dans le DOC. 1 elles se rattachent.
À qui ces activités sont-elles proposées ?

8 Pourquoi la communauté de communes organise-t-elle ces différentes activités ?

Les mots du géographe

Intercommunalité : regroupement de communes, géré par des représentants des différentes communes associées.

Compétences : les pouvoirs des différentes collectivités territoriales.

L'intercommunalité

Depuis 1999, le regroupement de communes est obligatoire. Il s'appelle communauté de communes en zone rurale. En zone urbaine, on parle de communauté d'agglomération pour les villes de moins de 500 000 habitants et de communautés urbaines pour les autres. Les compétences de ces regroupements ont d'abord concerné la gestion de l'eau et des déchets puis les transports publics. Aujourd'hui, ils s'occupent de tous les services afin de permettre un meilleur développement économique des territoires.

Je retiens

De la commune à la région : des services différents

• La commune

Les 36 783 communes sont gérées par un conseil municipal, dirigé par un maire. Il se réunit dans une mairie où se trouvent aussi les services de la commune qui répondent aux besoins de la population locale (état civil, élections, gestion des écoles primaires). La commune gère également les équipements pour le public (la piscine, par exemple).

• Le département

Créés en 1790, les départements sont aujourd'hui au nombre de 100, en incluant les départements d'outre-mer situés loin de l'Europe. Ils ont presque tous la même taille. Le département est géré par le conseil général élu pour six ans. L'aide aux personnes, les routes et les collèges sont ses compétences principales.

• La région

Plus récentes, les vingt-deux régions sont de tailles très différentes. Elles sont gérées par le conseil régional, élu pour six ans, qui s'occupe surtout du développement économique, des transports régionaux (TER) et des lycées.

• Collectivités territoriales et préfet

Ces différents conseils s'appellent des collectivités territoriales, ils gèrent la vie des Français au niveau local. L'État est représenté par les préfets : il y a un préfet dans chaque département ainsi qu'un préfet par région.

La communauté de communes, un exemple d'intercommunalité

• Face aux besoins de plus en plus importants des populations, les communes se regroupent en communautés, c'est l'intercommunalité. Dans les zones rurales, ces regroupements s'appellent des communautés de communes tandis que pour les villes, ce sont des communautés d'agglomération s'il y a moins de 500 000 habitants et des communautés urbaines s'il y a plus de 500 000 habitants.

• Depuis 1999, toutes les communes doivent faire partie d'un regroupement de communes car elles ont de plus en plus de difficultés à financer seules le développement de leurs territoires.

Les peintres représentent la ville et la campagne

Les paysages de la ville et de la campagne ont souvent été représentés par les peintres. Quelle image en ont-ils donné ?

DOC. 1 Les frères de Limbourg, *Les Très Riches Heures du duc de Berry* (1412-1416), enluminure, musée Condé, Chantilly (20 cm x 29 cm environ).

Au premier plan, les travaux des champs ; au second plan, Paris, le Palais de la Cité et la Sainte-Chapelle (à droite).

J'étudie une œuvre

1. Comment Paris est-elle représentée ? Sur quels éléments de l'architecture les artistes insistent-ils ?
2. Quels éléments de la campagne et des travaux des champs peux-tu reconnaître ?
   Pour qui ces paysans travaillent-ils : pour eux-mêmes, pour les habitants de la ville ?
   Comment les artistes voient-ils le rapport entre la ville et la campagne ?
3. Dans un dictionnaire ou sur Internet, cherche des informations sur les frères de Limbourg. Où sont-ils nés ? À quelle période ont-ils vécu ? B2i

DOC. 2 Seurat, *Un dimanche après-midi à l'île de la Grande Jatte* (1884-1886), huile sur toile, Art Institute of Chicago (207 cm x 308 cm).

Cette île sur la Seine est située à 7 km de Paris.

Je compare

4. Observe le tableau : qui sont les personnages ? Compare ces personnages et ceux de l'enluminure : comment sont-ils vêtus ? Que font-ils ? S'agit-il de paysans ? Travaillent-ils ? La ville est-elle visible ?
5. Que voit-on ici de la campagne des environs de Paris ? Compare la taille du tableau et celle du DOC. 1 : quelle différence constates-tu ?
6. À quelle époque Seurat a-t-il vécu ? Dans un dictionnaire ou sur Internet, recherche son nom et le nom de la technique à laquelle il est associé. B2i
7. Que représente la campagne pour Seurat ? Est-ce un espace de travail ?
8. Et pour toi, que représente la campagne ?

Les mots des arts

Livre d'heures : livre de prières utilisé au Moyen Âge par les chrétiens les plus riches. Le chrétien devait l'utiliser sept fois par jour aux heures de prières.

Très Riches Heures : livre de prières richement décoré d'enluminures de grand format.

Enluminure : partie peinte d'un manuscrit, livre ancien écrit à la main. Les enluminures sont réalisées par des peintres : ce sont des œuvres d'art.

Je mène l'enquête

La piscine naturelle de Combloux.

Voici la photographie de la première piscine naturelle publique de France. Découvre où elle se trouve et comment elle fonctionne en répondant aux questions suivantes. Pour t'aider dans ton enquête, tu disposes de trois indices.

Indice n°1

Je suis une chaîne de montagnes. Je me partage entre la France, l'Italie, la Suisse, l'Autriche, l'Allemagne. Je suis …

Indice n°2

Ton point de départ est Paris. Dirige-toi vers le sud jusqu'au département de la Creuse puis prends la direction de l'est. Le département situé à la frontière avec la Suisse est …

- Pour trouver le nom du massif montagneux que tu vois à l'arrière-plan, reporte-toi à la carte p. 190 et utilise l'Indice n°1.
- Ensuite, pour découvrir le nom du département où se situe Combloux, suis sur la carte p. 185 l'itinéraire proposé par l'Indice n°2.

Indice n°3

- Enfin, pour comprendre comment est purifiée l'eau de cette piscine naturelle sans utiliser de chlore, observe l'Indice n°3.
- Rédige un court texte sur le fonctionnement et l'intérêt de ce type d'installation.

Chapitre 7

La diversité des milieux naturels en Europe

En Europe, les paysages sont très variés. Quelles sont les différentes formes de reliefs, quels sont les types de climats qui expliquent la diversité des paysages européens ?

Je découvre

DOC. 1 Le volcan de l'Etna, vu de la route de Taormina, en Sicile (Italie).

1. Localise l'Italie puis la Sicile sur la carte p. 197.
2. Observe le paysage. Quels éléments de relief peux-tu identifier ? Penses-tu que le climat est froid en Sicile ? Pourquoi y a-t-il de la neige au second plan ?
3. Décris la végétation.
4. Où les hommes sont-ils installés ? Pourquoi ? Repère les constructions humaines. La campagne autour de Taormina est-elle cultivée ? Explique pourquoi.

Les mots du géographe

Climat : ensemble de phénomènes météorologiques (températures, pluie, neige).

Volcan : relief formé par la remontée de lave à la surface de la Terre.

Leçon 1

Les reliefs en Europe

J'observe et je m'interroge

DOC. 1 Plaine germano-polonaise à Dresde, en Allemagne.

Je compare différents paysages

1. Localise la plaine germano-polonaise sur la carte p. 197.
2. Observe le DOC. 1. Le tracé du cours d'eau est-il droit ou dessine-t-il des courbes ? Que peux-tu en déduire à propos de la vitesse d'écoulement du cours d'eau dans cette région ?
3. Où sont situées les habitations ? Pourquoi n'y a-t-il pas de maisons au bord de la rivière ?

DOC. 2 Plateau de Castille, en Espagne.

4. Localise le plateau de Castille sur la carte p. 197.
5. Où se trouve l'Espagne par rapport à l'Allemagne ?
6. Observe le relief sur le DOC. 2. Décris le haut de l'image. Peut-on construire des maisons au bord de cette rivière ?
7. Compare les DOC. 1 et DOC. 2. Quelle différence vois-tu entre ces deux reliefs ?

DOC. 3 Montagne des Alpes à Kandersteg, en Suisse.

Je compare différents paysages

8 Localise les Alpes sur la carte p. 197.

9 Observe le DOC. 3. En quoi ce relief est-il différent des deux autres DOC. 1 et DOC. 2 ?

10 La végétation est-elle présente sur le sommet ? Pourquoi ? Quelle forme végétale peux-tu reconnaître au premier plan ?

11 Où les hommes se sont-ils installés ? Pourquoi ?

Je localise et je décris

12 Observe le DOC. 1. Où se trouve la plaine germano-polonaise en Europe ? Décris un relief de plaine. À l'aide de la carte p. 197, localise les grandes plaines en Europe et nomme-les.

13 Observe le DOC. 2. Où se trouve le plateau de Castille en Europe ? Décris un relief de plateau. À l'aide de la carte p. 197, localise les plateaux en Europe et nomme-les.

14 Observe le DOC. 3. Où se trouvent les Alpes en Europe ? Décris ce qu'est une montagne. À l'aide de la carte p. 197, localise les montagnes en Europe et nomme-les.

Je représente les reliefs

15 Sur ton cahier, dessine une plaine, un plateau et une montagne. Pense à dessiner un cours d'eau pour que les différences de relief apparaissent. Place sur ton dessin les noms des reliefs représentés et encadre-les. Donne un titre à ton dessin.

Les mots du géographe

Plaine : relief plat où les cours d'eau s'écoulent sans creuser de vallées profondes.

Vallée : relief creusé par un cours d'eau.

Plateau : relief plat où les rivières creusent des vallées profondes.

Montagne : relief avec une forte pente, une altitude élevée, et où la végétation dépend de l'altitude.

Un relief plat n'attire pas forcément les hommes

En Europe, les différentes formes de reliefs ne sont pas mises en valeur de la même manière par les hommes. Le nord des Alpes est très aménagé et est utilisé pour des activités variées (agriculture, industrie, tourisme) alors que le climat est froid et la pente forte. À l'inverse, le plateau de Castille, dont le relief est plat, est surtout utilisé pour l'agriculture et il est peu peuplé.

Leçon 2

Les climats en Europe

J'observe et je m'interroge

DOC. 1 Le Reichstag, à Berlin, en Allemagne.

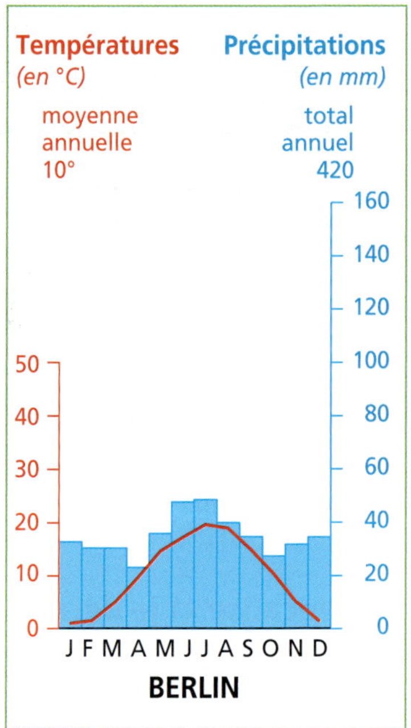

DOC. 2 Diagramme ombrothermique de Berlin.

DOC. 3 Athènes, en Grèce.

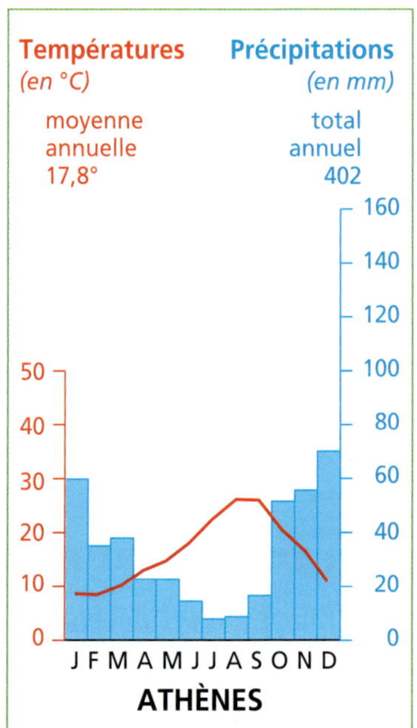

DOC. 4 Diagramme ombrothermique d'Athènes.

DOC. 5 L'île de Valentia, au sud-ouest de l'Irlande.

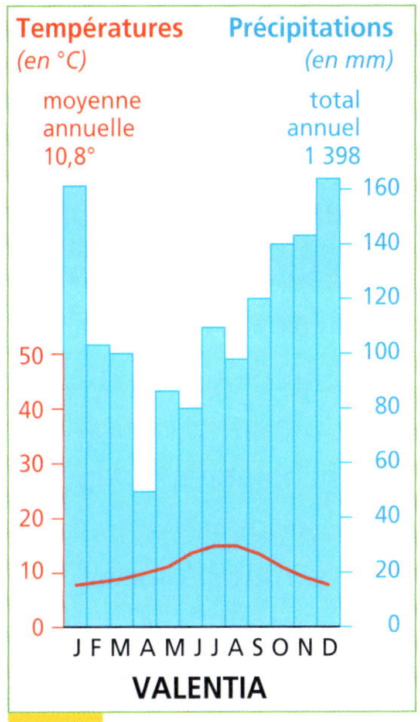

DOC. 6 Diagramme ombrothermique de l'île de Valentia.

Je lis et j'exploite des documents de différentes natures

1 Localise l'Allemagne, la Grèce et l'Irlande sur la carte p. 198.

2 Observe les trois paysages et associe chacun d'eux à une des caractéristiques climatiques suivantes :
– Précipitations abondantes toute l'année.
– Sec en été.
– Très froid en hiver.
Pour chacun, précise sur quel élément du paysage tu t'es appuyé pour répondre.

Je mets en relation deux documents

3 Observe les diagrammes ombrothermiques : pour chacun, indique le mois le plus chaud, le mois le plus froid, le mois le plus arrosé et le mois le plus sec.

4 Pour chaque paysage, observe le diagramme ombrothermique qui lui est associé et précise à quelle saison la photographie a été prise, en donnant les indices qui te permettent de répondre.

J'écris en géographie

5 À partir des informations recueillies dans l'exercice précédent, rédige un paragraphe montrant que l'Europe est un espace caractérisé par la variété de ses climats.
Pour répondre, utilise les mots suivants : océanique – continental – méditerranéen – pluvieux – sec – froid – chaud – doux – neige.

Les mots du géographe

Diagramme ombrothermique : graphique représentant les températures moyennes (T°) par une courbe (rouge) et les précipitations mensuelles totales (P) par des bâtonnets (bleus).

Précipitations : pluie, neige ou grêle.

Climat tempéré : climat marqué par la variété des saisons.

Le climat européen

L'Europe appartient au domaine climatique tempéré, ce qui signifie que les températures et les précipitations varient de façon suffisamment forte pour qu'il y ait plusieurs saisons : le printemps, l'été, l'automne et l'hiver. La végétation nous permet de voir le passage des saisons.

Je retiens

Les reliefs en Europe

- En Europe les reliefs sont variés. Au nord et à l'ouest, les reliefs plats dominent : grande plaine d'Europe du Nord ou bas plateaux. Au sud et à l'est, les montagnes et les plateaux élevés sont nombreux : Alpes, Pyrénées. On rencontre aussi des volcans. Les vallées permettent de savoir quelle forme de relief domine dans un paysage.
- Les reliefs les plus peuplés sont la plaine car le relief plat et les rivières qui s'écoulent doucement favorisent l'installation des villes, des voies de communication et le développement des activités humaines. Les montagnes et les plateaux européens sont parfois très peuplés comme les Alpes ou vides comme en Castille.

Les climats en Europe

- À l'ouest, l'océan Atlantique crée un climat doux et humide toute l'année. Plus on s'éloigne de l'océan et plus les saisons changent : l'hiver est plus froid avec de la neige et l'été est plus chaud avec des orages. Au sud, la Méditerranée donne un climat chaud et sec en été, doux et humide en hiver. Dans les montagnes, le climat est différent, avec des hivers froids et des étés plus frais qu'en plaine. Au nord, l'influence polaire se fait sentir : les températures sont négatives en hiver et les étés sont frais.
- Le diagramme ombrothermique est un outil utilisé pour comprendre le climat car il associe toutes les données (précipitations, températures) sur une année.
- La variation des saisons est visible grâce aux transformations de la végétation et aux différentes activités des hommes. Cette variation des saisons est une caractéristique du climat tempéré européen.

L'homme a aménagé cet espace de façon différente en fonction du relief et des températures. Au premier plan : un plateau cultivé avec des méthodes traditionnelles ; au second plan : une prairie pour l'élevage et des sapins qui montrent que la pente est plus forte et les températures plus faibles ; à l'arrière-plan : des montagnes enneigées prouvent qu'il fait froid une grande partie de l'année.

Paysage de la chaîne des Tatras, à la frontière entre la Pologne et la Slovaquie.

Chapitre 8

La diversité des milieux naturels en France

La France est située à l'ouest de l'Europe. Quelles conséquences cette position a-t-elle sur la diversité des reliefs et des climats ? L'existence des territoires d'outre-mer renforce-t-elle cette diversité ?

Je découvre

DOC. 1 Le littoral à Calvi, en Haute-Corse (Corse).

1. Localise la Corse puis le département de la Haute-Corse sur la carte p. 185. Où se situe-t-elle ?
2. Quels types de reliefs peux-tu identifier sur l'image ?
3. Quels sont les indices montrant que le climat est chaud en été ? Peut-il y avoir de la neige en hiver et si oui, à quel endroit ?
4. Par rapport aux différents reliefs, où se trouve Calvi ?
5. Pourquoi les hommes se sont-ils installés là ?

Les mots du géographe

Territoire de la France d'outre-mer : territoire français situé sur d'autres continents que l'Europe.

Littoral : bande de terre plus ou moins large, en contact avec la mer.

Leçon 1 Les principales formes de reliefs en France

J'observe et je m'interroge

DOC. 1 Vallée de la Loire près de Champtoceaux, en Maine-et-Loire (Pays-de-la-Loire).

Je décris les principales formes de reliefs

1 Localise la vallée de la Loire sur la carte p. 190.

2 Observe l'image. Décris la forme du relief et le trajet du cours d'eau. Le niveau d'eau du fleuve est-il élevé ? Quel élément visible sur l'image, permet de répondre à la question ?

3 Y a-t-il des constructions humaines au bord du fleuve ? Pourquoi ?

4 À partir des connaissances que tu as acquises au chapitre 7, nomme cette forme de relief.

DOC. 2 Village de Baume-les-Messieurs, dans le Jura (Franche-Comté).

Je décris les principales formes de reliefs

5 Localise le Jura sur la carte p. 190.

6 Observe l'image. Décris la forme du relief.

7 Quelle est la forme d'habitat visible sur l'image ? Où les maisons sont-elles construites ?

8 La végétation est-elle abondante ?

9 À partir de tes connaissances, nomme cette forme de relief.

DOC. 3 Rangiroa, île de l'archipel des Tuamotu (Polynésie).

Je décris les principales formes de reliefs

10 Localise la Polynésie française sur la carte p. 203.

11 Observe l'image. Quelle est la forme de ces îles ?

12 L'altitude par rapport au niveau de l'océan Pacifique est-elle élevée ?

13 Quelle est l'activité humaine visible au premier plan ?

J'observe et je déduis

14 Après avoir observé les DOC. 1 et DOC. 2 p. 74 et le DOC. 3 p. 75, précise quelles formes de reliefs on trouve en France.

15 Connais-tu une forme de relief que l'on ne voit pas en France ?

16 Que peut-on en déduire sur la diversité des reliefs sur le territoire ?

17 Observe la carte des reliefs de l'Europe p. 197. Existe-t-il en Europe d'autres pays qui présentent une diversité de reliefs aussi grande ? Nomme-les.

18 Tu souhaites passer tes vacances dans une région où il y a la montagne et la mer et où il fait chaud l'été : quelle région française choisiras-tu ?

Je lis une carte

19 Regarde la carte p. 190 : dans quelle partie de la France se trouvent les montagnes, les plateaux, les plaines ?

20 Localise les grands fleuves. Rédige un court texte sur la disposition des reliefs en France.

21 Observe la carte des territoires d'outre-mer français p. 203 et choisis la proposition correcte parmi les phrases suivantes :
– La plupart des territoires d'outre-mer sont des îles.
– La plupart des territoires d'outre-mer appartiennent à un continent.
Quel territoire ne correspond pas à la proposition que tu as choisie ?

Les mots du géographe

Île : petite étendue de terre entourée d'eau.

Archipel : ensemble d'îles proches les unes des autres.

La Polynésie française

La collectivité d'outre-mer (COM) de Polynésie française située à 17 100 km de Paris, est composée de 118 îles réparties en cinq archipels. Certaines îles sont apparues à la suite d'une éruption volcanique (exemple : les Marquises). D'autres sont le résultat d'une accumulation de coraux, organismes marins dont les débris se sont accumulés durant des milliers d'années (exemple : les Tuamotu).
D'autres, enfin, associent les deux, volcanisme et corail, comme l'archipel de la Société dont fait partie l'île de Tahiti.

Leçon 2

Du Midi à Paris

J'observe et je m'interroge

DOC. 1 La cité de Carcassonne et la ville basse, dans l'Aude (Languedoc-Roussillon).

J'observe des paysages

1. Observe le DOC. 1. Localise le département de l'Aude sur la carte p. 185.
2. Décris la ville qui apparaît au second plan : à quelle période de l'histoire appartient-elle ? Est-elle bien conservée ?
3. Décris la ville basse au premier plan : est-elle aussi ancienne que la ville haute ?
4. La ville haute est-elle adaptée à la vie moderne (automobiles, commerces, sports) ? Pourquoi ?

Tour de France

11 à 14

Le Sud attire les touristes grâce à son climat et à son patrimoine.

DOC. 2 La plage de Valras à l'est de Béziers, dans l'Hérault (Languedoc-Roussillon).

5. Observe le DOC. 2. Localise le département de l'Hérault sur la carte p. 185. Quelle montagne est située au nord du département ? Réponds en utilisant la carte p. 190.
6. Quels aménagements sont visibles sur l'image ?
7. Pour qui ont-ils été réalisés ?
8. Observe le DOC. 1 et le DOC. 2. Quel type d'activité domine dans ces paysages ?

DOC. 3 Saint-Jean-de-Maurienne, en Savoie (Rhône-Alpes).

DOC. 4 Les Champs-Élysées, à Paris.

Je compare deux images

9 Observe le DOC. 3. Localise le département de la Savoie sur la carte p. 185. Décris l'image.

10 Quel est le nom de la montagne visible à l'arrière-plan ? Pourquoi cette étape est-elle réputée difficile ?

11 Observe le DOC. 4. Quel monument reconnais-tu sur cette image ? Quels autres monuments de Paris peux-tu nommer ?

12 En France, quel rôle joue Paris ? Quelles activités économiques peux-tu trouver à Paris ?

13 Pour chaque affirmation, dis si elle est vraie ou fausse et cite le document qui te permet de répondre.
- Le Nord et l'Est sont des régions industrielles.
- L'Ouest est très industrialisé.
- Les plages de la Méditerranée sont touristiques.
- Les Alpes sont des montagnes peu élevées.

Étapes 15 à 20

Tour de France

Entre Lyon et Paris : les régions dominées par les grandes villes.

Les mots du géographe

Tourisme : activité par laquelle le touriste se déplace pour son plaisir dans un autre lieu que celui où il vit.

Capitale : ville qui occupe la première place dans un État ou une région.

Confluence : point de rencontre entre deux cours d'eau.

Lyon, capitale régionale

Lyon est une grande ville, la deuxième de France par le nombre d'habitants. Sa position entre les Alpes et le Massif central et à la confluence du Rhône et de la Saône en fait une ville carrefour. Elle s'est industrialisée au XVe siècle grâce au tissage de la soie, puis au XIXe siècle, grâce à l'industrie de la chimie. Les activités tertiaires dominent aujourd'hui dans le quartier de la Part-Dieu. La ville accueille des activités de recherche et d'enseignement.

Chapitre 9

Je retiens

De Strasbourg au Pays basque

- Les régions du **Nord** et de l'**Est** ont été industrialisées très tôt, dès le XIXe siècle, grâce au charbon, à la métallurgie et au textile. Ces anciennes industries ont été remplacées à la fin du XXe et au début du XXIe siècle par d'autres industries et des activités tertiaires.
- Les régions de l'**Ouest** ont été très longtemps peu industrialisées et sont restées agricoles. Aujourd'hui, ces régions ont développé une filière industrielle agro-alimentaire tournée vers la transformation des produits de l'agriculture. De plus, le tourisme s'y développe grâce à la multiplication des aménagements de transport et à un environnement protégé.

Du Midi à Paris

- Les régions du **Sud** sont attractives grâce à leur climat et à la diversité de leur patrimoine naturel et culturel. Elles attirent les touristes, le long des littoraux, en montagne et dans les villes. Les actifs, c'est-à-dire les personnes qui ont un travail ou qui en cherchent un, s'y installent parce que ces régions offrent aussi un grand nombre d'emplois dans l'industrie.

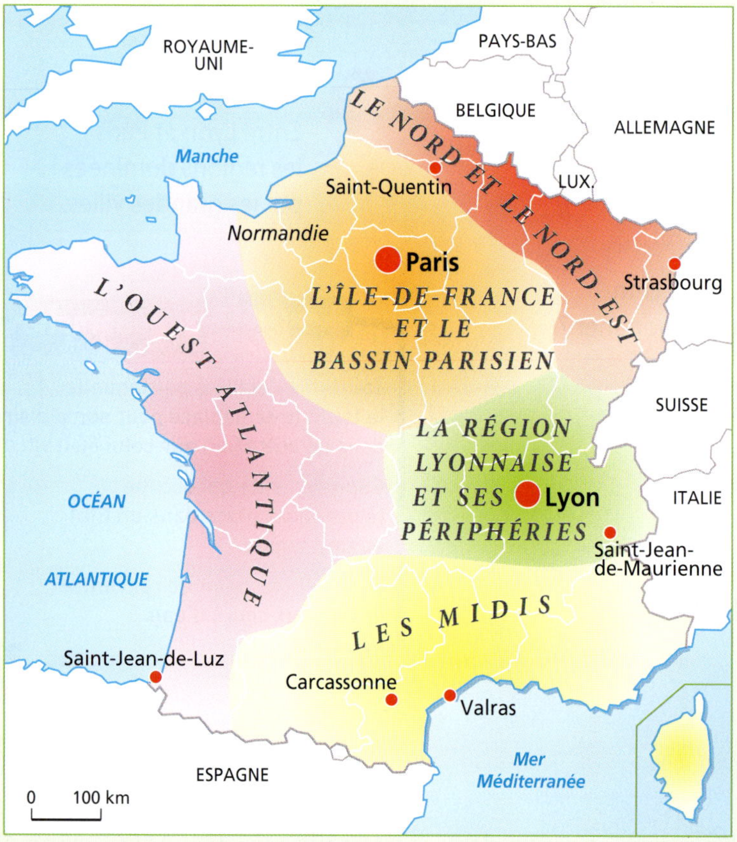

Les grands ensembles régionaux.

- **Lyon** et **Paris** sont deux villes qui dominent le territoire français. Lyon est une grande ville qui domine un espace étendu, de part et d'autre du Rhône, du Massif central aux Alpes. Sa position, à la confluence du Rhône et de la Saône, lui permet de jouer le rôle de carrefour et d'être au cœur d'un espace à la fois industriel et tertiaire.
- Paris, capitale de la France, domine le Bassin parisien grâce à ses activités économiques et grâce à son réseau de communications. Les fonctions politiques, scientifiques et culturelles de Paris expliquent son pouvoir sur tout le territoire national.

Chapitre 10

L'Union européenne, un territoire en construction

L'Union européenne est un projet politique. Pourquoi l'a-t-on créée ?
Quelles sont les réalisations de l'Union européenne ?
Quelles sont les limites actuelles de l'Europe ?

Je découvre

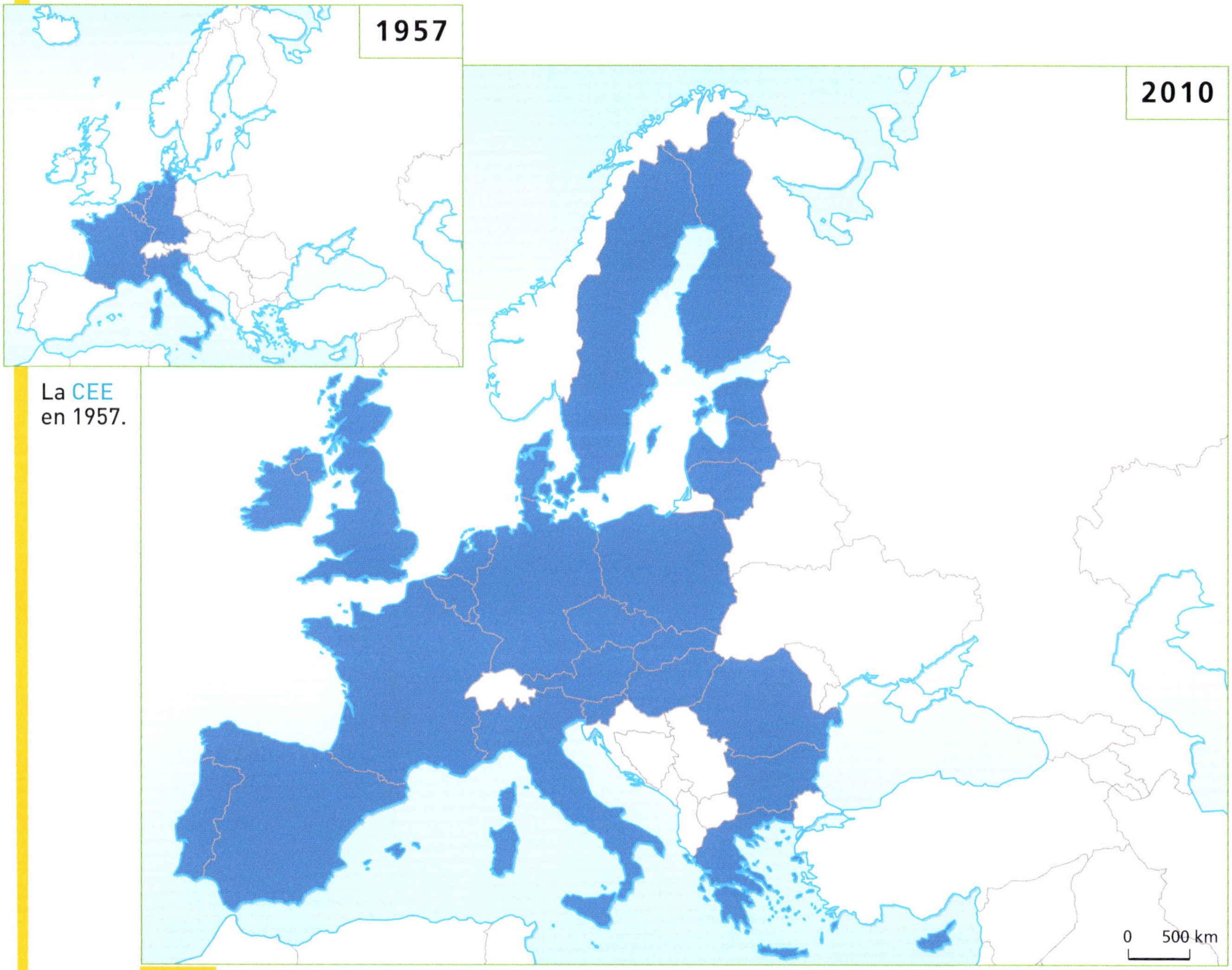

La CEE en 1957.

DOC. 1 Carte de la CEE en 1957 puis de l'UE en 2010.

1. Observe la carte de l'Europe en 1957. Quels sont les pays fondateurs de la première union des États européens ? Comment appelait-on cette union ? Pour répondre, aide-toi de la carte p. 199.
2. Dans quelles directions le projet s'est-il étendu ? Comment nomme-t-on aujourd'hui ce regroupement d'États ?
3. Que penses-tu de l'évolution de la superficie de cet ensemble européen ?

Les mots du géographe

CEE : Communauté économique européenne. Nom donné au regroupement des États d'Europe né en 1957.

UE : Union européenne. Nom donné au regroupement des États d'Europe depuis 1993.

Leçon 1

L'Union européenne : une construction politique

J'observe et je m'interroge

DOC. 1 Dessin de Serguei symbolisant la construction européenne.

Je recherche les symboles de la construction européenne

1. Observe le DOC. 1.
Quelle est la couleur de l'Europe ?
Quels sont les symboles choisis par le dessinateur ?
Quel est le sens de ces symboles ?
2. Recherche sur Internet le nom de l'hymne de l'Union européenne, c'est-à-dire le morceau de musique qui représente l'UE. B2i
Quelle est sa devise (mots ou courte phrase qui la caractérisent) ?
Quelle est la date choisie pour fêter la construction européenne ?

1950
Discours de Robert Schuman pour la construction européenne

1957
Traité de Rome : « Europe des Six » (France, Allemagne, Italie, Belgique, Pays-Bas, Luxembourg)

1973
« Europe des Neuf » (6 + Royaume-Uni, Irlande, Danemark)

1981
« Europe des Dix » (9 + Grèce)

1986
« Europe des Douze » (10 + Espagne, Portugal)

1989-1990
Chute du mur de Berlin, réunification allemande

1993
La Communauté économique européenne devient l'Union européenne

1995
Élargissement : « Europe des Quinze » (12 + Finlande, Suède, Autriche)

2004
« Europe des Vingt-Cinq » (15 + Estonie, Lettonie, Lituanie, Pologne, République tchèque, Slovaquie, Hongrie, Slovénie, Chypre et Malte)

2007
« Europe des Vingt-Sept » (25 + Roumanie, Bulgarie)

DOC. 2 Les grandes étapes de la construction européenne.

Je lis un tableau pour repérer des étapes

3. Lis le DOC. 2. R. Schuman est un ministre français.
Est-ce important de savoir que la France est à l'origine de ce projet ?
4. De quand date le premier ensemble européen (CEE) ?
5. Repère les différentes étapes de l'élargissement.
À l'aide de la carte p. 199, localise pour chaque étape les pays d'Europe qui font leur entrée dans l'Union.

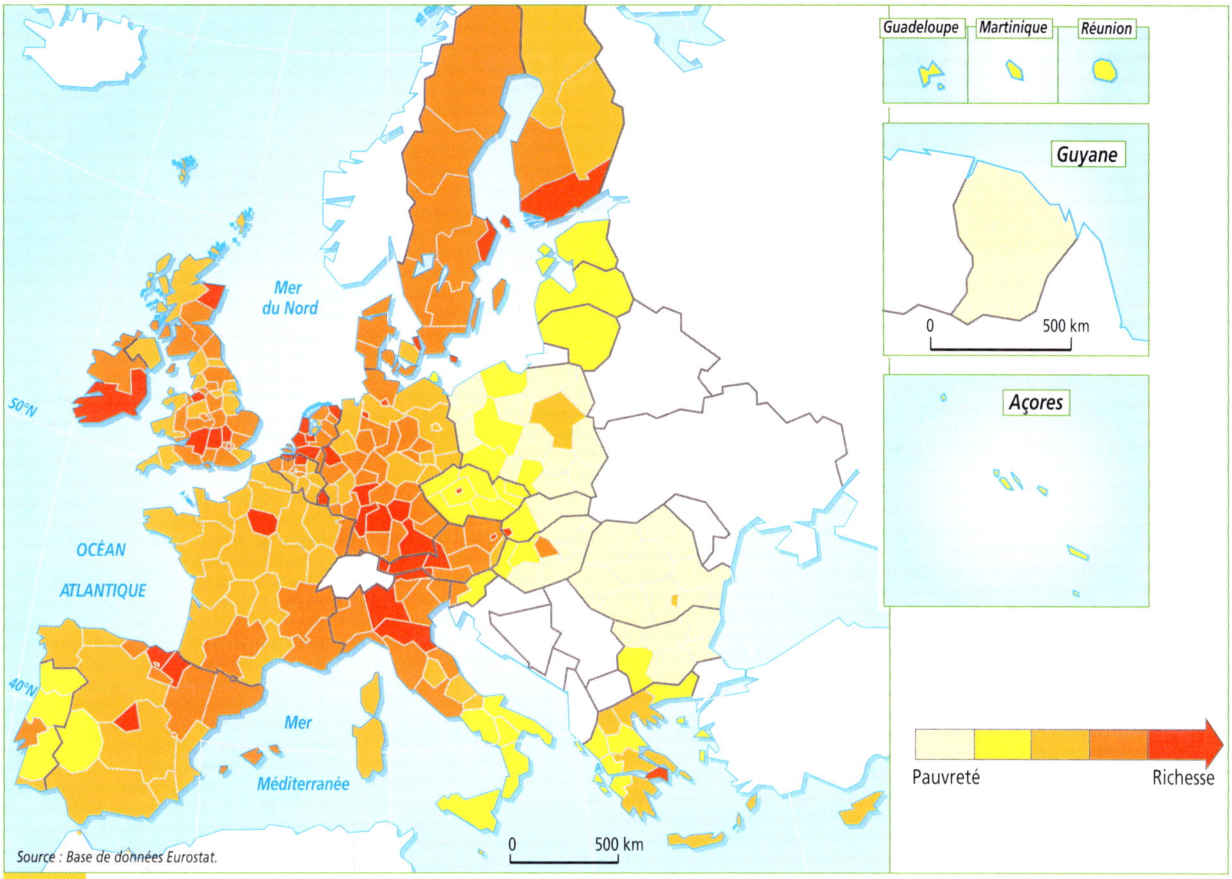

DOC. 3 Régions riches et régions pauvres dans l'Union européenne à 27.

J'extrais des informations d'une carte

6 Observe le DOC. 3. Quelle information cette carte donne-t-elle ? Comment les données sont-elles représentées ?

7 Quelles sont les régions européennes où la population est plutôt riche ?

8 Où sont situées celles où la population est plutôt pauvre ?

9 En t'aidant du DOC. 2, précise à quelle date ces pays sont entrés dans l'UE.

10 En t'aidant de cette information, choisis parmi les deux propositions celle qui correspond à la réalité :
– Les derniers élargissements de l'UE ont concerné des populations dont le niveau de vie est plus faible qu'à l'Ouest.
– Les derniers élargissements de l'UE ont concerné des populations dont le niveau de vie est plus élevé qu'à l'Ouest.

Les mots du géographe

Élargissement : extension de l'Union européenne par l'entrée de nouveaux membres.

Les débuts de l'Europe

En 1950, le ministre français des Affaires étrangères, Robert Schuman, expliquait que les Français et les Allemands devaient se rapprocher afin d'éviter tout nouveau conflit. Il précisait que cette construction européenne devait passer par des projets concrets.

Les premiers projets réalisés par les Européens ont porté sur l'économie : mettre en commun la production du charbon, de l'acier, les produits de l'industrie, l'agriculture ; on a parlé alors du « Marché commun ». En 1957, la signature du traité de Rome a donné naissance à la CEE.

Leçon 2

Les limites de l'Europe

J'observe et je m'interroge

Parmi les continents, l'Europe présente une particularité : elle ne se distingue pas de l'Asie avec laquelle elle forme un ensemble nommé l'Eurasie.

En effet, si, sur trois côtés, la frontière est facile à définir (au nord l'océan Arctique, au sud la Méditerranée, à l'ouest l'Atlantique), il n'en va pas de même à l'est.

Pourtant l'Oural, une chaîne de montagnes qui n'est pas difficile à franchir, est aujourd'hui considéré par le plus grand nombre comme la frontière de l'Europe. Comment expliquer ce choix ? Il s'agit d'une décision politique de Pierre le Grand, un tsar du XVIIe siècle, qui voulait que son empire fasse partie de l'Europe. Ce tsar, avec l'aide de son géographe, Vassili Tatichtchev, a fait inscrire l'Oural comme frontière sur les cartes. Cette représentation de l'Europe, de l'Atlantique à l'Oural, s'est ensuite imposée comme une vérité alors qu'elle n'est pas fondée du point de vue géographique.

DOC. 1 Les frontières de l'Europe.

DOC. 2 L'espace Schengen en 2010.

Je lis un texte de géographe

1. Lis le texte : quelles sont les limites de l'Europe ? L'Europe est-elle un continent au sens géographique du terme ? Dans ta réponse, rappelle la définition du mot continent.
2. Qui a décidé que l'Oural serait la frontière à l'est ? Est-ce une frontière du même type que l'océan Atlantique ?

Je repère les lieux sur une carte

3. Localise sur la carte p. 197 les monts Oural.

Je lis une carte

4. Observe la carte du DOC. 2. Tous les États européens appliquent-ils les accords de libre circulation ? Établis la liste des pays de l'UE qui ont signé ces accords.
5. Quels sont les États de l'UE qui n'appliquent pas les accords ? Pourquoi refusent-ils de les signer ?
6. Quels sont les États hors de l'UE qui les appliquent ?

L'euro : une monnaie unique pour seize États membres

- Le 1er janvier 2002, les billets et les pièces en euros ont été introduits dans douze des quinze États membres que comptait l'UE.
- Le 1er mai 2004, dix nouveaux États membres adhèrent à l'UE.
- Le 1er janvier 2007, deux autres États adhèrent.
- Parmi les douze nouveaux adhérents, la Slovénie adhère en 2004, Malte et Chypre en 2008 et la Slovaquie en 2009.

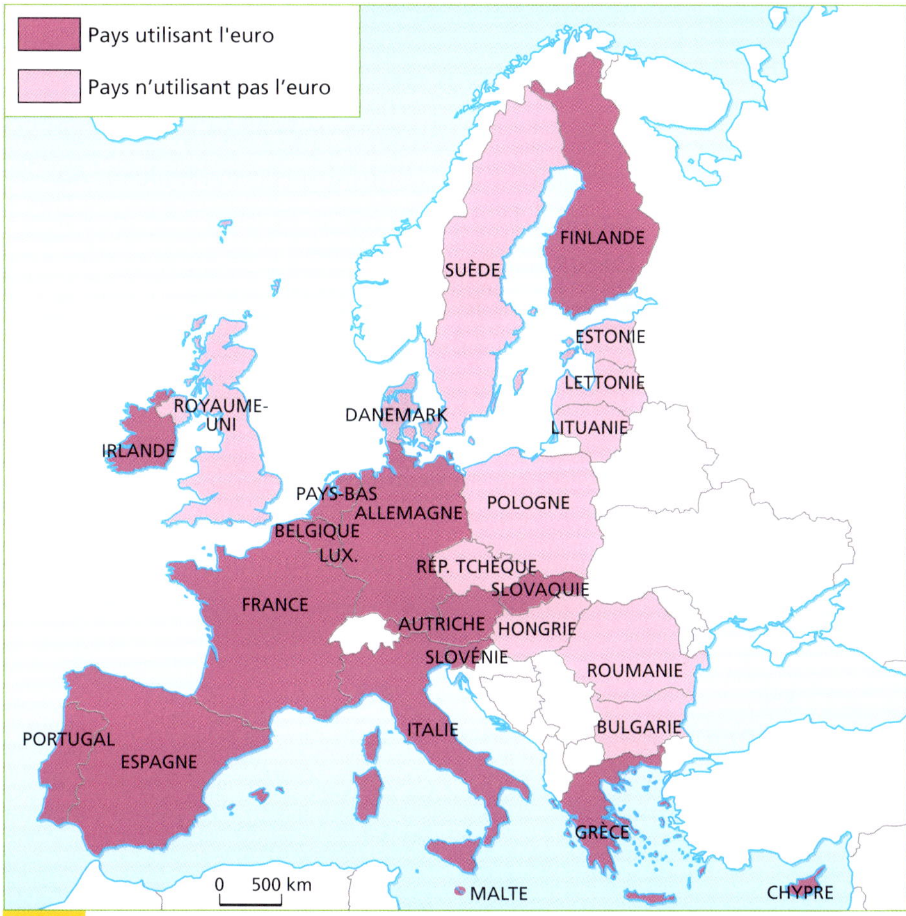

DOC. 3 L'euro : les étapes de sa mise en place et zone euro en 2010.

Je lis une carte et je croise des informations

7 Observe le DOC. 3. Quel est l'intérêt pour les Européens d'avoir une monnaie commune ?

8 Tous les pays européens utilisent-ils l'euro comme monnaie ? Quels États n'utilisent pas l'euro ?

9 Quels sont ceux qui n'utilisent pas l'euro et ne sont pas dans l'espace Schengen ?

10 Observe les DOC. 2 et DOC. 3. À partir de ces deux exemples, que peux-tu conclure sur les limites de l'Europe ? L'espace européen est-il unifié ?

Les mots du géographe

Accords de Schengen : accords qui prévoient un renforcement des contrôles douaniers aux frontières de l'UE mais une libre circulation des citoyens européens à l'intérieur de l'espace des États signataires. L'espace créé est appelé « espace Schengen ».

Les frontières de l'Europe

La question de la frontière à l'est de l'Europe est un problème difficile à résoudre. Si la limite retenue est le Caucase, situé à l'ouest de l'Oural, alors la Turquie est européenne et le sommet le plus haut du continent est le mont Elbrouz (5 642 m) et non le mont Blanc (4 810 m).
En ce qui concerne la construction européenne, ses limites ont longtemps été déterminées par la situation politique : avant la chute du mur de Berlin (9 novembre 1989), l'élargissement de l'Europe à l'est ne pouvait concerner les pays d'Europe centrale et orientale. Depuis 1989, il n'y a plus de limite, comme l'a montré l'intégration de nouveaux pays en 2004 et 2007.

Chapitre 10

Je retiens

L'Union européenne : une construction politique

- La construction européenne résulte d'une volonté des Européens d'éviter une nouvelle guerre sur leur continent.

C'est le rapprochement de la France et de l'Allemagne qui a permis cette construction au début des années 1950. Ces deux États ont été rejoints par quatre États voisins, la Belgique, les Pays-Bas, le Luxembourg et l'Italie : ainsi est née la CEE en 1957.

- Le projet européen s'est développé autour de réalisations économiques – marché commun, aides aux paysans et à l'agriculture pour produire de quoi nourrir les Européens, monnaie unique – et autour de réalisations politiques – citoyenneté européenne, élections aux institutions européennes.

Les inégalités en termes de richesse de la population subsistent, mais avec le temps, les écarts entre les États se réduisent.

- Les réalisations ont entraîné la paix et le développement de l'UE et ont attiré d'autres États dans cette construction, d'abord ceux d'Europe du Nord et du Sud puis ceux d'Europe centrale et orientale : commencée autour de six États, l'Union européenne en compte aujourd'hui vingt-sept.

Les limites de l'Europe

- Les élargissements successifs posent un certain nombre de questions non résolues : où s'arrêtent les frontières de l'Union ? Comment mieux intégrer les États les plus pauvres ?
- L'euro et les accords de Schengen n'ont pas été adoptés par tous les États de l'UE, ce qui montre les limites des actions communes de l'UE.

La Norvège et la Suisse ont refusé d'adhérer à l'UE : elles préfèrent conserver leur indépendance. À l'inverse, la Turquie souhaite en faire partie.

Billet de 5 euros, Ier siècle
Architecture romaine

Billet de 10 euros, XIe - XIIe
Architecture du Moyen Âge

Billet de 500 euros, XXe - XXIe
Architecture actuelle

La valeur des billets varie de 5 à 500 €. Les rectos de ces billets présentent un exemple de motif architectural européen caractéristique de portes, portails ou fenêtres (symboles d'ouverture) tandis que les versos représentent un pont (symbole d'union). Ils montrent l'évolution architecturale européenne à travers les siècles. Les éléments choisis ne correspondent pas à des constructions architecturales réelles et ne viennent d'aucun État européen particulier.

Géographie & Histoire des arts

L'art des jardins : un art du paysage

L'art des jardins est un art du paysage. Il y a deux types de jardins : le jardin « à la française » et le jardin « à l'anglaise » : quels éléments permettent de les distinguer ?

DOC. 1 **Les jardins du château de Vaux-le-Vicomte**, photographie prise depuis le château. Conception : André le Nôtre, en 1653.
Le jardin s'étend sur 40 hectares.

DOC. 2 **Parc du château de Sizergh, Kendal, Cumbria, Angleterre**. Parc de 6,5 hectares géré par le National Trust. Jardins à l'anglaise créés au XVIIIe siècle.

J'étudie une œuvre

1. Décris ce jardin. Dans la liste de mots suivants, choisis ceux qui évoquent cette organisation : désordre, ordre, symétrie, nature sauvage.
2. Comment appelle-t-on ce type de jardin ?
   Aimerais-tu te promener dans ce jardin ? Explique pourquoi.
3. Recherche sur Internet ou dans un dictionnaire qui est Le Nôtre : à quelle période a-t-il vécu ? Pour quel personnage célèbre a-t-il travaillé ? Pourquoi un homme puissant (un prince, un roi) peut-il vouloir un tel jardin ? B2i

Je compare

4. Décris l'organisation du jardin en utilisant des mots de la liste précédente.
5. Quelles sont les différences avec le jardin du DOC. 1 ? Peut-on apercevoir ce qui se trouve au bout de l'allée ?
6. Quelles sont les espèces végétales dominantes ? Ce jardin te semble-t-il plus ou moins coloré que le précédent ? Explique pourquoi.

Les mots des arts

Jardin à la française : jardin organisé de façon géométrique. Le visiteur a, depuis la résidence, une vue d'ensemble du paysage créé pour montrer la puissance du propriétaire.

Jardin à l'anglaise : en opposition avec le précédent, il s'organise à partir de courbes, les buissons empêchent d'avoir une vision d'ensemble et créent un effet de surprise.

Je mène l'enquête

« Le village du Père Noël », Rovaniemi.

Voici la photographie du village du Père Noël. Tu découvriras où il habite en répondant aux questions suivantes. Pour t'aider dans ton enquête, tu disposes de trois indices.

Indice n°1

Je suis un pays d'Europe du Nord. Le Danemark n'est pas mon voisin, contrairement à la Russie. Je fais partie de l'Union européenne. Je suis …

Cherche dans quel pays se trouve ce village. Pour le localiser, reporte-toi à la carte p. 199 et utilise l'Indice n°1.

Indice n°2

Ce pays est vaste. Tu dois donc localiser plus précisément ce lieu. Observe l'Indice n°2. Que lis-tu ? Le globe p. 12 t'aidera à trouver ce que représente cette ligne : tu sauras alors où se trouve le village.

Indice n°3

Un renne a avalé une partie de l'indice. Pour trouver les lettres manquantes, résous l'énigme suivante :
Je suis du monde quand Jules Verne me fait durer 80 jours mais de magie quand un lapin sort d'un chapeau. Je suis un …

_ _ _ _ ISME

La présence du village du Père Noël a permis à cette région du monde de développer une activité économique : laquelle ? Déchiffre l'Indice n°3 pour découvrir la réponse.

Chapitre 11 La répartition de la population en France et en Europe

Comment la population française est-elle répartie sur le territoire ? Où sont les zones de fortes densités ? La France est un territoire d'Europe : que peut-on dire du peuplement européen ?

Je découvre

DOC. 1 Rue Saint-Ferréol à Marseille, dans les Bouches-du-Rhône (Provence-Alpes-Côte d'Azur).

1. Localise la ville de Marseille sur la carte de France puis sur la carte d'Europe pp. 192 et 200.
2. Observe la photographie. Décris la rue Saint-Ferréol : les bâtiments sont-ils éloignés les uns des autres ? Les magasins sont-ils nombreux ou rares ? Les voitures peuvent-elles y circuler ? Comment appelle-t-on ce type de rue ?
3. La ville de Marseille te semble-t-elle très peuplée ou faiblement peuplée ? Justifie ta réponse.

Les mots du géographe

Densité de population : nombre d'habitants au km².

Peuplement : répartition de la population sur un territoire.

Leçon 1

Une population française inégalement répartie

J'observe et je m'interroge

DOC. 1 Vénissieux, au sud de Lyon, dans le Rhône (Rhône-Alpes).

Je lis des paysages

1. Localise le département du Rhône sur la carte p.185.
2. Comment se nomme le fleuve visible sur la photographie ?
3. Quels types de constructions voit-on au premier et au deuxième plans ? À quoi servent les bâtiments du troisième plan ?
4. La densité de population est-elle élevée ou faible à Vénissieux ?
5. Quel lien fais-tu entre le nombre d'habitants et les activités ?

DOC. 2 Village de Sainte-Lucie-de-Tallano, en Corse-du-Sud (Corse).

6. Localise le département de la Corse-du-Sud sur la carte p. 185.
7. Décris les habitations : peut-on y loger un grand nombre de familles ? Les constructions sont-elles nombreuses ?
8. Des activités sont-elles visibles dans le paysage ?
9. Quelle place occupe la végétation ?
10. Comment appelle-t-on le relief de cette région ?
11. Que peux-tu dire sur la densité de population dans ce paysage ?

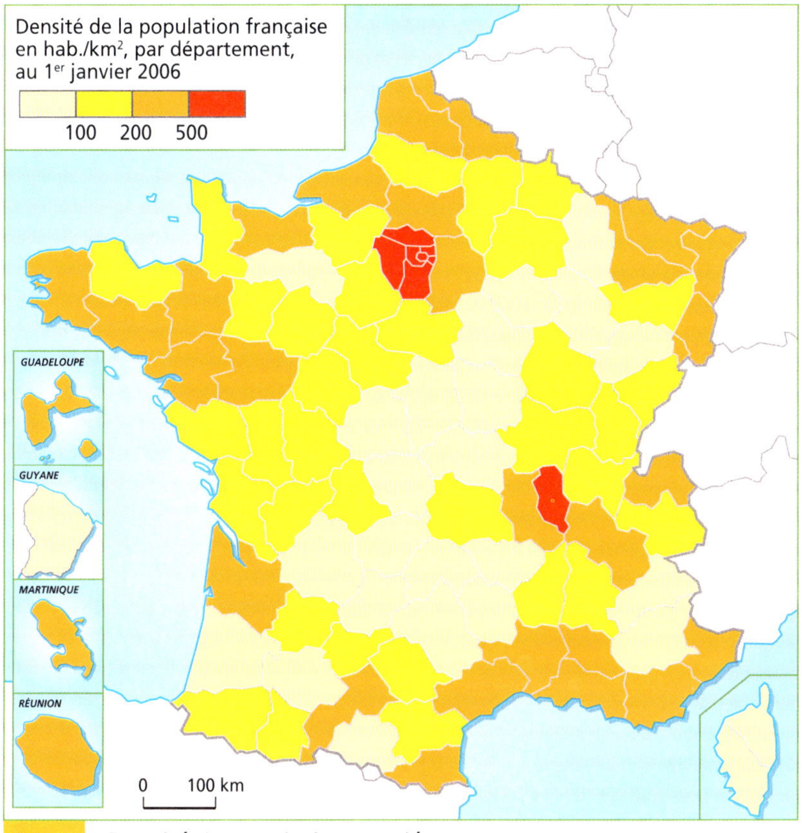

DOC. 3 Densité de population par département *(source INSEE)*.

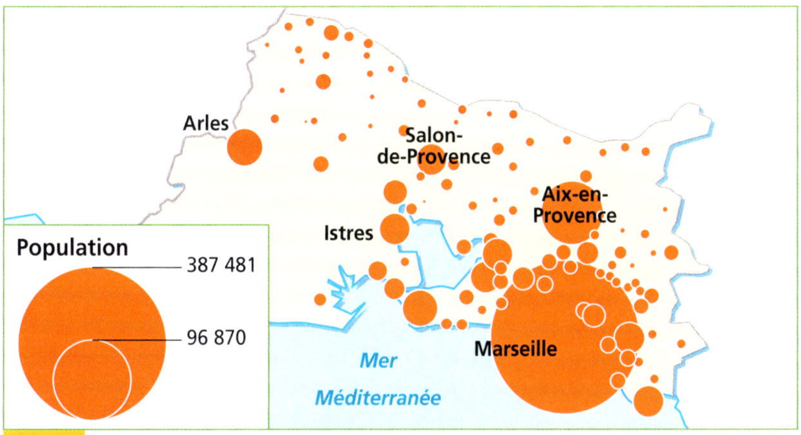

DOC. 4 Répartition de la population dans le département des Bouches-du-Rhône *(source INSEE)*.

Je lis des cartes à différentes échelles

12 Observe le DOC. 3. Quelle information la carte donne-t-elle ?

Quel territoire administratif a été choisi pour représenter cette information ?

13 Parmi la liste des propositions suivantes, lesquelles correspondent à l'information donnée par la carte ?
- Le littoral méditerranéen est très peuplé.
- La région parisienne est faiblement peuplée.
- Les densités de population sont très élevées dans le centre de la France.
- Le département du Rhône est densément peuplé.

14 Sur le DOC. 4, quel département est représenté sur la carte ? Localise-le sur le DOC. 3.

15 Quelle indication le DOC. 3 donne-t-il sur ce département ? Quelle information le DOC. 4 donne-t-il sur ce même département ?

16 Les deux documents donnent-ils la même information ?

17 Sur le DOC. 4, quels sont les lieux les plus densément peuplés ?

Je compare des documents de différentes natures

18 Choisis parmi les DOCS. 1 à 4 celui qui te permet de prouver chacune des affirmations suivantes :
- Vénissieux est une ville très peuplée.
- Les densités de population dans le département des Bouches-du-Rhône sont élevées.
- Les densités de population en Corse sont faibles.

La « diagonale du vide »

Cette expression désigne une zone faiblement peuplée en France, qui s'étend des Ardennes aux Pyrénées. On y trouve le département qui a la plus faible densité (la Lozère : 15 hab./km²). La seule exception est le département de la Haute-Garonne (188 hab./km²), dont la capitale, Toulouse, est très peuplée (plus de 890 000 habitants).

Leçon 2

Zones denses et zones vides en Europe

J'observe et je m'interroge

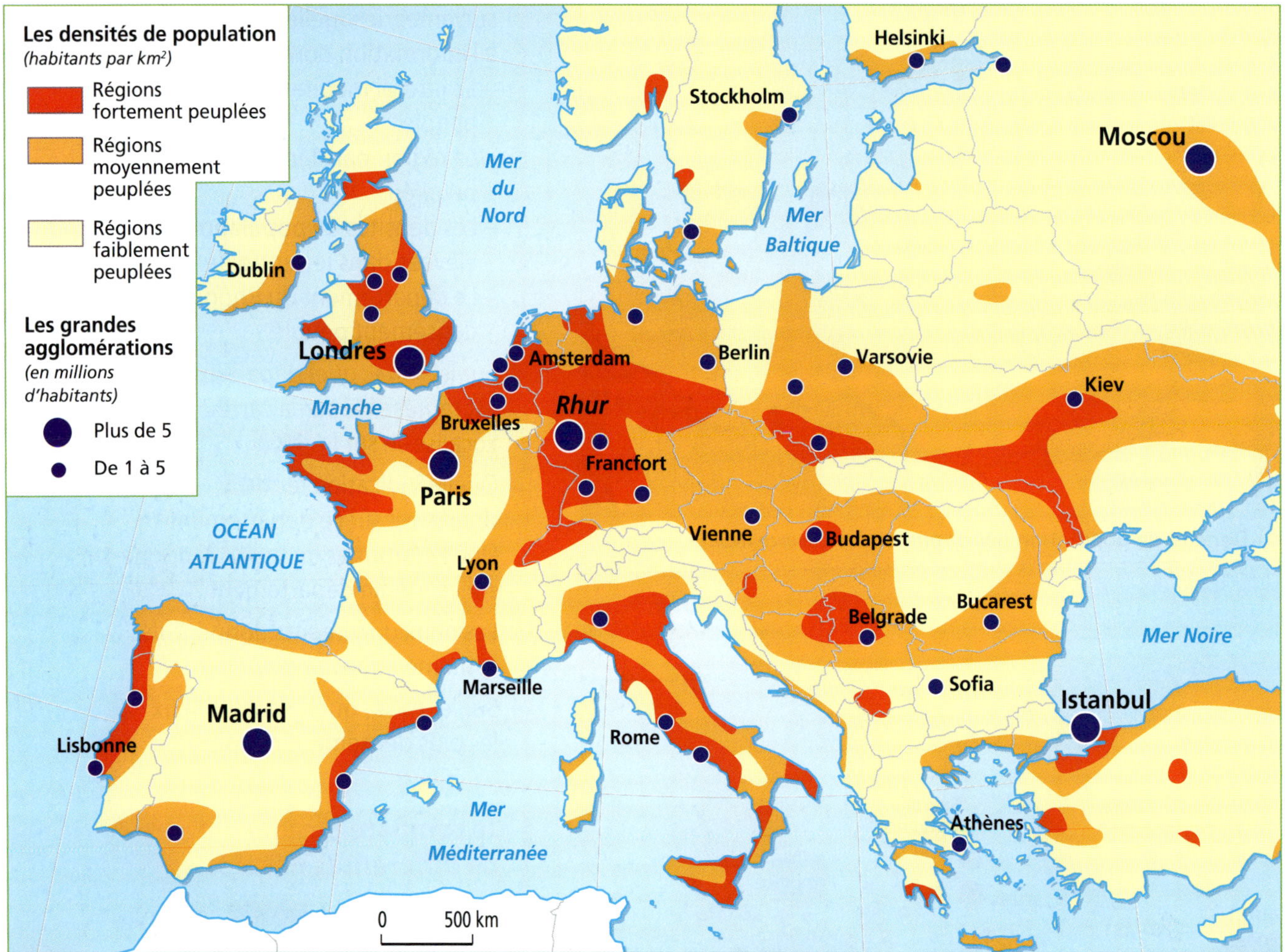

DOC. 1 Les densités de population et les principales agglomérations en Europe.

Un peuplement lié au développement de l'industrie et des activités tertiaires

« Une pratique ancienne de l'agriculture explique les densités moyennes élevées, mais les campagnes n'ont jamais été très peuplées et se sont largement vidées depuis plus d'un siècle.
Les densités les plus fortes en Europe s'expliquent par le développement des activités industrielles et tertiaires, dans les bassins miniers et les grandes villes. »

DOC. 2 D'après D. Noin, *Géographie de la population*, A. Colin, 2008.

Je lis une carte

1. Observe le DOC. 1. À quoi correspondent les plages de couleurs ? Reporte-toi à la légende pour répondre.
2. Repère les régions les plus densément peuplées puis celles où les densités sont les plus faibles.
3. En t'aidant des cartes pp. 197 et 198, identifie deux éléments pouvant expliquer les faibles densités.

Je lis un texte de géographe

4. Lis le texte du DOC. 2 et cite deux facteurs expliquant les fortes densités.

DOC. 3 L'Europe, la nuit *(image de la NASA)*.

Je mets en relation une carte et une image satellitaire

5 Observe le DOC. 3 et compare-le au DOC. 1. À quoi correspondent les tâches blanches ? L'image montre aussi des petits points blancs : de quoi s'agit-il ?

6 En t'aidant de ce que tu as appris, recopie et complète la phrase suivante en utilisant les mots : se concentre – taille moyenne – gigantesques.

La population européenne .... dans les villes : certaines sont .... (Paris, Londres), mais la plupart sont de .... et proches les unes des autres.

Les mots du géographe

Activités tertiaires : activités de services comme l'administration, le commerce, l'éducation, la santé.

Foyer de peuplement : espace caractérisé par des densités de population très élevées.

Densités de population en France et en Europe

Avec 730 millions d'habitants, l'Europe est un des principaux **foyers de peuplement** de la planète. La densité moyenne, sans la Russie, y est de 145 hab./km². La France, avec 113 hab./km², se présente donc comme un pays faiblement peuplé, comparé aux Pays-Bas (388 hab./km²), à la Belgique (336), au Royaume-Uni (247) ou à l'Allemagne (230). Cependant, la France, comme le Royaume-Uni, se caractérise par des écarts de densité très importants entre régions très peuplées et régions presque vides. Ces différences de densité sont plus faibles en Allemagne, en Belgique ou aux Pays-Bas.

Je retiens

Une population française inégalement répartie

- Le peuplement de la France est très inégal. En effet, la densité de population est de 113 habitants par km², mais cette moyenne cache des différences très grandes. Ainsi, à Paris, la densité s'élève à 20 696 hab./km² contre 15 hab./km² pour la Lozère.
- Les littoraux et les vallées fluviales sont très peuplés tandis que les densités sont faibles en montagne (Pyrénées, Alpes du Sud, Massif central) et dans la « diagonale du vide » : on appelle ainsi la partie du territoire faiblement peuplée, qui s'étend du Nord-Est au Sud-Ouest.

Zones denses et zones vides en Europe

- L'Europe, avec plus de 730 millions d'habitants, est un foyer de peuplement, c'est-à-dire une partie du monde où les densités sont très élevées. Elle arrive en 3e position derrière l'Asie de l'Est et l'Asie du Sud. La densité moyenne (76 hab./km²) cache des différences qui caractérisent aussi le peuplement européen. Les très fortes densités sont situées dans une zone qui va de Londres (Royaume-Uni) à Milan (Italie) et sur les littoraux.
- En France comme en Europe, la population vit majoritairement dans des villes. Au XIXe siècle, les espaces ruraux se sont vidés au profit des villes, notamment dans les régions industrielles. Le développement des activités tertiaires au XXe siècle a renforcé la concentration des populations dans les villes.

Densité de population

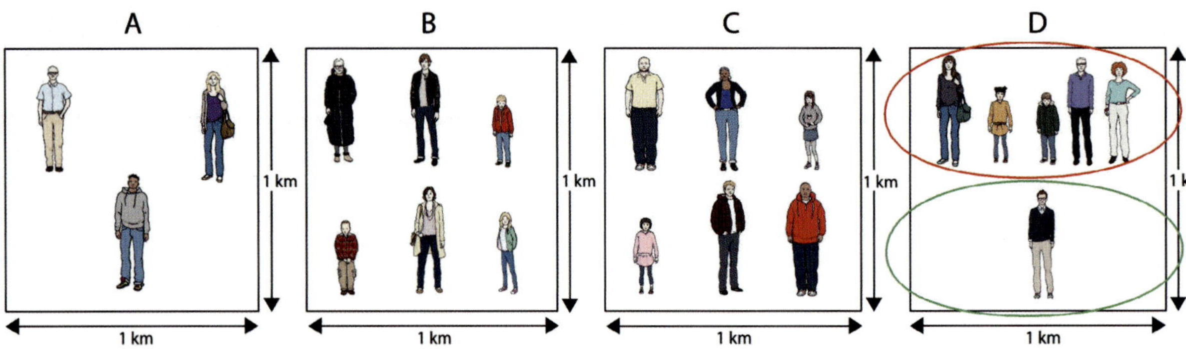

En B, la densité est deux fois plus élevée qu'en A : 6 hab. / km² contre 3.

En C et en D, la densité est la même (6 hab. / km²), mais en D, la population est inégalement répartie (en rouge, forte densité ; en vert, faible densité).

Chapitre 12

Villes de France et d'Europe

Les Français, comme les Européens, vivent surtout en ville. À quoi ressemblent ces villes françaises et européennes ? Comment sont-elles organisées ?

Je découvre

DOC. 1 **Rome, avec au premier plan le forum romain, avec l'arc de triomphe et au second plan le Colisée.** Dans l'Antiquité, le forum était le centre politique, économique et religieux de la ville ; les arcs de triomphe rappelaient les victoires sur les ennemis de Rome ; le Colisée est l'amphithéâtre où avaient lieu des spectacles comme le combat de gladiateurs.

1. Localise la ville de Rome sur la carte p. 200. Est-ce une ville du nord ou du sud de l'Europe ?
2. Observe les bâtiments et lis le commentaire qui accompagne la photographie. De quand datent le forum, l'arc de triomphe et le Colisée ?
3. À gauche se trouve une église : a-t-elle été construite à la même époque que les autres monuments ?
4. Quel est le point commun à tous ces bâtiments ?
5. Dans quelle partie de la ville se trouve-t-on ? Dans le centre-ville ou dans les quartiers situés autour de ce centre ?

Les mots du géographe

Monument : construction remarquable par sa beauté ou son ancienneté.

Leçon 1

Des paysages marqués par l'histoire

J'observe et je m'interroge

DOC. 1 Place Kléber, avec la cathédrale à l'arrière-plan, à Strasbourg, dans le Bas-Rhin (Alsace).

Je décris des paysages de ville

1. Localise Strasbourg sur la carte p. 192.
2. Observe le paysage. Décris les bâtiments. Sont-ils anciens ou récents ? Quel monument voit-on à l'arrière-plan ? De quand date-t-il ?
3. Comment les bâtiments sont-ils disposés ? Les voitures peuvent-elles circuler sur la place Kléber ? Y a-t-il beaucoup de végétation ?
4. Dans quelle partie de la ville de Strasbourg cette place se trouve-t-elle ?

DOC. 2 Vue aérienne oblique de Bruges (Belgique).

5. Bruges étant en Belgique, localise ce pays sur la carte p. 199.
6. Observe le paysage et décris-le en répondant aux questions suivantes :
   – À quoi ressemblent les bâtiments (hauteur, type de toits) ?
   – Sont-ils anciens ou récents ?
7. Y a-t-il des espaces verts ?
8. Quels axes de circulation peux-tu reconnaître ?
9. Quelle partie de la ville de Bruges a été photographiée ?

DOC. 3 La ville d'Arles, dans les Bouches-du-Rhône (Provence-Alpes-Côte d'Azur).

10 Localise le département des Bouches-du-Rhône sur la carte p. 185 .

11 Décris les constructions. Quel monument occupe le centre de l'image ? Comment appelle-t-on celui qui se trouve à gauche ? De quand datent ces deux monuments ?

12 Décris les rues : sont-elles droites ou dessinent-elles des courbes, sont-elles larges ou étroites ?

13 Y a-t-il beaucoup d'arbres dans la ville ?

14 Dans quelle partie de la ville se trouve-t-on ?

Je compare deux paysages

15 Observe le DOC. 1 et le DOC. 2. Quels sont les éléments communs aux deux paysages ?

16 Dans quelle ville d'Europe, citée dans ce chapitre, trouve-t-on le même type de monument qu'en Arles (DOC. 3) ? De quand datent les monuments les plus anciens de ces villes ?

J'identifie les caractéristiques d'une ville

17 Strasbourg et Bruges sont situées dans le nord de l'Europe : rédige un court texte sur les paysages des villes du Nord.

18 Arles est située au sud de l'Europe : rédige un court texte sur les paysages des villes du Sud.

Je fais une recherche sur Internet B2i

19 Recherche des photographies de la ville du Havre. Ce paysage ressemble-t-il à l'un de ceux que tu as étudiés dans cette leçon ?

20 Comment s'expliquent les particularités de la ville ?

21 Connais-tu d'autres exemples de villes dont le paysage urbain a connu la même histoire que celui du Havre ?

Les mots du géographe

Espace vert : espace planté d'arbres, de fleurs ou de pelouse dans une ville.

Rénovation : action qui consiste à remettre en bon état des immeubles anciens et abîmés.

La rénovation des centres-villes

Les centres des villes européennes sont anciens. Les immeubles qui s'y trouvent sont souvent abîmés par le temps. Les centres-villes ont fait l'objet de programmes de rénovation : les immeubles ont été restaurés, c'est-à-dire remis en bon état, nettoyés. Ces programmes ont permis d'attirer des personnes qui peuvent payer des loyers plus chers que dans le reste de la ville, mais aussi des visiteurs venus découvrir le patrimoine de ces villes.

Leçon 2 L'organisation d'une ville européenne

J'observe et je m'interroge

DOC. 1 L'agglomération de Strasbourg dans le Bas-Rhin (Alsace) *(carte IGN)*.

DOC. 2 Quartier de l'Europe, où se trouve le bâtiment qui accueille les députés de l'Union européenne lorsqu'ils se réunissent à Strasbourg.

Je mets en relation une carte et des paysages

1. Quelle est la situation de la ville de Strasbourg dans l'espace français ? Dans l'espace européen ? Aide-toi de la carte p. 199.
2. Repère sur le DOC. 1 la cathédrale et l'hôtel de ville. Dans quelle partie de la ville sont-ils localisés ?
3. Localise le DOC. 2 sur la carte du DOC. 1.
4. Décris le paysage : types de bâtiments, axes de circulation, espaces verts.
5. Lis le commentaire qui accompagne la photographie : quelles sont les activités des personnes qui travaillent dans ce quartier ?

DOC. 3 Quartier de Hautepierre, Strasbourg.

6 Observe le DOC. 3. Localise le quartier de Hautepierre sur le DOC. 1.

7 À l'aide de la carte du DOC. 1, trouve dans quelle partie de la ville se situe ce quartier. À quoi correspond le bâtiment présent au centre de la photographie ?

8 Le quartier compte d'autres équipements : lesquels ?

9 Décris le paysage : comment appelle-t-on les constructions que l'on voit à droite de l'image ? Et à gauche ? À quoi servent-elles ?

10 Décris les axes de circulation. La végétation est-elle présente dans ce paysage ?

DOC. 4 Commune périurbaine d'Eckbolsheim.

11 Observe le DOC. 4 et localise Eckbolsheim sur le DOC. 1. S'agit-il d'un quartier de Strasbourg ?

12 Décris ce paysage : type de construction, axes de circulation, végétation.

13 Quel moyen de transport les habitants d'Eckbolsheim utilisent-ils pour se rendre à Strasbourg ?

14 Explique pourquoi on parle de commune périurbaine à propos d'Eckbolsheim.

Je rédige un texte

15 Présente en quelques lignes l'organisation de l'agglomération de Strasbourg.

Pour t'aider dans ton travail, construis un tableau dans lequel tu feras apparaître, en colonnes, les différentes parties de l'agglomération puis quelques caractéristiques du paysage correspondant. Enfin, tu préciseras quelle fonction est représentée (habitation, type d'activité).

Les mots du géographe

Agglomération : ensemble constitué par une ville centrale et ses banlieues.

Banlieue : partie de la ville située autour du centre et qui en dépend.

Commune périurbaine : commune située à la périphérie d'une agglomération.

Étalement urbain : développement de l'espace urbain dans la proche campagne.

L'étalement des villes européennes

Le développement urbain du XXe siècle a donné naissance aux banlieues, quartiers situés autour du centre et reliés à lui par un réseau de transports. Plus récemment, les villes ont débordé sur la campagne environnante, entraînant l'accroissement de la population des communes périurbaines. Cependant, du centre vers la périphérie, les densités de population diminuent.

Chapitre 12

Je retiens

Des paysages marqués par l'histoire

- Les villes européennes se reconnaissent à leur centre historique, où l'on trouve des traces d'époques anciennes : monuments datant de l'Antiquité, surtout dans les villes du Sud, comme l'amphithéâtre, ou du Moyen Âge, avec la présence de cathédrales.
- Ces centres anciens sont constitués de bâtiments qui ont vieilli avec le temps. Il a donc fallu financer des programmes de rénovation. Ils accueillent aujourd'hui une population qui peut payer des loyers élevés et attirent les touristes en raison de la richesse de leur patrimoine.
- Toutefois, certaines villes, telles que Le Havre ou Brest, ont subi des destructions très importantes au cours de la Seconde Guerre mondiale : leur centre a été entièrement reconstruit ; les traces du passé y sont donc très limitées.

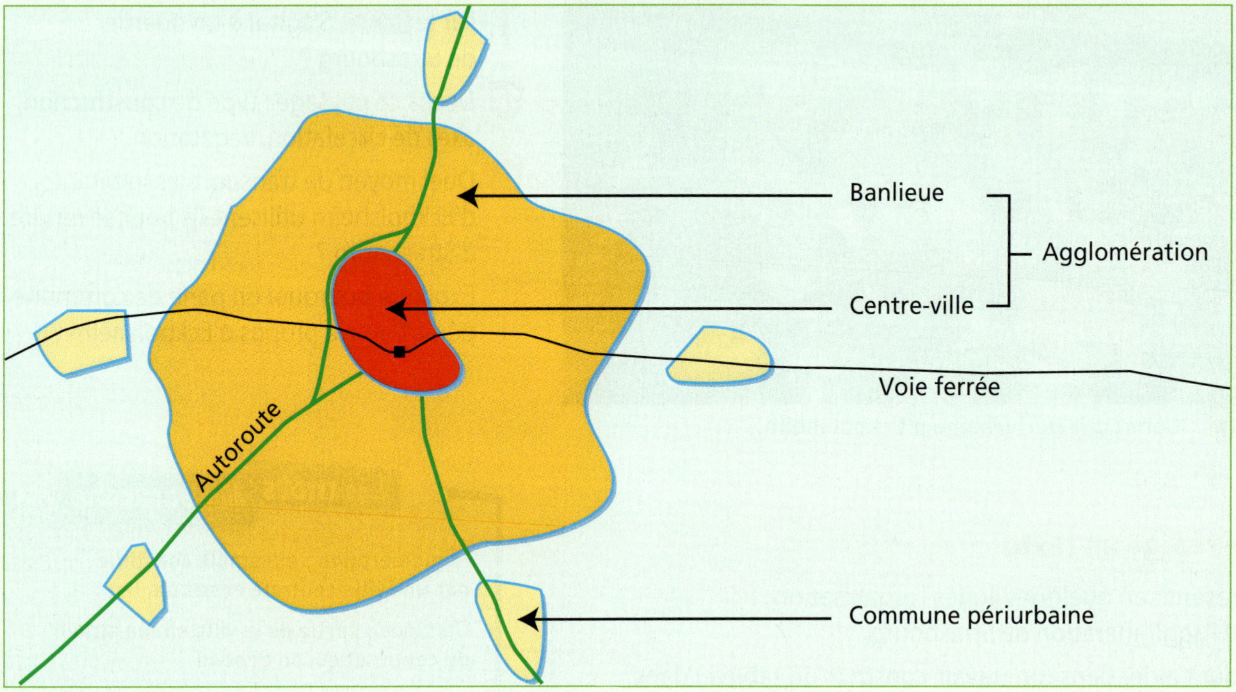

Schéma d'une agglomération européenne.

L'organisation d'une ville européenne

- Le développement des villes européennes a donné naissance à des agglomérations composées d'un centre et de quartiers situés autour, appelés banlieues : on y trouve des habitations (immeubles collectifs, pavillons), des espaces verts, mais aussi des zones industrielles, des centres commerciaux, des hôpitaux.
Ils sont reliés au centre par des routes.
- On parle d'étalement urbain parce que les villes se développent aujourd'hui aux dépens de la campagne. Les communes périurbaines, localisées à proximité des agglomérations, accueillent des populations qui veulent habiter à la campagne, dans des maisons individuelles, tout en continuant à travailler en ville.

Chapitre 13

Le rôle des villes en Europe et en France

La majorité des Européens habite dans une ville. Quel rôle les métropoles jouent-elles dans l'organisation des territoires ? Quelle place pour les villes petites et moyennes ?

Je découvre

DOC. 1 Le centre-ville de Milan (Italie) et au deuxième plan, le quartier d'affaires avec la tour Pirelli.

1. Localise Milan sur la carte p. 199.
2. Quel massif montagneux apparaît à l'arrière-plan ?
3. La ville est-elle densément peuplée ? Justifie ta réponse.
4. Observe le quartier d'affaires au deuxième plan : décris les bâtiments. Qu'est-ce qui les distingue des immeubles du premier plan ?
5. Cette ville est une des plus importantes d'Italie. Est-ce la capitale du pays ? Dans quel domaine occupe-t-elle le premier rang ?

Les mots du géographe

Métropole : ville qui domine un territoire étendu (régional, national, mondial) par son pouvoir économique et politique.

Quartier d'affaires : quartier où sont concentrées les banques, les assurances et la direction des grandes entreprises.

Leçon 1

Les métropoles dominent le territoire européen

J'observe et je m'interroge

DOC. 1 **Le centre de Londres (vue aérienne oblique).**
1. Le palais de Westminster (Parlement). **2.** Big Ben.
3. La City (quartier d'affaires). **4.** La gare de Waterloo.

J'analyse un paysage

1. Localise Londres sur la carte p. 200.
2. Comment se nomme le fleuve qui coule à Londres ?
3. La densité de population est-elle élevée dans la ville ?
4. Associe chacun des lieux numérotés (1 à 4) à une ou plusieurs fonctions : politique, économique, touristique, transports.
5. La ville de Londres tient-elle une place importante au Royaume-Uni ?

DOC. 2 **Affichage des vols au départ (*departures* en anglais) d'Heathrow, aéroport de Londres.** (Baku ou Bakou : capitale de l'Azerbaïdjan ; Bishkek : capitale du Kirghizistan ; Riyadh ou Riyad ; Beirut ou Beyrouth).

J'étudie une photographie

6. Observe le DOC. 2. Quelle information donne-t-il ?
7. Dessine un tableau à deux colonnes. Dans la première, inscris les noms des villes.
8. En t'aidant d'un dictionnaire, trouve dans quels pays elles se situent. Écris le nom des pays dans la deuxième colonne.
9. Localise ces pays sur la carte en fin de manuel.
10. Avec quels continents la ville de Londres est-elle en relation ?

DOC. 3 Les principales métropoles européennes.

Je lis une carte

11 Lis le titre du DOC. 3.
Où sont situées les métropoles les plus importantes ?
Dans quelle partie de l'Europe sont-elles peu présentes ?

12 Lis la légende de la carte.
Quels types de métropoles distingue-t-elle ?

13 Sur ton cahier, dresse la liste des deux types de métropoles.

14 En t'aidant de la carte p. 199, inscris à côté de chaque métropole le nom du pays où elle est située.
Quel pays en compte le plus grand nombre ?
Souligne le nom des capitales.

15 Pourquoi y a-t-il dans cette liste des villes qui ne sont pas des capitales ?
Pour répondre, aide-toi de l'exemple de Milan.

Le « cœur de l'Europe »

L'espace européen est déséquilibré. Le « cœur de l'Europe » se trouve dans un espace délimité par une ligne reliant Londres, Paris, Milan, Munich et Hambourg. Il regroupe près de la moitié de la population et la moitié de la richesse européenne.

DOC. 4 Le « cœur de l'Europe », d'après G. Baudelle et B. Castagnède (dir.), *Le Polycentrisme en Europe*, L'Aube/DATAR, 2002.

J'associe deux documents

16 Lis le DOC. 4. Localise sur le DOC. 3 les métropoles citées par les auteurs.

17 Pourquoi cet espace est-il appelé le « cœur de l'Europe » ?

Je rédige un court texte

18 En t'aidant des DOC. 3 et DOC. 4, rédige un court texte sur les villes allemandes en évoquant leur place en Europe et dans le monde.

Les mots du géographe

Parlement : lieu dans lequel se réunissent les représentants élus d'un pays.

Mégalopole : ensemble urbain constitué de villes reliées entre elles, dont le pouvoir s'étend sur le monde entier.

La mégalopole européenne

On utilise l'expression « mégalopole européenne » pour parler de l'ensemble urbain qui s'étire sur plus de 1 500 km, de Londres à Milan, en passant par l'Allemagne. Il est constitué des plus grandes métropoles. Celles-ci sont reliées entre elles par de nombreuses routes, des voies ferrées, des lignes aériennes qui facilitent les échanges et favorisent l'activité économique.

Leçon 2

Le rôle des métropoles françaises

J'observe et je m'interroge

DOC. 1 Le centre de Paris, vue sur le quartier de la Défense (Île-de-France).

Je lis un paysage

1. Observe le DOC. 1. Quel fleuve coule à Paris ?
2. Décris les bâtiments du premier plan : sont-ils anciens ou récents ?
3. L'Élysée et le Parlement sont à Paris. De quelle fonction s'agit-il : politique ou économique ?
4. Décris le quartier de la Défense. Quelle différence vois-tu entre ce quartier et le centre de Paris ?
5. Quelle est la fonction de ce quartier : politique ou économique ?

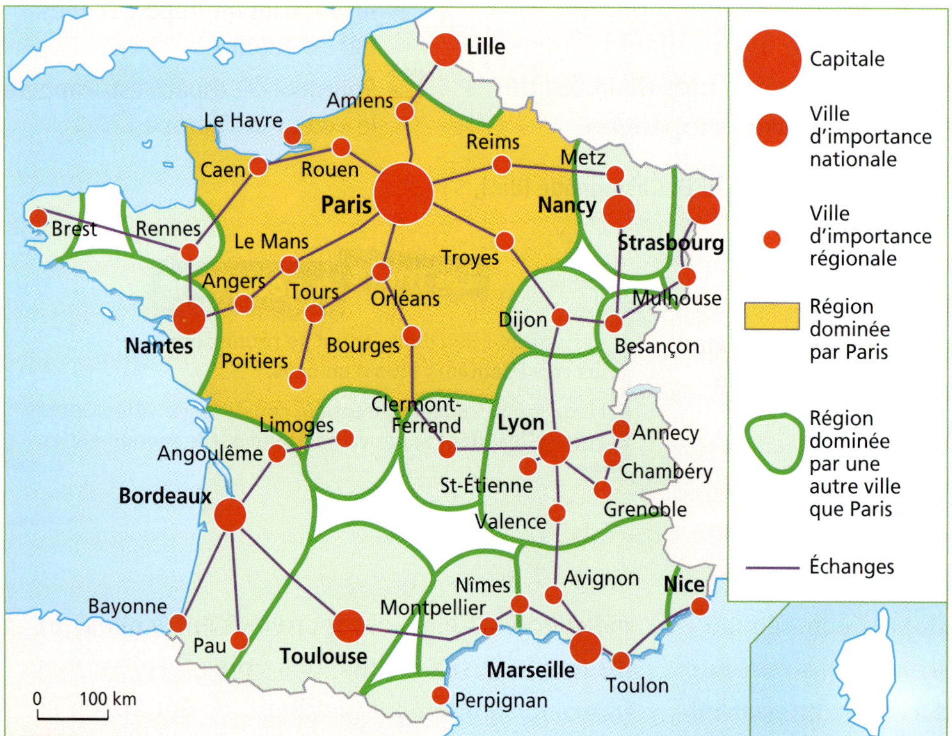

DOC. 2 Le pouvoir des grandes villes françaises sur leur région.

Je lis une carte

6. Sur le DOC. 2, qu'indiquent les cercles ? Quelle autre information nous donne-t-on ?
7. De la région dominée par Paris, dirais-tu :
   – qu'elle se limite à la région parisienne ? ou
   – qu'elle correspond à presque la moitié du territoire français ?
8. Que peux-tu dire d'une ville comme Orléans ?
9. Quelles villes, autres que Paris, dominent une région importante ?

DOC. 3 Brochure de la ville de Nantes, en Loire-Atlantique (Pays-de-la-Loire).

Je lis une brochure

10 Localise la ville de Nantes sur la carte p. 192.

11 La brochure s'appelle « euronantes ». À quel territoire ce nom fait-il référence ?

12 Le texte parle aussi d'un pôle d'affaires atlantique : pourquoi les habitants de Nantes ont-ils choisi ce qualificatif ?

13 Observe la brochure : quels paysages ont été choisis pour l'illustrer ? Explique ces choix.

14 Pourquoi le logo du TGV est-il représenté sur la brochure ?

15 Localise Nantes sur le DOC. 2. La ville domine-t-elle une grande région ?

16 Que cherche à faire la ville de Nantes en lançant l'opération « euronantes » ?

17 Recopie et complète le schéma ci-dessous en utilisant les expressions suivantes : TGV • Loire • Immeubles de bureaux modernes • Cadre de vie agréable

Accueil des personnes : .... + Accueil des entreprises : .... + Moyens de transport : .... = « euronantes »

Je compare deux métropoles

18 En te servant de ce que tu as appris dans ces deux leçons, compare le rôle de Londres et celui de Paris. Quels points communs existent entre ces deux villes ? Pour répondre, évoque leurs paysages, leurs fonctions et la place qu'elles tiennent dans leur pays et au niveau mondial.

Les mots du géographe

Élysée : palais où réside le président de la République française.

Paris, ville d'importance nationale et mondiale

L'agglomération parisienne regroupe plus de 11 millions d'habitants, ce qui signifie qu'un Français sur six y vit. Elle concentre les pouvoirs politiques (Élysée, Parlement). Elle joue aussi un rôle national et mondial en accueillant des activités économiques et financières, dans son centre et dans le quartier de la Défense. La présence de commerces de luxe (haute couture, bijouterie) et d'un riche patrimoine (musée du Louvre, tour Eiffel, Opéra) explique également l'importance de cette ville dans le monde.

Je retiens

Les métropoles dominent le territoire européen

• Le territoire européen est dominé par des grandes villes qui regroupent l'essentiel de la population et une grande partie des activités (métropoles). Deux d'entre elles font partie des villes les plus importantes du monde : il s'agit de Londres et de Paris.

• La région qui va de Londres à Milan, en passant par la vallée du Rhin, regroupe de nombreuses métropoles. C'est le « cœur de l'Europe » : on l'appelle mégalopole européenne. Ces métropoles sont importantes pour l'économie européenne ou mondiale : de grandes entreprises et des banques y sont installées dans des quartiers d'affaires. Elles sont reliées entre elles par un important réseau de communications, ce qui facilite l'activité économique.

• Paris joue un rôle important en Europe, ce qui n'est pas le cas des autres villes françaises, à l'exception de quelques métropoles régionales comme Lyon, Marseille et Strasbourg.

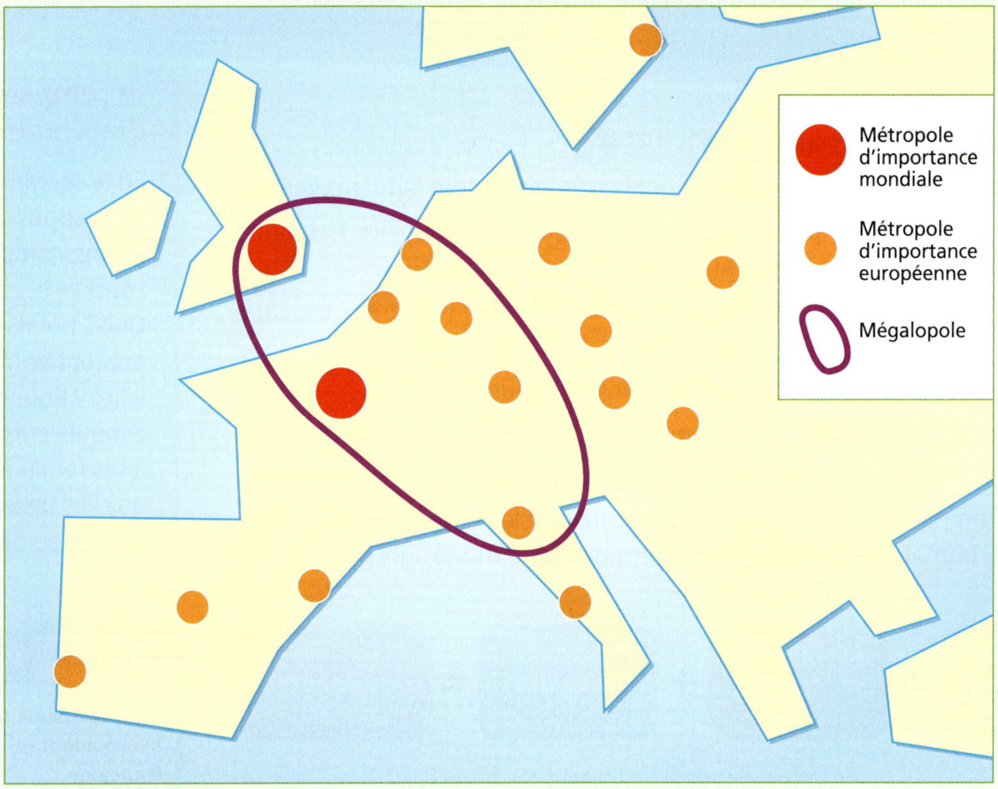

La mégalopole européenne.

Le rôle des métropoles françaises

• L'agglomération parisienne, avec plus de 11 millions d'habitants, regroupe un Français sur six, loin devant Lyon et Marseille (1,7 million d'habitants). De plus, c'est à Paris que se trouvent les lieux du pouvoir politique (Élysée, Parlement), mais aussi des activités économiques importantes (grandes entreprises, commerces de luxe). La ville est aussi importante dans le domaine de la culture (musées, théâtres).

• Les villes situées à proximité de Paris (Angers, Rouen, Troyes, etc.) sont dominées par la capitale. Seules les métropoles régionales, localisées en périphérie du territoire (Nantes, Toulouse, Nice, etc.), échappent à cette domination.

Les artistes et les capitales d'Europe

Les capitales ont attiré les artistes européens ; ils ont cherché à montrer l'importance de ces lieux. Comment représentent-ils la fonction politique des capitales ?

DOC. 1 Claude Monet (1840-1926), *Le Parlement, coucher de soleil*, 1904
Huile sur toile, 81 x 92 cm, © 2010 Kunsthaus Zürich. Tous droits réservés.

DOC. 2 Christo et Jeanne-Claude, *Wrapped Reichstag*, Berlin, 1995.
Le Reichstag a été emballé du 23 juin au 7 juillet 1995, avant sa restauration complète.

J'étudie une œuvre

1. Recherche dans un dictionnaire des informations sur Monet. À quel courant artistique appartient-il ?
2. Quel lieu l'artiste a-t-il choisi de représenter ? Quel fleuve se trouve au premier plan ? Quelles sont les couleurs dominantes ? Comment le parlement anglais est-il représenté ?
3. Quelle impression ressent-on devant cette image du pouvoir?
4. Le peintre anglais Turner a peint ce monument. Cherche sur Internet une de ses œuvres et compare-la à celle-ci. B2i

Je compare

5. Recherche sur Internet des informations sur Christo et Jeanne-Claude, spécialistes du **Land Art**. En quoi consiste leur travail ? B2i
6. Dans la vie quotidienne qu'emballe-t-on ? Pourquoi ?
7. Pourquoi peut-on dire que cette œuvre est offerte à tous, mais qu'elle ne peut-elle être achetée par personne ?
8. Le parlement est-il toujours emballé ? L'œuvre existe-t-elle toujours ? Est-ce habituel pour une œuvre d'art ?
9. Compare cette image du pouvoir avec la précédente.

Les mots des arts

Land art : courant artistique utilisant des éléments naturels et des objets du paysage pour créer des œuvres d'art.

Je mène l'enquête

Paysage de Bilbao.

Cette photographie a été prise dans la ville de Bilbao. Découvre où elle se trouve et à quoi sert le bâtiment visible au premier plan. Pour t'aider dans ton enquête, tu disposes de trois indices.

Indice n°1

Trouve dans quel pays d'Europe se trouve Bilbao. Observe l'Indice n°1 qui montre la forme de ce pays et reporte-toi à la carte p. 199 pour t'aider à le retrouver.

Indice n°2

J'abrite des trésors mais je suis ouvert à qui veut me visiter. Des artistes comme Picasso, Turner, Seurat et d'autres sont mes invités à longueur d'année. Je suis un …

Pour découvrir à quoi sert ce bâtiment, qui aujourd'hui attire des touristes dans la ville, déchiffre l'Indice n°2.

Indice n°3

Je suis située sur la côte est du pays, entre Boston et Washington. Une statue célèbre accueille ceux qui arrivent par l'océan. Je suis …

Les objets déposés dans ce lieu appartiennent à un groupe de personnes qui utilisent une partie de leur argent pour permettre à tout le monde de voir ces objets. Cette association a un bâtiment du même type aux États-Unis. Pour savoir dans quelle ville il est, aide-toi de l'Indice n°3 et de la carte p. 202.

Chapitre 14

Le réseau autoroutier en France et en Europe

Comment s'organise le réseau autoroutier en France et en Europe ?
Quels problèmes pose le développement de ce réseau ?

Je découvre

DOC. 1 Péage de Saint-Arnoult sur l'autoroute A10 (Yvelines).

1. Définis ce qu'est un péage. Quelles raisons expliquent que l'on mette un péage sur une autoroute ?
2. Identifie les types de véhicules.
   Quel type de véhicule domine sur cette autoroute ?
3. Explique, pour chacun de ces véhicules, quelles raisons amènent les personnes à se déplacer sur l'autoroute.
4. En t'aidant du nombre de véhicules, trouve à quel moment de l'année cette photographie a pu être prise.

Les mots du géographe

Réseau : ensemble de voies de transport reliées entre elles.

Autoroute : route à plusieurs voies réservée aux voitures, motos et camions, dont la vitesse est limitée à 130 km/h.

Leçon 1

Le réseau autoroutier en France

J'observe et je m'interroge

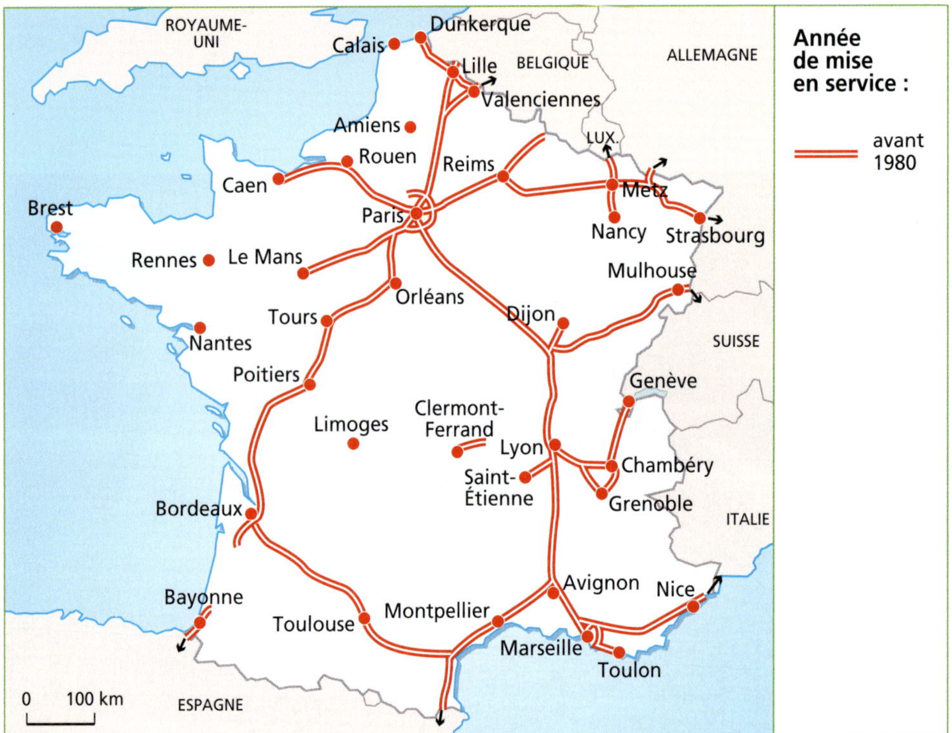

DOC. 1 Le réseau autoroutier français en 1980.

Je décris une carte

1. Observe le DOC. 1. Vers quelle ville se dirigent principalement les autoroutes ? Pourquoi ?
2. Dans quelle partie du pays trouve-t-on le plus d'autoroutes ? Quelles sont les régions qui n'ont pas d'autoroutes ?
3. Comment expliques-tu ces différences ?

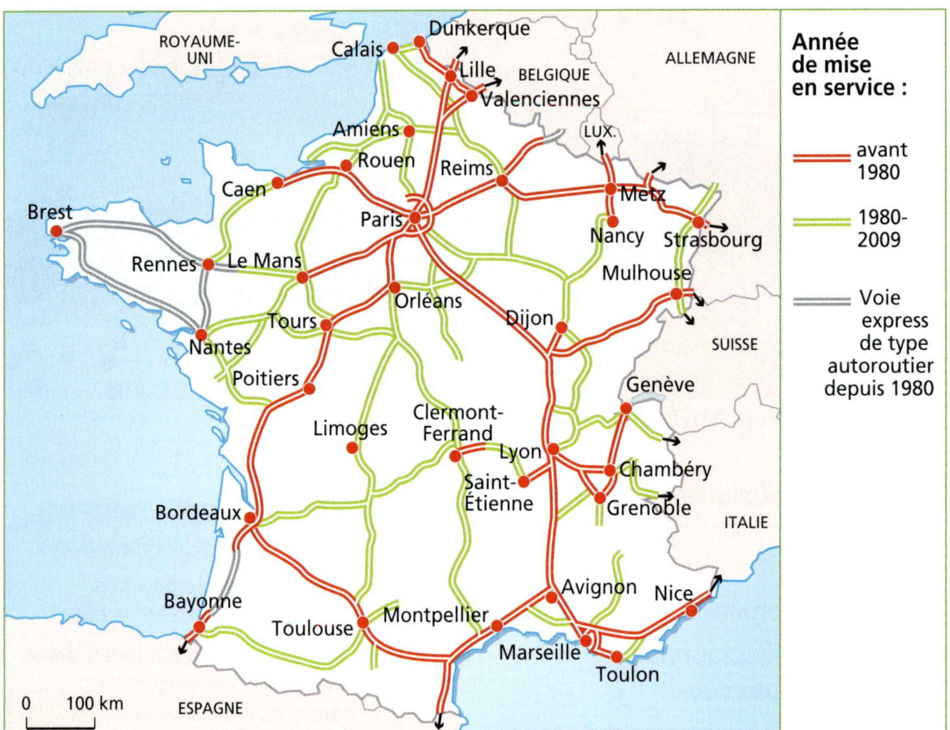

DOC. 2 Le réseau autoroutier français en 2009.

Je décris et je compare deux cartes

4. Observe le DOC. 2. Vers quelles régions le réseau s'est-il étendu ?
5. En 1980, pour aller de Lyon à Bordeaux, quel itinéraire devais-tu suivre ? A-t-il changé en 2009 ?
6. Qu'en conclus-tu sur l'évolution de l'organisation du réseau autoroutier français entre ces deux dates ?

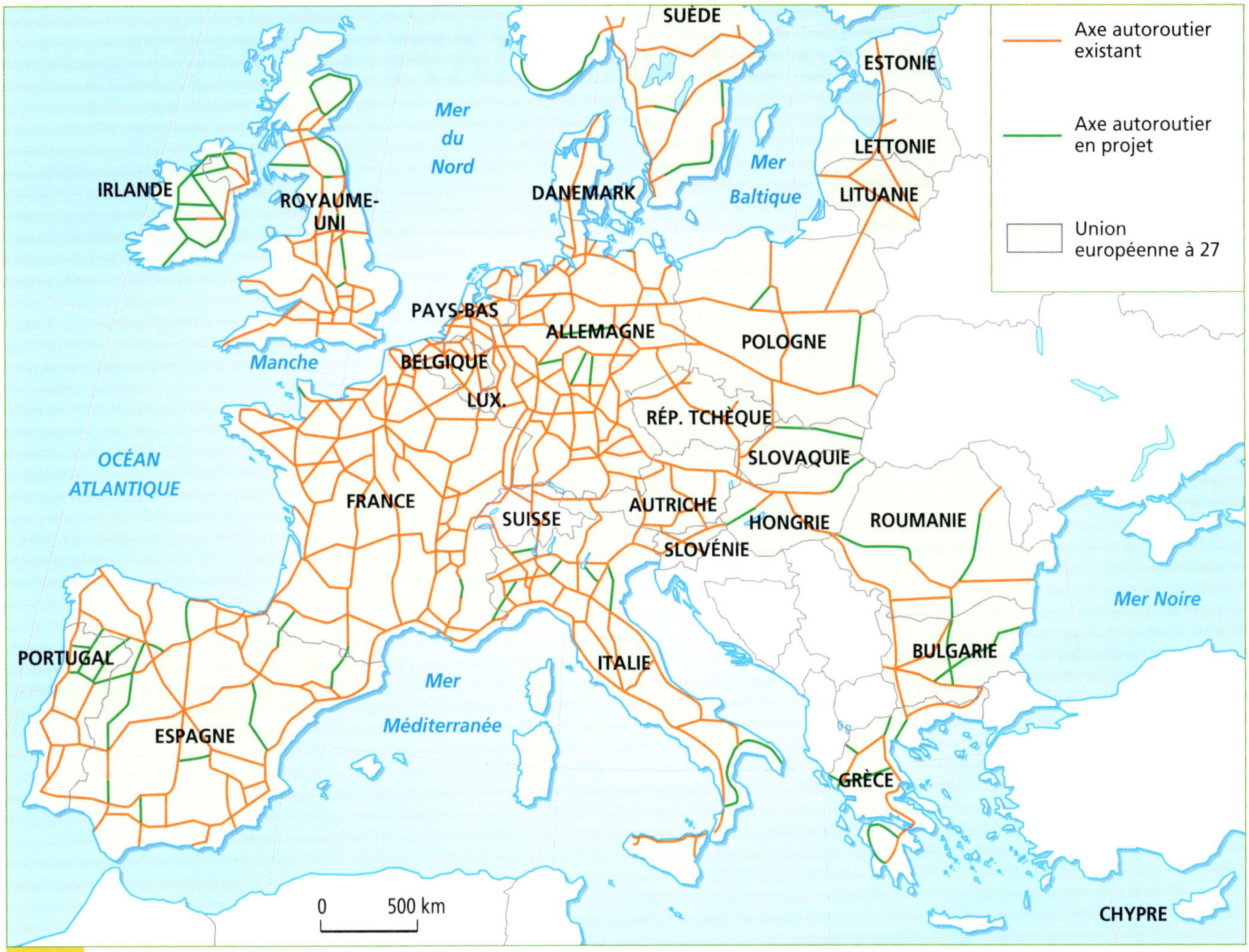

DOC. 3 Le réseau autoroutier européen en 2010.

Je mets en relation des cartes à différentes échelles

7 Observe le DOC. 2. Recherche les autoroutes qui vont au-delà des frontières de la France. Repère-les sur le DOC. 3.

8 À quels pays d'Europe la France est-elle reliée par l'autoroute ? Que peux-tu en conclure sur la position de la France par rapport au réseau autoroutier européen ?

9 Sur le DOC. 3, repère la zone qui concentre en Europe le plus d'autoroutes. La France en fait-elle totalement partie ?

10 Quels sont les pays européens où le réseau autoroutier est peu ou pas développé ?

11 Pourquoi les autoroutes sont-elles plus nombreuses dans certaines parties de l'Europe que dans d'autres ?

Qui gère les autoroutes ?

Construites à partir des années 1960, les autoroutes en France sont pour la plupart payantes (péages). Depuis les années 2000, elles sont principalement gérées par des sociétés privées qui se partagent le réseau. Ces sociétés s'occupent de la gestion des autoroutes et notamment de maintenir le réseau en bon état. Elles participent aussi à la construction de nouvelles autoroutes.

Certaines régions mal reliées au reste du territoire, comme la Bretagne, ont des « autoroutes gratuites ». Il en va de même pour certains pays d'Europe, comme l'Allemagne.

Leçon 2 L'autoroute du soleil (A7)

J'observe et je m'interroge

DOC. 1 Carte de prévisions de trafic pour le samedi 22 août 2009.

J'étudie un document d'information

1. L'autoroute A7 relie Lyon à Marseille. Localise-la sur le DOC. 1. Quelle vallée suit-elle ?
2. Les risques de perturbations localisés sur la carte sont liés à des embouteillages. Explique le sens de ce mot.
3. Pourquoi y a-t-il autant de difficultés de circulation sur cette autoroute ?
4. Dans quelles autres parties du territoire le risque d'embouteillage est-il élevé ? Explique pourquoi.
5. Recherche un itinéraire, par autoroute, pour se rendre de Paris à la mer Méditerranée en ayant à subir le moins d'embouteillages possible.

Axe majeur de l'Europe, le trafic de l'autoroute A7 est l'un des plus importants du continent. Il est très largement dominé par les voitures, mais les camions sont de plus en plus nombreux. Le trafic a fortement augmenté en 15 ans et cette croissance devrait continuer dans les prochaines années, mais de manière moins rapide.

Les embouteillages très importants durant l'été et les grands week-ends deviennent aussi de plus en plus fréquents tout au long de l'année.

La société Autoroute du Sud de la France (ASF), qui gère l'A7, propose de construire deux nouvelles voies dans chaque sens, à côté de l'autoroute actuelle, pour améliorer la circulation sur cet axe.

DOC. 2 La croissance du trafic sur l'autoroute du soleil.

J'étudie un texte

6. Lis le texte du DOC. 2. Quelle est l'évolution du trafic sur l'autoroute A7 ?
7. Quels sont les principaux véhicules responsables de cette évolution ? Comment expliques-tu l'augmentation de leur nombre ? Quels problèmes cela pose-t-il ?
8. Que propose la société d'autoroute ?

DOC. 3 Informations sur la circulation autoroutière sur l'A7.

J'étudie une photographie

9 Observe le DOC. 3. À proximité de quelle ville cette photographie a-t-elle été prise ?

10 Localise sur les cartes pp. 185 et 186 le département et la région dans lesquels se trouve Marseille.

11 La chaleur et les gaz d'échappement des véhicules augmentent le risque de pollution par l'ozone (gaz toxique à basse altitude).
Que demande-t-on aux conducteurs sur le panneau lumineux ? Pourquoi ?

Bilan : l'autoroute pose trop de problèmes aux habitants

L'augmentation du trafic entraîne de graves problèmes liés à l'environnement et met en colère les personnes qui habitent près de l'autoroute à cause du bruit permanent. Ces populations demandent une réduction de la circulation sur les autoroutes.

Solutions

- Favoriser le rail et la voie d'eau plutôt que la route

Encourager le transfert du transport de voyageurs et de marchandises vers le train et les bateaux en effectuant d'importants travaux pour que les voies ferrées et les voies d'eau puissent accueillir ce nouveau trafic.

- Développer le réseau routier local

Améliorer le réseau routier local existant plutôt que multiplier les autoroutes car ces routes desservent mieux les territoires.

DOC. 4 Le trafic autoroutier pose des problèmes aux habitants proches de l'A7 (enquête sur l'avenir de l'A7).

J'extrais des informations d'un texte

12 Lis le texte du DOC. 4.
Quels problèmes pose la circulation sur l'A7 ?

13 Quelles solutions sont proposées pour le trafic national et international ?

14 Quelle difficulté pose la construction de nouvelles autoroutes ?

Les mots du géographe

Trafic : nombre de véhicules, de personnes ou de marchandises circulant sur un axe de transport.

Saturation : nombre trop important de véhicules sur un axe de transport.

Échangeur : voie qui permet de prendre l'autoroute ou de passer d'une autoroute à une autre.

La construction de nouvelles autoroutes

Face à la saturation de l'A7, de nouvelles autoroutes ont été construites dans le Massif central ou les Alpes du Sud pour rejoindre la Méditerranée. Ces régions n'avaient pas ou peu d'autoroutes. Pour permettre au plus grand nombre d'habitants de prendre ces autoroutes, beaucoup d'échangeurs ont été construits.

Je retiens

Le réseau autoroutier en France et en Europe

- La route est le moyen de transport le plus utilisé en France. Le trafic routier n'a cessé d'augmenter avec le développement de l'automobile et des camions, notamment sur les autoroutes qui sont surtout utilisées pour parcourir de grandes distances.
- Depuis les années 1960, les autoroutes forment, autour de Paris, un réseau en étoile qui s'est développé en direction du reste du territoire français. Depuis les années 1990, ce réseau s'étend progressivement à l'ensemble de la France car des autoroutes ont été construites pour contourner Paris ou pour améliorer les liaisons est-ouest, notamment dans le Massif central. Gérées par des sociétés privées, la plupart de ces autoroutes sont payantes.
- De nouvelles autoroutes ont été ouvertes pour mieux rattacher la France à l'Europe. La France occupe une position de carrefour dans cette partie occidentale de l'Europe où le réseau autoroutier est le plus dense. Ces autoroutes relient entre elles les principales métropoles européennes.

Répartition du trafic de voyageurs en France en 2007

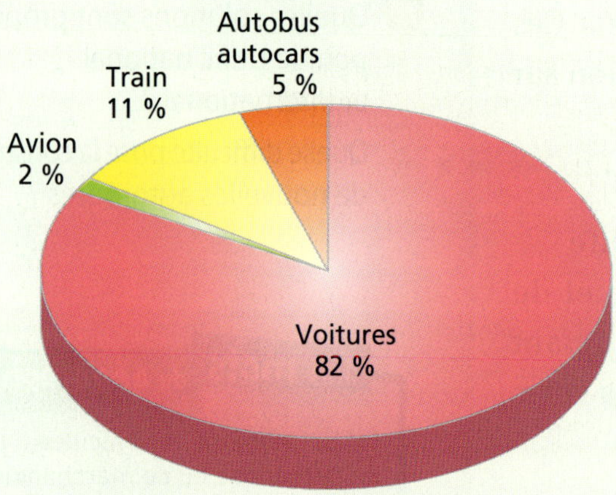

Répartition du trafic de marchandises en France en 2007

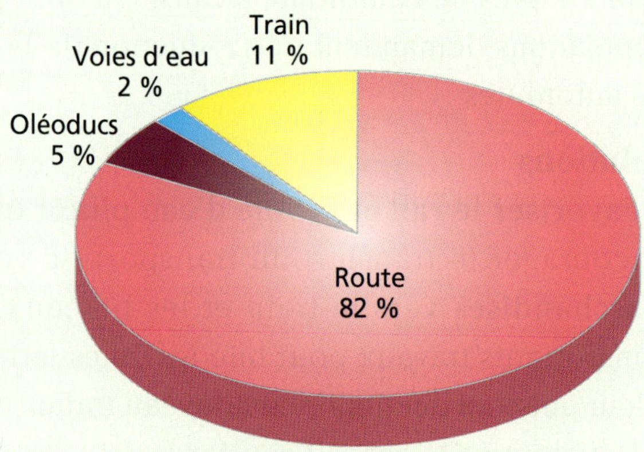

L'autoroute du soleil

- Cet axe dans le prolongement de l'A6, relie les trois plus grandes villes françaises : Paris, Lyon et Marseille. Or, les axes les plus fréquentés sont situés dans les grandes villes où le trafic européen et national s'ajoute à la circulation urbaine. L'A7 est donc saturée car la vallée du Rhône relie l'Europe du Nord à celle du Sud.
- Cette forte croissance du trafic engendre du bruit et des pollutions qui gênent les habitants proches de cet axe. Des autoroutes parallèles à l'axe du Rhône ont été ouvertes dans le Massif central pour détourner une partie du trafic. La réalisation de nombreux échangeurs sur ces autoroutes permet de créer des liaisons entre des régions jusque-là mal reliées. Le rail et la voie d'eau apparaissent aussi comme des solutions pour diminuer l'importance du transport routier.

Chapitre 15

Le réseau ferré à grande vitesse en France et en Europe

Comment se développe le réseau à grande vitesse en France ?
Quels sont les avantages du TGV ? Le TGV va-t-il partout ?
Comment s'organise le réseau ferré à grande vitesse en Europe ?

Je découvre

DOC. 1 TGV sur la ligne à grande vitesse (LGV) Méditerranée, près d'Aix-en-Provence, dans les Bouches-du-Rhône (Provence-Alpes-Côte d'Azur).

1. Localise le département des Bouches-du-Rhône sur la carte p.185 puis explique pourquoi cette ligne à grande vitesse a été appelée « Méditerranée ».
2. Comment s'appelle la construction sur laquelle roule le TGV ? À quoi sert-elle ?
3. Pourquoi les constructeurs de la ligne ont-ils choisi de la faire passer à travers les collines au lieu de contourner celles-ci ?

Les mots du géographe

TGV : train à grande vitesse qui roule à plus de 300 km/h sur les lignes nouvelles à grande vitesse.

LGV : ligne à grande vitesse construite pour permettre aux TGV de rouler à 300 km/h ou plus.

Leçon 1 Le réseau TGV en France

J'observe et je m'interroge

DOC. 1 Réseau des lignes à grande vitesse en France.

J'analyse une carte

1. Observe le DOC. 1. Vers quelle ville vont toutes les lignes à grande vitesse (LGV) ? Explique pourquoi.
2. Dans quelle partie du pays se trouvent les lignes à grande vitesse actuelles ?
3. Quel type de ville est principalement desservi ?
4. Quelles sont les régions où le TGV ne va pas ?
5. Quels itinéraires (trajets) peux-tu faire en TGV en restant toujours sur une LGV ? Que constates-tu ?

DOC. 2 La Part-Dieu, à Lyon, dans le Rhône (Rhône-Alpes).

J'analyse un paysage

6. Quel type de paysage est représenté sur le DOC. 2 ?
7. Repère la gare, les voies, les quais puis cherche les indices qui te prouvent que des TGV s'arrêtent dans cette gare.
8. Localise les immeubles d'affaires et explique pourquoi ils sont installés près de la gare.
9. Identifie les autres éléments du paysage et dessine un croquis. Aide-toi d'un calque et des pp. 24 et 25.

DOC. 3 Affiche de la ville des Sables-d'Olonne pour l'arrivée du TGV le 14 décembre 2008.

Je lis une affiche

10 Localise la Vendée sur la carte p. 185.

11 De quelle période date la première partie de l'affiche ? Quel était alors le temps de parcours entre Paris et les Sables-d'Olonne ?

12 De quelle période date la seconde partie de l'affiche ? Quel est le temps de parcours entre ces deux villes ? Quel est le gain de temps entre ces deux périodes ?

13 Qu'en conclus-tu sur l'avantage du TGV ?

14 Quel type de voyageurs ces deux affiches cherchent-elles à attirer ?

Parcours	Kilométrage	Temps de parcours avant le TGV	Temps de parcours avec le TGV
Paris - Lyon	470	3 h 45	2 h
Paris - Marseille	780	6 h 35	3 h
Paris - Strasbourg	480	3 h 48	2 h 20
Paris - Limoges	400	3 h	
Lille - Lyon	598	6 h	4 h 20

DOC. 4 Tableau de l'évolution des temps de transport.

J'étudie un tableau

15 Pour chaque temps de parcours, localise les villes sur la carte p. 192.

16 Quelle est l'évolution des temps de parcours avec l'arrivée du TGV ?

Je mets en relation une carte et un tableau

17 La distance entre Paris-Lyon et Paris-Strasbourg est la même, pourtant le temps de parcours en TGV est plus long vers l'Alsace. En regardant le DOC. 1, explique pourquoi.

18 Quelle est la différence entre le parcours de Paris à Limoges et les autres ? Justifie ta réponse.

19 Si tu vas de Lille à Lyon, par où passes-tu ? Pourquoi ?

Les mots du géographe

Desservir : relier un lieu à un autre par un ou plusieurs moyens de transport.

Gare nouvelle TGV : gare construite sur une ligne nouvelle en périphérie des villes.

Les gares TGV des lignes à grande vitesse

La construction du réseau à grande vitesse français a entraîné la création de gares nouvelles. Comme les autoroutes, les TGV, qui circulent à 300 km/h, ne passent pas dans le centre des villes, ils contournent les agglomérations. Des gares nouvelles TGV ont donc été construites sur les lignes à grande vitesse en périphérie des villes comme à Valence, à Avignon ou à Aix-en-Provence sur la LGV Méditerranée.

Leçon 2

Le réseau TGV en Europe

J'observe et je m'interroge

DOC. 1 Affiche pour aller en TGV à Bruxelles (Thalys).

J'analyse une publicité

1. Recherche sur la carte p. 199 où se trouvent Bruxelles et la Belgique et situe-les par rapport à la France.
2. Retrouve sur l'affiche du DOC. 1 les symboles de la ville de Bruxelles et de la Belgique.
3. Quel type de clients la SNCF souhaite-t-elle attirer avec cette publicité ?
4. Quelles sont les autres villes vers lesquelles se dirige le TGV ? Localise-les sur la carte p. 200.

Avec le lancement de la ligne à grande vitesse Est européenne, les trains ICE (Inter City Express) des chemins de fer allemands (Deutsch Bahn ou DB) relient Francfort à Paris gare de l'Est en 3 h 49 au lieu de 6 h 30.

Pour la première fois, les deux principales compagnies de la grande vitesse ferroviaire européenne unissent leurs forces. La DB et la SNCF mettent en commun leurs trains à grande vitesse qui sont les trains les plus modernes et les plus confortables d'Europe. Ils peuvent atteindre une vitesse régulière de 320 km/h. Ils ont des atouts de taille : des liaisons de centre-ville à centre-ville, un service de qualité et des prix attractifs.

DOC. 2 L'ouverture de la LGV Est européenne : ICE et TGV, d'après Cédric Charles (SNCF).

DOC. 3 ICE et TGV en gare.

J'étudie un texte et une photographie

5. Définis ce qu'est l'ICE. À quelle compagnie appartient-il ? Dans quel pays circule l'ICE ?
6. Quelles sont les villes reliées par l'ICE ? S'agit-il de villes importantes ?
7. Quelle vitesse peuvent atteindre ces trains ?
8. Pourquoi appelle-t-on cette ligne la « ligne à grande vitesse Est européenne » ?
9. Quels sont les avantages de l'ICE et du TGV ?
10. Regarde le DOC. 3. Cette photographie de TGV et d'ICE a-t-elle été prise dans une gare française ou dans une gare allemande ?

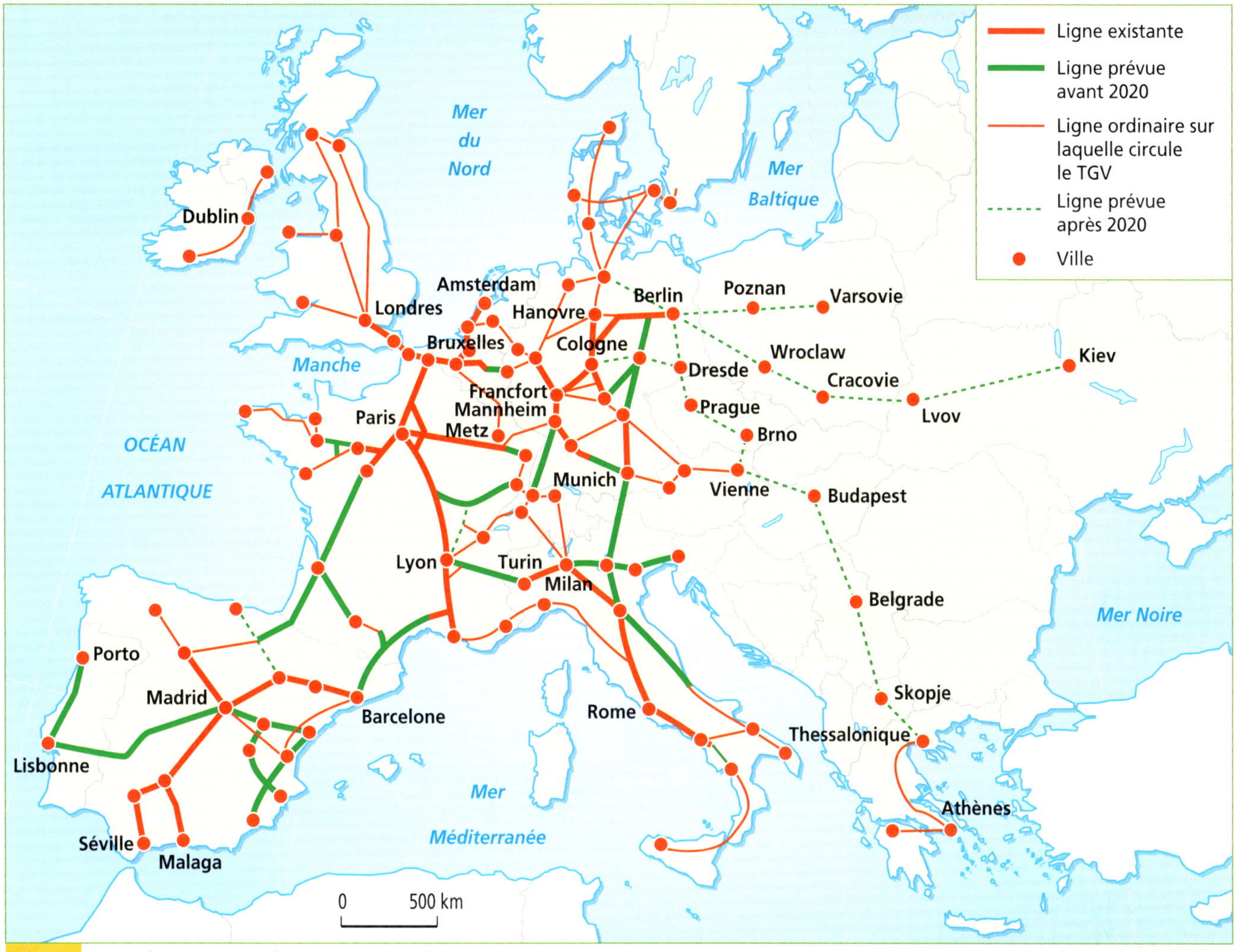

DOC. 4 Le réseau européen des lignes à grande vitesse.

J'analyse une carte

11 Observe le DOC. 4. Dans quelle partie de l'Europe le réseau à grande vitesse est-il le plus développé ? Dans quelles parties est-il peu présent ?

12 Repère le réseau ferré français à grande vitesse : est-il bien relié au reste du réseau européen ?

13 Repère Bruxelles. Vers quels pays se dirigent les lignes à grande vitesse au départ de la Belgique ?

14 À quoi sert le réseau TGV en Europe ?

Les mots du géographe

Thalys : TGV reliant la France, la Belgique, les Pays-Bas et l'Allemagne depuis 1996.

Tunnel sous la Manche : ouvert en 1994, ce tunnel relie la Grande-Bretagne à la France par chemin de fer.

LGV mixte : ligne à grande vitesse sur laquelle circulent des TGV et des trains de marchandises.

Le projet de liaison Lyon-Turin

La ligne à grande vitesse Lyon-Turin doit permettre de relier plus rapidement la France à l'Italie en creusant sous les Alpes, un tunnel long de 50 kilomètres, longueur comparable à celle du tunnel sous la Manche ouvert en 1994. Cette ligne dite LGV mixte servira aux TGV et aux trains de marchandises afin de réduire le nombre de camions qui circulent dans les vallées entre ces deux pays. Le coût de la construction de ce tunnel est très élevé, ce qui retarde pour l'instant sa réalisation.

Je retiens

Le réseau TGV en France

- Le TGV connaît un grand succès, il a permis au train de concurrencer la voiture et l'avion. Le TGV français détient d'ailleurs le record du monde de vitesse sur rail.
- Depuis 1981, un réseau de lignes à grande vitesse (LGV) en étoile a été construit autour de Paris, d'abord vers le Sud-Est puis vers l'Atlantique, le Nord et l'Est. Ces différentes LGV sont reliées entre elles à l'est de Paris, ce qui permet aux TGV de relier directement Lille à Marseille, ou Bordeaux à Strasbourg, sans changer de train à Paris.
- Des gares nouvelles TGV ont été construites sur les LGV en périphérie des villes, ce qui pose des problèmes car elles sont loin des centres-villes.
- Le TGV dessert surtout les métropoles et les régions les plus touristiques : d'autres régions n'ont pas accès à la grande vitesse comme le Massif central. De nouvelles lignes seront construites dans les années à venir pour étendre le réseau en France.

Le record du monde de vitesse sur rail du TGV à 574 km/h le 3 avril 2007 sur la ligne à grande vitesse Est européenne.

Le réseau TGV en Europe

- Depuis les années 1990, les nouvelles LGV sont construites pour créer un réseau européen à grande vitesse reliant les métropoles européennes entre elles (Paris-Bruxelles en Thalys ou Paris-Londres par le tunnel sous la Manche). Ce réseau est surtout développé en Europe de l'Ouest.
- Pour relier l'Italie à la France, le projet de liaison Lyon-Turin vise à créer une LGV mixte qu'emprunteraient les TGV et les trains de marchandises. Pour passer sous les Alpes, un tunnel long de plus de 50 kilomètres serait construit : il permettrait de limiter la circulation des camions dans ces vallées.

Chapitre 16

L'aéroport Paris-Charles de Gaulle (Roissy)

Comment est organisé un aéroport d'importance mondiale ? Quel est son rôle dans l'organisation de l'espace en France et en Europe ?

Je découvre

DOC. 1 Premier vol de l'A380 d'Air France entre Paris et New York au départ de l'aéroport de Paris-Charles de Gaulle (Île-de-France).

1. Localise l'aéroport Charles de Gaulle en France sur la carte p. 196.
2. Définis ce qu'est l'A380 puis recherche sa particularité par rapport aux autres appareils.
3. À quelle compagnie aérienne appartient l'A380 ?
4. Quel évènement explique pourquoi cette personne signe sur cette affiche ?
5. Localise Paris et New York sur la carte p. 202. Au-dessus de quels continents et océan ce vol passera-t-il ?

Les mots du géographe

Aéroport : ensemble des bâtiments (aérogare) et équipements (pistes, etc.) où s'organise le transport des personnes ou des marchandises en avion.

Compagnie aérienne : société qui organise le transport par avion, comme Air France.

Leçon 1 L'organisation de l'aéroport Paris-Charles de Gaulle

J'observe et je m'interroge

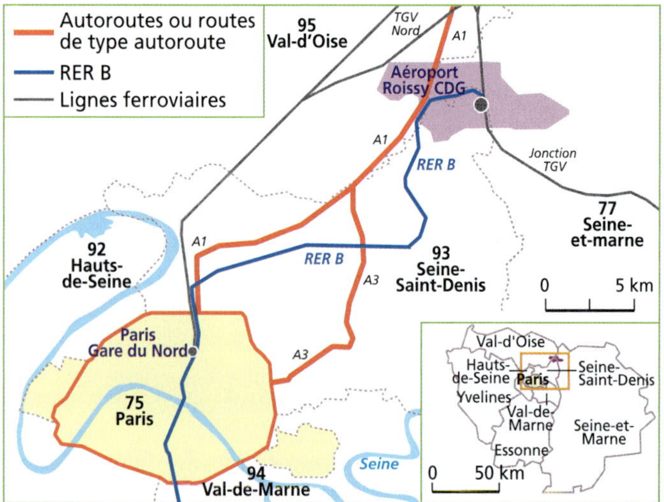

DOC. 1 Carte pour aller de Paris à l'aéroport de Roissy CDG.

Je me repère sur une carte

1. Repère où est situé l'aéroport Charles de Gaulle (CDC) par rapport à Paris.
2. Identifie les différents axes de circulation qui permettent d'aller de Paris à Roissy.
   Précise ensuite à quels moyens de transport ils correspondent.
3. Recherche la gare TGV. Les voyageurs qui arrivent par ce train viennent-ils de près ou de loin ? Justifie ta réponse.

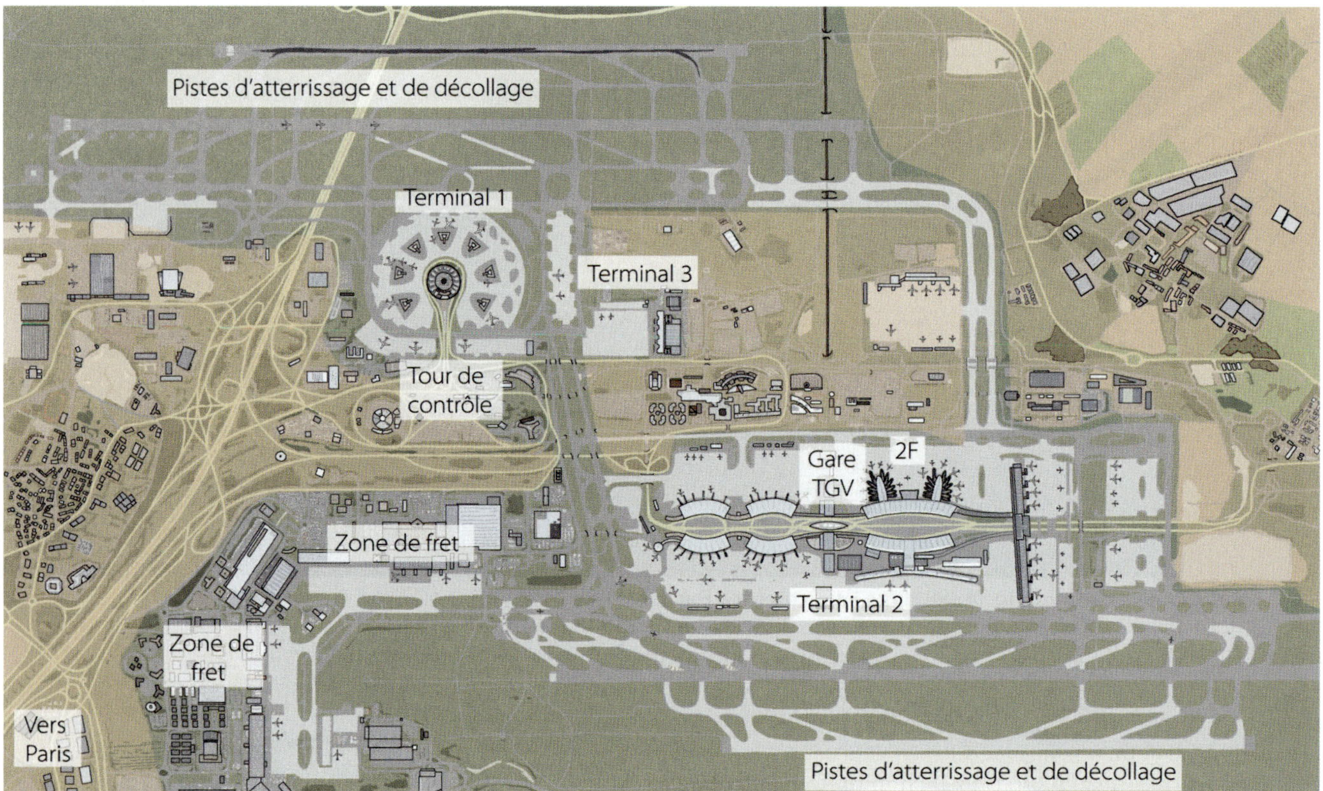

DOC. 2 Carte de l'aéroport de Roissy Charles de Gaulle.

4. Repère les axes de circulation et la gare TGV étudiés dans le DOC. 1.
5. Recherche les terminaux pour les passagers et ceux pour le fret.
6. Localise les pistes et précise près de quels terminaux elles se trouvent.
   Recherche où est située la tour de contrôle et explique son rôle.

DOC. 3 Le terminal 2F à l'aéroport de Roissy Charles de Gaulle.

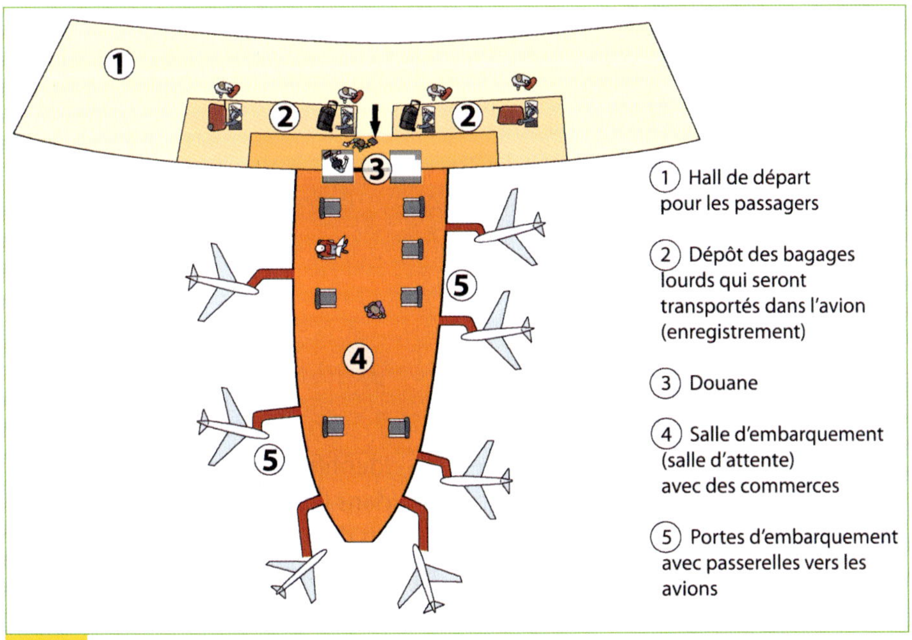

DOC. 4 Le plan du terminal 2F de l'aéroport.

J'étudie une photographie

7 Repère sur le **DOC. 2** dans quelle partie de l'aéroport cette photographie du terminal 2F a été prise.

8 Identifie le terminal, la tour de contrôle.

9 En t'aidant du **DOC. 2**, repère où se trouvent les pistes de décollage et d'atterrissage.

Je lis un plan et une photographie

10 Repère le terminal présenté dans le **DOC. 4** sur la photographie du **DOC. 3**.

11 À l'aide du **DOC. 2** et du **DOC. 3**, recherche par quel moyen de transport le passager peut arriver au terminal.

12 Décris le trajet que doit suivre un passager dans un terminal pour prendre son avion.

Les mots du géographe

Terminal : bâtiment réservé aux passagers ou aux marchandises qui vont prendre l'avion (embarquement) ou en descendre (débarquement).

Terminal fret : terminal réservé uniquement au transport des marchandises.

Tour de contrôle : tour à partir de laquelle la circulation aérienne autour de l'aéroport est gérée.

La tour de contrôle et les pistes de décollage et d'atterrissage

À partir de la tour de contrôle, les aiguilleurs du ciel organisent la circulation aérienne autour de l'aéroport en donnant l'ordre aux avions de décoller ou d'atterrir. Ils contrôlent aussi le mouvement des avions dans l'aéroport.

À Roissy, il existe quatre pistes qui vont par deux. La piste réservée au décollage est la plus longue car les gros avions ont besoin de longues distances pour décoller. L'autre piste sert à l'atterrissage.

Leçon 2

Le deuxième aéroport d'Europe

J'observe et je m'interroge

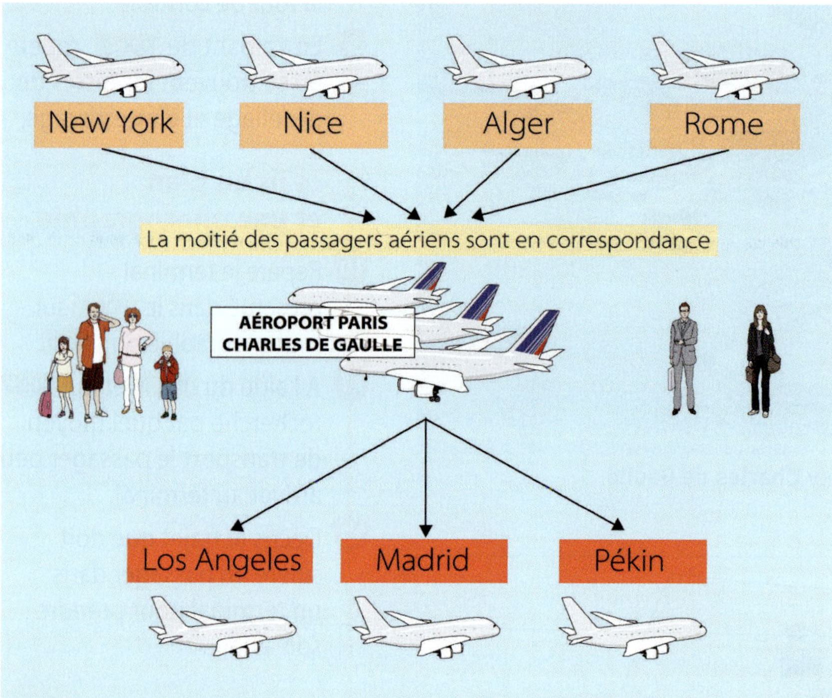

DOC. 1 Le système des correspondances de l'aéroport.

J'étudie un schéma

1. Sur la carte p. 202, localise les continents dans lesquels sont situées les villes indiquées dans les cadres orange.
2. Vers quel aéroport ces vols se dirigent-ils ?
3. Que font une partie des passagers une fois arrivés dans cet aéroport ?
4. Sur la carte p. 202, localise les continents dans lesquels sont situées les villes indiquées dans les cadres rouges.
5. À partir de ta réponse à la question 4, explique pourquoi l'avion est le meilleur moyen pour aller dans ces villes.

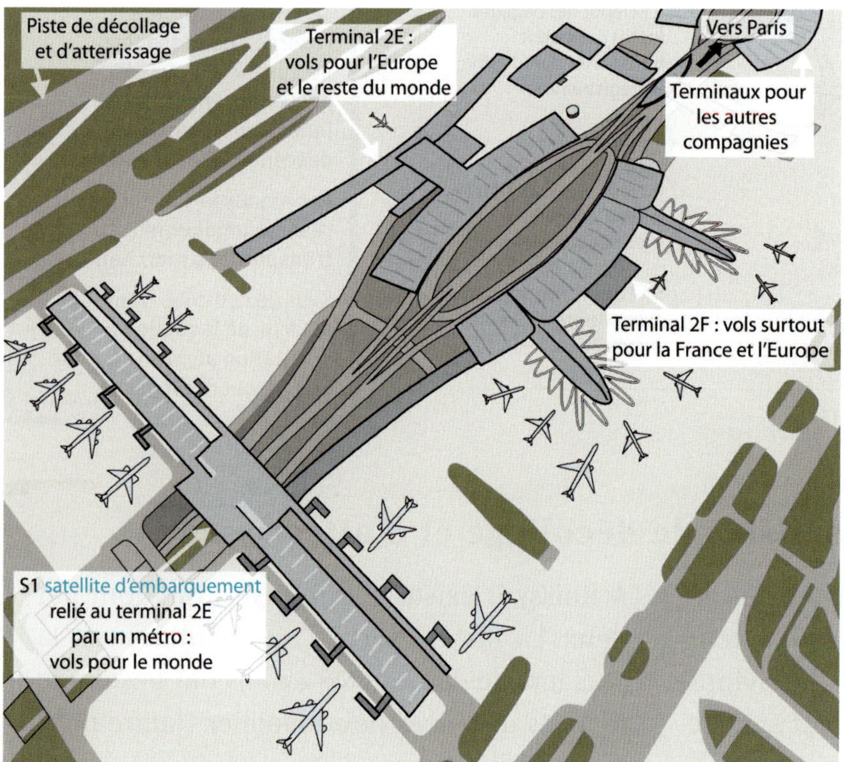

DOC. 2 L'organisation des terminaux de la compagnie Air France.

Je mets en relation un schéma et un plan

6. Identifie sur le plan les terminaux dans lesquels vont arriver les différents passagers du DOC. 1.
7. Recherche dans quel terminal ces passagers d'Air France vont reprendre l'avion.
8. Où se trouvent les terminaux où l'on peut prendre un avion d'une autre compagnie ?
9. Pour le passager, quel avantage ce système de correspondances offre-t-il ?

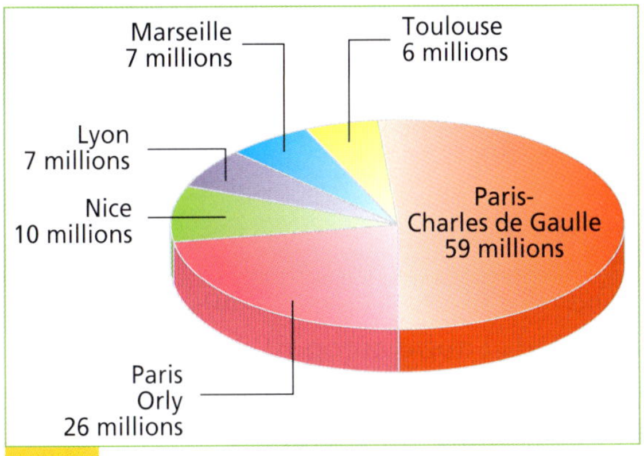

DOC. 3 Les six principaux aéroports français (trafic voyageurs, millions/an).

J'étudie un graphique

10 Observe le graphique du DOC. 3. Quelle place Roissy occupe-t-il par rapport aux autres aéroports français ?

11 Si l'on ajoute l'aéroport d'Orly, quel est le poids des aéroports parisiens en France ? Explique pourquoi.

12 Localise sur la carte p.192 les villes où se trouvent les autres aéroports. Pourquoi les aéroports de ces villes, sauf ceux de Paris, sont-ils plus importants que ceux des autres villes françaises ?

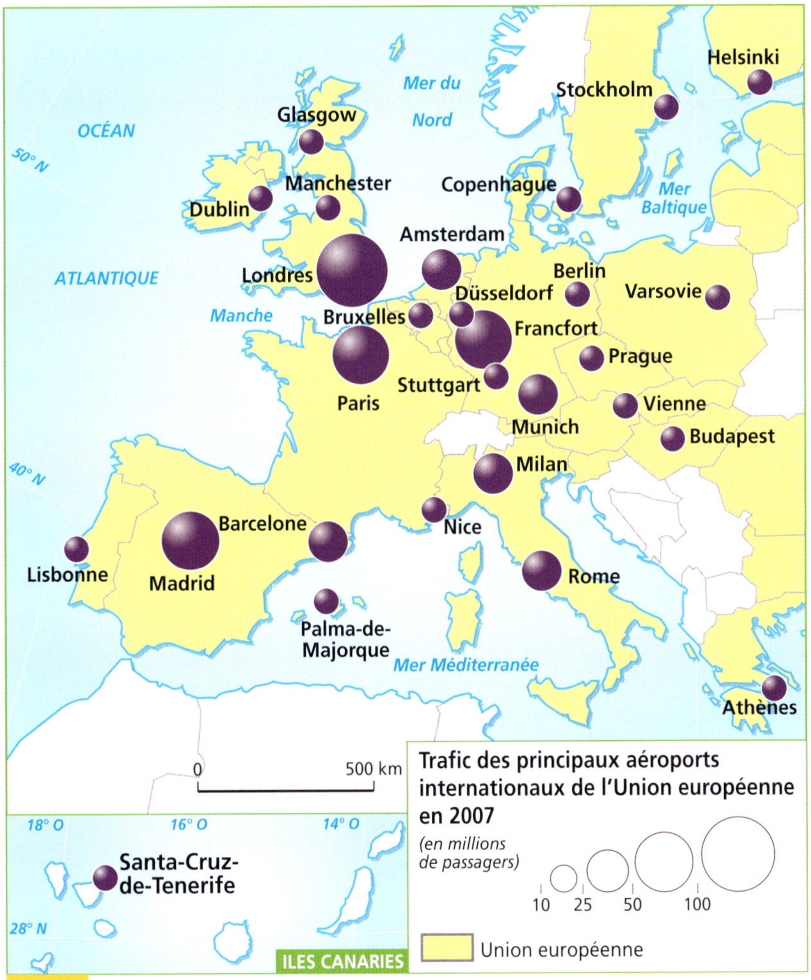

DOC. 4 Le trafic des aéroports en Europe.

J'analyse une carte

13 Regarde le DOC. 4. L'aéroport Paris-Charles de Gaulle est-il important en Europe ?

14 Recherche les principaux aéroports européens. Dans quelle partie de l'Europe sont-ils surtout situés ?

15 Quel est le premier aéroport d'Europe ?

Les mots du géographe

Correspondance aérienne : certains passagers prennent plusieurs avions durant leur voyage. Le changement d'avion s'appelle une correspondance.

Satellite d'embarquement : dans les grands aéroports, certains terminaux sont reliés à des bâtiments appelés satellites où les passagers vont prendre l'avion.

Les compagnies à bas coûts

Depuis les années 1990, les grandes compagnies aériennes comme Air France ont été concurrencées par de nouvelles compagnies qui offrent des tarifs très bas en proposant très peu de services. Elles ont connu un vif succès dans toute l'Europe et ont permis à de nouvelles personnes de prendre l'avion, car les billets sont moins chers.
La clientèle est surtout touristique. Ces compagnies s'appellent des compagnies à bas coûts ou, en anglais, *low cost*.

Je retiens

L'organisation de l'aéroport Paris-Charles de Gaulle

- Paris-Charles de Gaulle est le plus grand aéroport français. Les passagers et le fret sont transportés en avion à partir d'un terminal, qui est parfois relié à un satellite d'embarquement pour recevoir plus d'avions. Seules les marchandises très coûteuses ou devant voyager rapidement sont expédiées par avion, car ce mode de transport coûte très cher. La circulation aérienne autour de l'aéroport est organisée par des aiguilleurs du ciel qui sont dans les tours de contrôle.

Le deuxième aéroport d'Europe

- L'avion permet surtout d'aller loin en France, en Europe et dans le reste du monde. Une moitié des passagers de cet aéroport vient de Paris ou, par TGV, de toute la France pour prendre l'avion. L'autre moitié arrive d'un autre aéroport (étranger ou situé en France, loin de Paris) et change d'avion, ces passagers sont en correspondance.
- Roissy et Orly, l'autre aéroport de Paris, sont les plus importants de France. Cette domination s'explique par l'importance de la capitale. Les aéroports de Nice, Lyon, Marseille et Toulouse sont nettement moins fréquentés, mais leur trafic augmente.
- Paris-Charles de Gaulle est le deuxième aéroport d'Europe, après Londres. Il occupait en 2008 le cinquième rang mondial pour le trafic des passagers.
- L'importance du trafic s'explique par ce système de correspondances créé par Air France et par le nombre de plus en plus élevé de personnes qui prennent l'avion pour les affaires ou le tourisme. Le développement de compagnies aériennes qui proposent des vols à bas prix explique aussi cette augmentation du trafic.

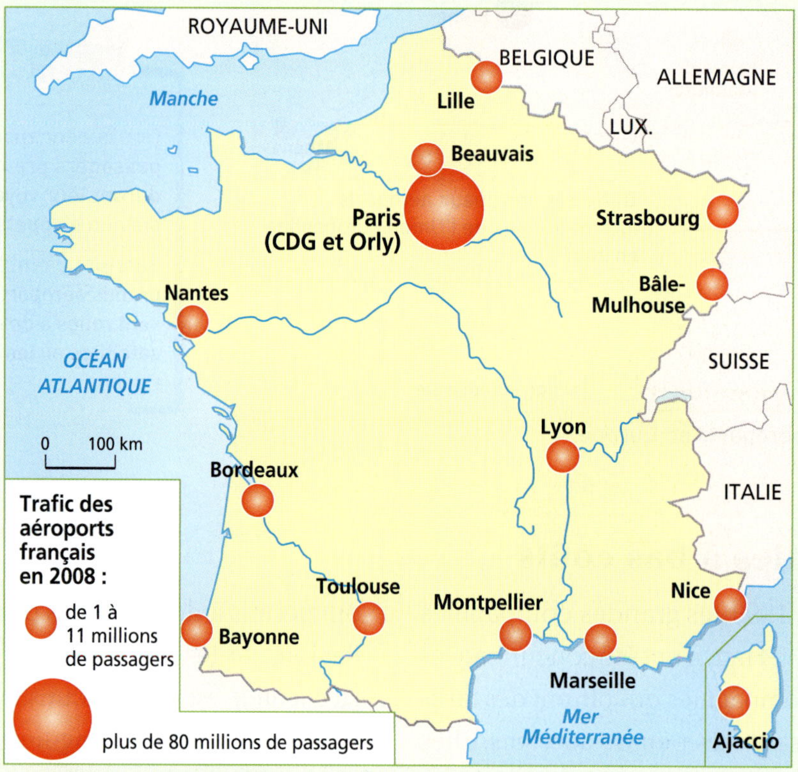

Les aéroports en France.

Les architectes inventent un nouveau lieu : la gare

La gare est un bâtiment public qui apparaît dans les villes au milieu du XIXe siècle. Quels bâtiments les architectes inventent-ils pour accueillir les voyageurs qui prennent le train ?

DOC. 1 La gare de l'Est : carte postale du début du XXe siècle, façade, marquise et entrée des départs.

Au premier plan, l'escalier menant au métro, les voies du tramway, un tramway ainsi qu'un autobus.

DOC. 2 La gare TGV de Lyon-Saint-Exupéry, vue aérienne du parking, de la gare et de l'aéroport de Lyon-Saint-Exupéry.

La gare TGV a été créée en 1994 pour desservir l'aéroport de Lyon-Saint-Exupéry. L'architecte, Santiago Calatrava, l'a dessinée.

J'étudie une œuvre

1. Sur Internet, recherche à quelle époque cette gare fut inaugurée et par qui. B2i
2. Pourquoi les gares n'existaient-elles pas avant le milieu du XIXe siècle ?
3. Décris la façade : quels éléments d'architecture te paraissent classiques ?
4. Qu'est-ce qui, dans ce bâtiment, est en rapport avec les fonctions d'une gare ?
5. Montre que la gare est placée à un endroit important pour la circulation dans la ville et qu'elle constitue un point de rencontre de plusieurs moyens de transport.

Je compare

6. Recherche sur Internet d'autres projets réalisés par l'architecte Calatrava. B2i
7. Décris l'organisation de ce lieu et la forme du bâtiment. Quels sont les points communs avec la gare de l'Est ? Quelles sont les différences ?
8. En quoi cette nouvelle gare est-elle une illustration de la modernité à la fin du XXe siècle ?

Les mots des arts

Façade : partie avant d'un bâtiment donnant sur la rue.

Marquise : petit toit en verre servant à abriter les piétons de la pluie.

Je mène l'enquête

Saint-Pancras.

Regarde ce bâtiment : il a servi de décor aux films tirés de la série *Harry Potter*.
Dans cette enquête, il te faudra découvrir quelle ville abrite cette construction puis trouver le nom du fleuve qui coule dans cette ville et enfin à quoi sert ce bâtiment. Pour t'aider, tu disposes de trois indices.

Indice n°1

Observe l'Indice n°1 qui montre un des bâtiments les plus connus de cette ville. De quelle ville s'agit-il ?

Indice n°2

Je traverse l'Angleterre d'ouest en est.
Je me jette dans la mer du Nord, après avoir traversé la ville du premier indice.
Je suis l'un des principaux fleuves du Royaume-Uni.
Je suis …

La ville s'est développée le long d'un fleuve.
Pour savoir lequel, trouve la réponse à l'Indice n°2. Aide-toi de la carte p.197.

Indice n°3

Je sers de lieu d'embarquement ou de débarquement pour les voyageurs et les marchandises.
Je peux être aussi routière ou maritime.
Je suis …

Enfin, pour connaître la fonction actuelle de ce bâtiment, aide-toi de l'Indice n°3.

Chapitre 17

L'organisation du port industriel de Dunkerque

Comment un port industriel est-il organisé ?
Pourquoi installer des industries sur le littoral ?
Quels problèmes ces activités peuvent-elles poser ?

Je découvre

DOC. 1 Navire dans un bassin et quai du port de Dunkerque dans le Nord (Nord-Pas-de-Calais).

1. Localise Dunkerque sur la carte p. 196.
2. Au bord de quelle mer le port de Dunkerque est-il installé ? Où se trouve la mer sur la photographie ?
3. Que fait ce navire et quel est le rôle des petits bateaux qui l'entourent ?
4. Quelle activité est installée dans la zone du port située à l'arrière-plan de la photographie ?

Les mots du géographe

Bassin : partie du port dans laquelle circulent les bateaux.

Quai : espace le long duquel sont stationnés les bateaux.

Leçon 1

Le port industriel de Dunkerque

J'observe et je m'interroge

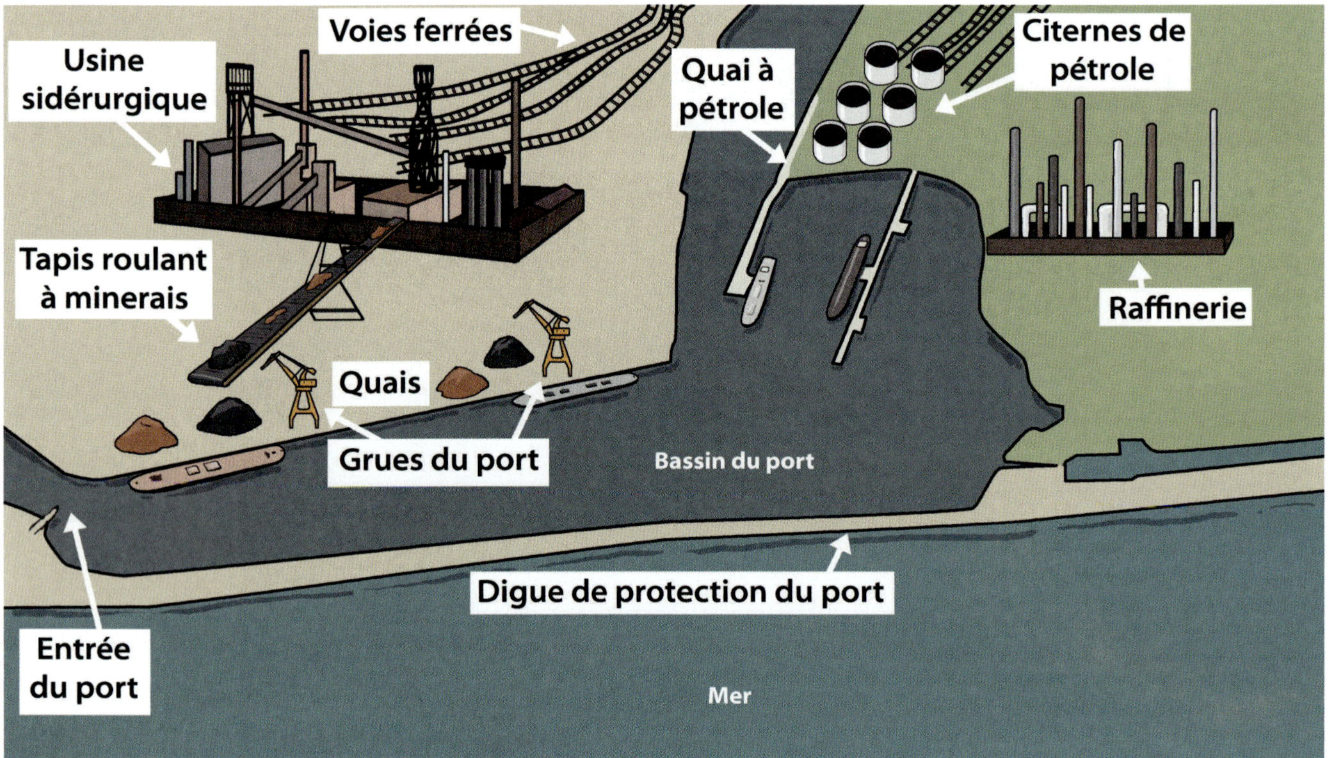

DOC. 1 La zone industrialo-portuaire de Dunkerque.

DOC. 2 L'usine sidérurgique de Dunkerque.
1. bateau transportant du minerai – 2. grues – 3. stock de charbon (noir) et fer (rouge) – 4. tapis roulant pour transporter le charbon et le fer – 5. usine sidérurgique

J'étudie une photographie et un schéma

1. Localise sur la vue générale du port du DOC. 1, l'usine sidérurgique du DOC. 2.
2. En t'aidant du DOC. 1 et des numéros du DOC. 2, décris de quelle manière le charbon est transporté du bateau à l'usine.
3. Recherche sur Internet ou dans un dictionnaire à quoi vont servir le charbon et le fer dans cette usine sidérurgique. B2i
4. Pourquoi a-t-on installé cette usine dans un port ?
5. Recherche sur Internet de quels pays peuvent provenir ce charbon et ce fer. B2i

DOC. 3 Les industries pétrolières à Dunkerque.

6 Localise cette partie du port sur le DOC. 1.

7 Décris les différentes étapes entre le bateau et la raffinerie de pétrole. Retrouve sur le schéma du DOC. 1 à quoi correspondent les numéros indiqués sur la photographie.

8 À quoi va servir ce qui est fabriqué dans la raffinerie ?

9 Quel est le rôle des voies ferrées et de la route qui partent du port ?

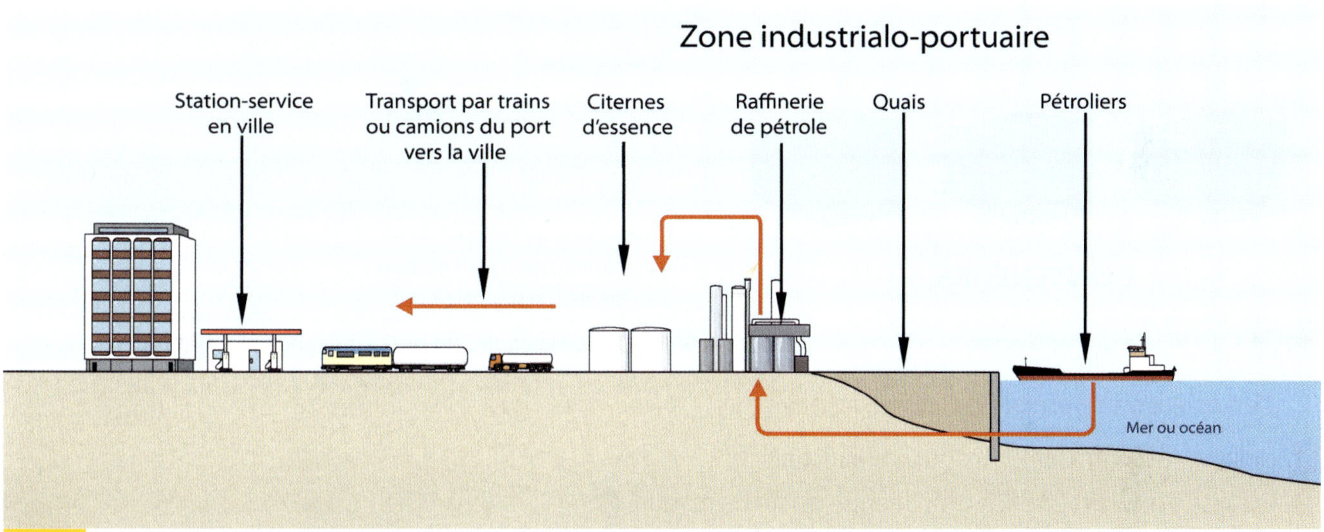

DOC. 4 Le transport du pétrole de la mer à la station-service.

10 Explique comment s'organisent les trois grandes étapes du transport du pétrole décrites dans le DOC. 4 : la mer, la zone industrialo-portuaire, la ville.
Pour cela, relie chacune des expressions suivantes à l'une de ces trois étapes :
– arrivée des minerais et du pétrole – stations-service – industries ayant besoin d'acier – transport par train ou camion – raffinerie de pétrole.

Les mots du géographe

Zone industrialo-portuaire (ZIP) : zone industrielle installée dans un port, accueillant les navires du commerce mondial.

Usine sidérurgique : transformation du fer pour fabriquer des métaux. L'acier se fabrique avec du charbon et du fer.

Raffinerie de pétrole : usine où l'on transforme le pétrole pour obtenir de nouveaux produits (essence, diesel, huile, etc.).

Risque : tout danger d'origine naturelle ou humaine menaçant les populations.

Les risques liés aux industries dans les ports

Les risques liés à la présence d'industries dans les ports sont élevés. De nombreux habitants sont menacés par les risques d'incendies ou d'explosions que peuvent entraîner ces activités. Pour limiter ces dangers, elles sont de plus en plus surveillées et des plans de secours ont été prévus pour évacuer et soigner les populations en cas de catastrophe.

Leçon 2

Un port de marchandises

J'observe et je m'interroge

DOC. 1 Le rôle d'un conteneur.

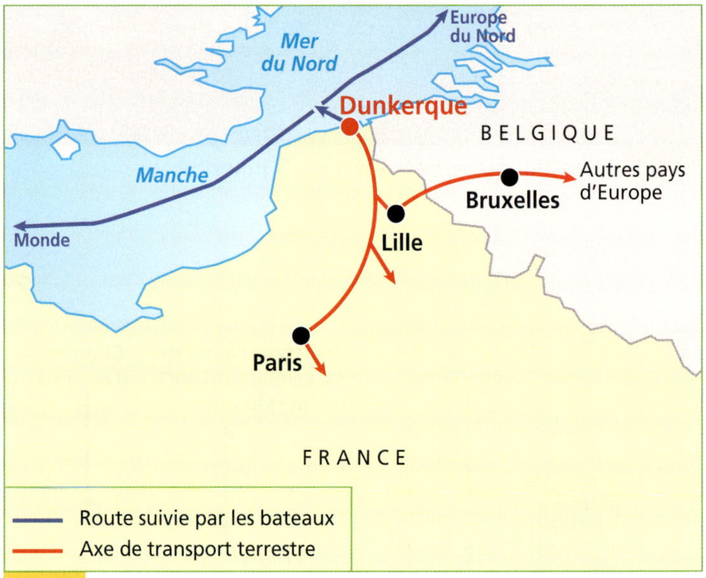

DOC. 2 Dunkerque : un port en France et en Europe.

J'étudie un ensemble de documents

1. Observe le DOC. 1. Quels objets reconnais-tu ?
2. Localise sur la carte des États du monde, en fin de manuel, les pays où ces objets ont été fabriqués.
3. Explique à quoi sert un conteneur.

DOC. 3 Un porte-conteneurs à quai à Dunkerque.
1. porte-conteneurs – 2. portiques – 3. zone de stockage des conteneurs

4. Repère sur le DOC. 2 par quelles mers ce bateau arrivera dans le port.
5. Sur le DOC. 3, décris le bateau placé le long du quai. Que transporte-t-il ?
6. À quoi sert le portique sur le quai ?
7. En t'aidant de la photographie et des indications, explique ce qui se déroule entre le bateau et le quai.
8. Précise quels pays et quelles villes sont reliés au port de Dunkerque (DOC. 2).
9. Recherche sur la carte p. 196 dans quels autres ports français peuvent arriver les porte-conteneurs. Sur quelles mers sont-ils situés ?

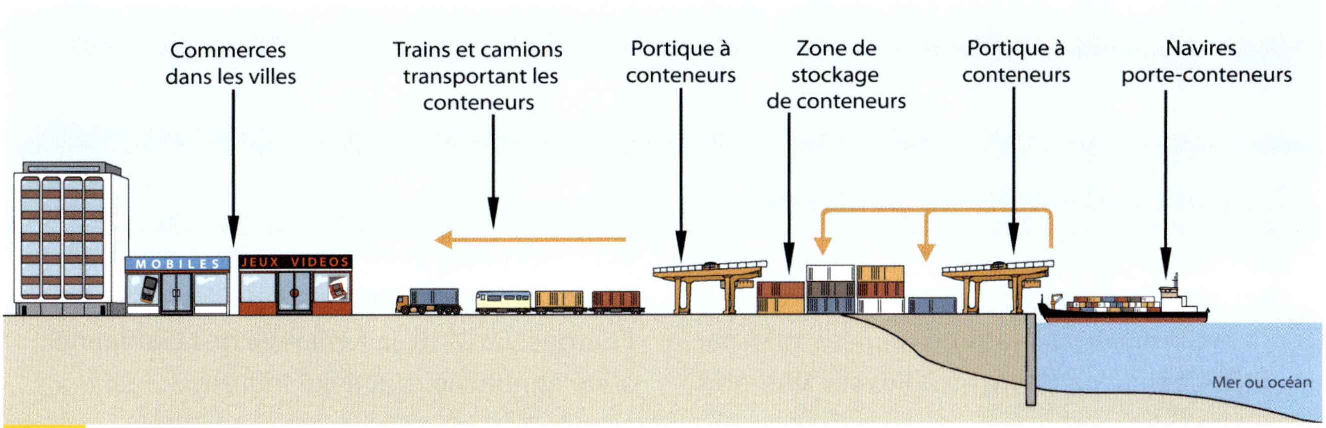

DOC. 4 Le trajet d'un conteneur de la mer à la ville.

10 Repère sur le DOC. 4 le porte-conteneurs, le portique et la zone de stockage des conteneurs que tu as vus sur le DOC. 3.

11 Explique l'itinéraire suivi par un conteneur, de la mer aux commerces en ville.

DOC. 5 Le réaménagement des bassins du port de Dunkerque situés près du centre-ville.

16 Quelle évolution caractérise cette partie du port ?

17 Quelles sont les différentes activités du port que tu as étudiées ? Que peux-tu en conclure sur le rôle d'un port maritime dans l'organisation des échanges ?

J'analyse une photographie

12 Sur le DOC. 5, repère les quais et les bassins du port.

13 Quelles sont les activités installées autour des bassins ?

14 Ces activités sont-elles différentes de celles que tu as étudiées auparavant ?

15 Ces activités sont-elles anciennes ?

Les mots du géographe

Conteneur : boîte qui sert à transporter toutes sortes de marchandises par différents moyens de transport.

Portique : grue qui sert à transporter les conteneurs d'un mode de transport à un autre.

Éolienne : moyen qui permet de fabriquer de l'électricité grâce à la force du vent.

Le développement des éoliennes à Dunkerque

Si le charbon, le pétrole et le gaz sont à l'origine du développement du port, de nouvelles formes d'énergie sont produites à Dunkerque. Cette ville est située au bord de la mer du Nord où le vent souffle souvent très fort. La force du vent permet de fabriquer de l'électricité grâce à de grandes éoliennes. Elles ont été installées sur les digues qui protègent le port des tempêtes. Cette source d'énergie est appelée renouvelable, car elle n'est pas menacée de disparaître comme le pétrole.

Je retiens

Le port industriel de Dunkerque

- Le port de Dunkerque est appelé zone industrialo-portuaire car des industries y ont été installées à partir des années 1950 par l'État, comme au Havre ou à Fos-sur-Mer, près de Marseille.
- Les quais de Dunkerque accueillent des industries sidérurgiques et des raffineries de pétrole. Elles sont situées au bord des bassins où arrivent les navires, qui apportent le charbon et le pétrole venus du monde entier. La route et le rail vont ensuite servir à transporter les produits fabriqués vers les villes et le reste du pays ou de l'Europe. En 2010, la fermeture de la raffinerie a été annoncée. L'activité industrielle tend à se réduire dans ce port, comme ailleurs.
- Les activités pétrolières peuvent être dangereuses car les risques d'explosion ou d'incendies existent. Des mesures sont prises pour mettre les populations à l'abri du risque (plan de surveillance des activités industrielles).

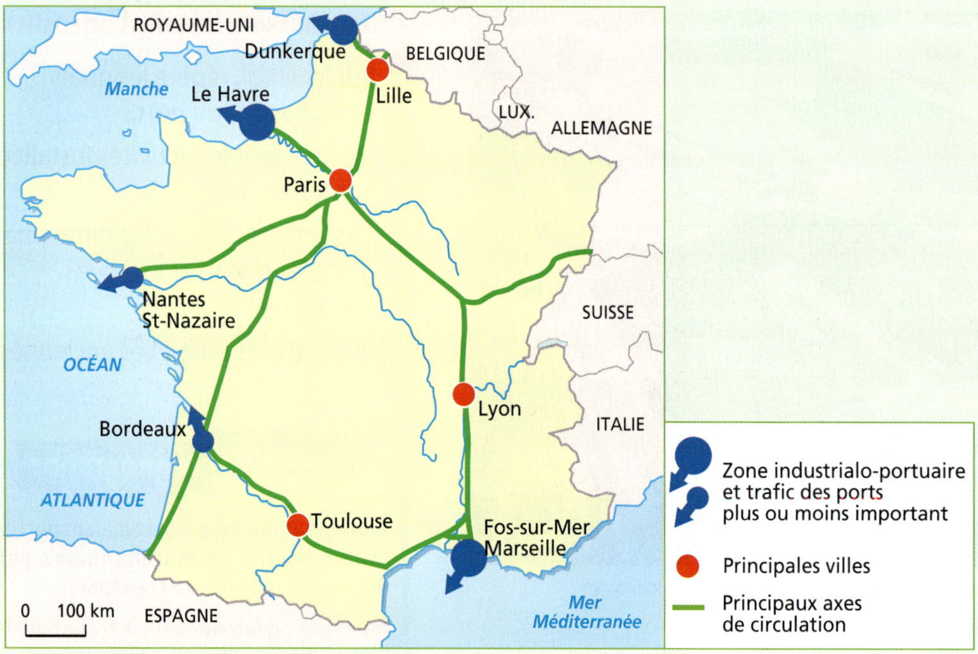

Carte des zones industrialo-portuaires en France.

Un port de marchandises

- Après Le Havre et Marseille, Dunkerque est le troisième port français de conteneurs. Ces boîtes servent à transporter les marchandises fabriquées dans le monde. Stockés sur les quais, les conteneurs sont ensuite déposés grâce à des portiques sur des camions ou des trains qui vont vers les grandes villes. Ces marchandises seront sorties des conteneurs, puis livrées dans les commerces pour être vendues.
- Une partie du port de Dunkerque connaît d'importantes transformations. Les terrains situés près du centre-ville ont été transformés à partir des années 1990 pour construire des logements, des centres de loisirs, mais aussi une université et des industries liées aux nouvelles technologies.
- Après le charbon et le pétrole, le port mise sur de nouvelles sources d'énergie. Des éoliennes ont été installées sur les digues du port, pour exploiter la force du vent : c'est un exemple d'énergie renouvelable.

Chapitre 18

les espaces touristiques en France

Quels sont les différents types de tourisme en France ? Comment une station touristique sur le littoral et en montagne s'organise-t-elle ? Quels problèmes le développement du tourisme pose-t-il ?

Je découvre

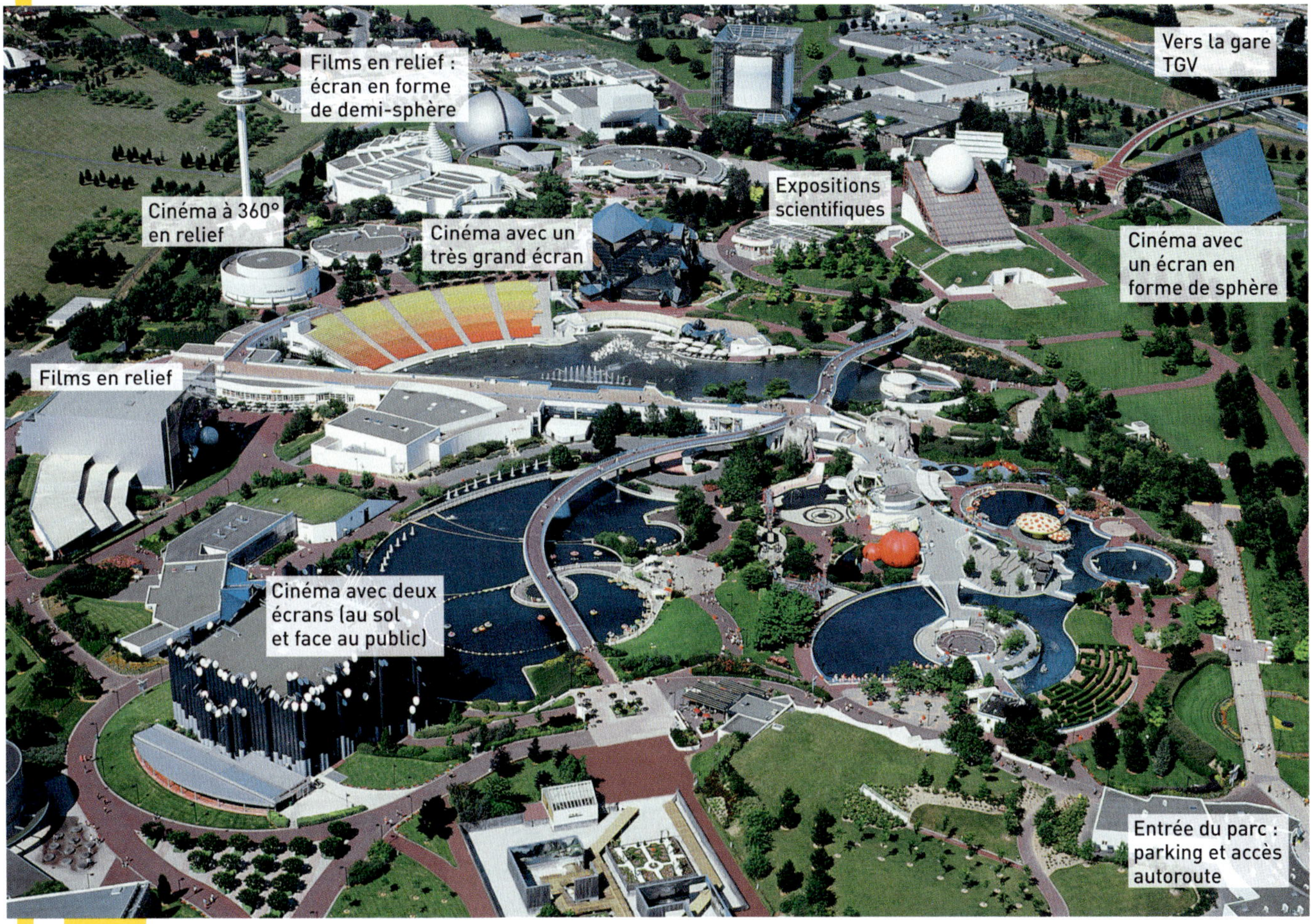

DOC. 1 Parc d'attractions du Futuroscope au nord de Poitiers, dans la Vienne (Poitou-Charentes).

1. Localise le Futuroscope sur la carte p. 195.
2. En t'aidant du nom de ce lieu, trouve le thème de ce parc. Quels sont les différents types d'activités proposés dans ce parc ? Quelles sont les caractéristiques des constructions ?
3. Par quel moyen de transport peut-on se rendre dans ce parc d'attractions ?
4. Quels avantages présente, pour le département de la Vienne, la création d'un parc comme le Futuroscope ?

Les mots du géographe

Parc d'attractions : lieu où se concentrent diverses activités pour détendre les populations.

Leçon 1

Une station touristique sur le littoral

J'observe et je m'interroge

DOC. 1 Le front de mer de la station balnéaire de Royan en Charente-Maritime (Poitou-Charentes).

Je réalise un croquis de paysage

1. Observe le DOC. 1. Localise Royan sur la carte p. 195.
2. Place un calque sur l'image. Repère la mer et la plage, trace les contours. Aide-toi des pp. 24-25.
3. Regarde la station touristique. Identifie les types de bâtiments puis trace leurs limites sur le calque.
4. À quoi sert l'aménagement situé à droite de la photographie ? Dessine-le sur le calque.
5. Colorie, puis crée la légende et donne un titre à ton croquis.

DOC. 2 Carte de la Côte d'Argent, en Charente-Maritime.

J'étudie une carte

6. Repère Royan sur le DOC. 2. Au bord de quel océan cette station se trouve-t-elle ?
7. Définis ce qu'est l'embouchure de la Gironde.
8. Quelles sont les activités touristiques proposées autour de cette station ?
9. La Côte d'Argent est-elle une région très touristique ? Justifie ta réponse.
10. Repère le phare de Cordouan. Explique à quoi il sert.
11. Recherche sur Internet pourquoi il a été construit à cet endroit. B2i
12. Que signifie le terme *bac* que tu peux lire entre Royan et la pointe de Grave ?
13. Par quels moyens de transport peut-on arriver à Royan ?

DOC. 3 Bains de mer au début du XXe siècle sur la plage de Royan.

Je compare des photographies de périodes différentes

14 Observe le DOC. 3. De quand cette image date-t-elle ? De quel lieu s'agit-il ?

15 Comment les personnes sont-elles vêtues ? Que font-elles ?

16 À quelle période de l'année cette photographie a-t-elle été prise ?

DOC. 4 La plage de Royan aujourd'hui.

17 Observe le DOC. 4. À quelle époque de l'année cette image a-t-elle été prise ?

18 Décris ce que tu vois.

19 Dresse la liste des différences que tu peux observer entre le DOC. 3 et le DOC. 4.

20 Que peux-tu en conclure sur l'évolution des activités dans une station balnéaire ?

J'enquête

21 En été, l'arrivée de très nombreux vacanciers sur les littoraux pose plusieurs problèmes pour l'environnement.

Dresse la liste de ceux-ci. Recherche ensuite quels moyens sont utilisés pour limiter ces problèmes.

Les mots du géographe

Front de mer : partie de la station qui se trouve au bord de la plage.

Station balnéaire : lieu touristique situé en bord de mer.

Station touristique : lieu dans lequel des touristes passent leurs vacances et pratiquent différentes activités.

Port de plaisance : port réservé aux bateaux de navigation de loisir.

Les stations de la côte du Languedoc

Dans les années 1960, l'État a créé de grandes stations balnéaires sur la côte du Languedoc-Roussillon pour développer cette région. Situées au bord de la Méditerranée, elles attirent de nombreux touristes venus de France et d'Europe du Nord. Des ports de plaisance ont été construits dans chacune d'elles. La Grande Motte ou Le Cap-d'Agde font partie des plus importantes stations d'Europe.

Leçon 2

Une station touristique de haute montagne

J'observe et je m'interroge

DOC. 1 Vue au sol de la station de sports d'hiver de Courchevel 1850, en Savoie (Rhône-Alpes).

J'étudie une photographie

1. Observe le DOC. 1. À quelle saison cette photographie a-t-elle été prise ?
2. Quel type de relief et quelle végétation dominent dans ce paysage ?
3. Identifie les différentes formes de bâtiments. À quoi servent-ils ? Pour qui ont-ils été construits ?
4. Quelle activité les personnes au premier plan pratiquent-elles ?

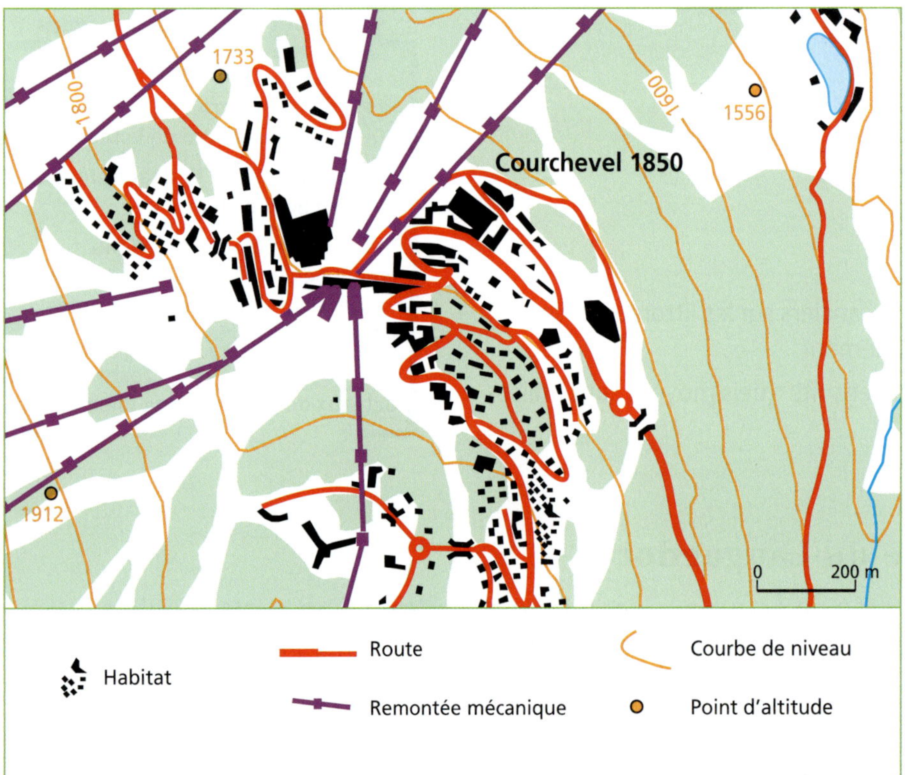

DOC. 2 Carte de Courchevel 1850 (d'après la carte topographique IGN à 1/25 000e).

Je mets en relation une carte et une photographie

5. Observe le DOC. 2. Repère les courbes de niveau et les altitudes. Recherche le point le plus haut, puis le plus bas pour définir dans quel sens est la pente sur la carte. Aide-toi des pp. 22 et 23.
6. Repère la gare des remontées mécaniques puis identifie les bâtiments observés sur le DOC. 1. Où se trouve la station ?
7. Repère sur la carte les zones en blanc et recherche-les sur la photographie. Que représentent-elles ?

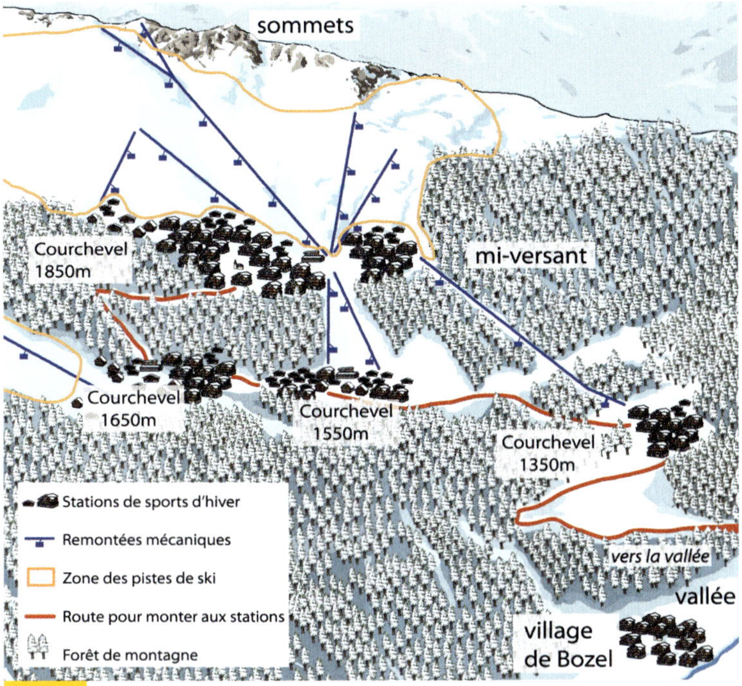

DOC. 3 Une montagne aménagée pour le tourisme : Courchevel.

J'étudie un croquis

8 Observe le DOC. 3.
Repère où se trouvent la vallée, le versant et les sommets.

9 Précise dans quelle partie de la montagne se situe Courchevel 1850.

10 Recherche l'altitude des différents lieux où s'est installée cette station.

11 Dans quelle partie de la montagne la zone de ski s'étend-elle ?

12 Repère les remontées mécaniques et explique à quoi elles servent.

13 Par quel moyen de transport peut-on accéder à Courchevel ?

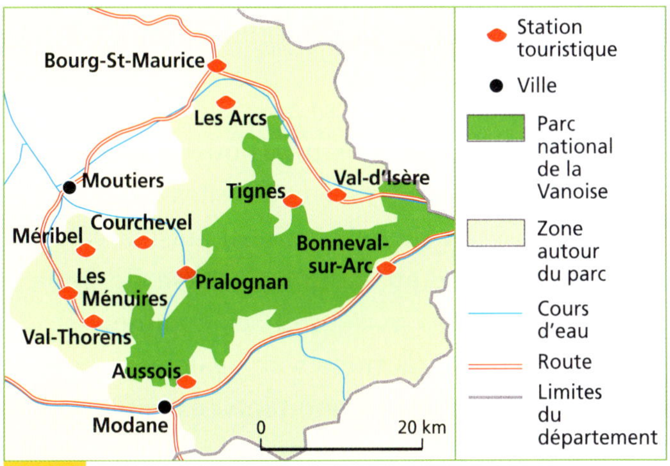

DOC. 4 Stations touristiques et parc national de la Vanoise.

Je lis une carte

14 Observe le DOC. 4. Repère la station de Courchevel, puis identifie les limites du parc national de la Vanoise.

15 Pourquoi les touristes des stations sont-ils intéressés par ce parc ? À quelle saison vont-ils visiter celui-ci ?

16 Quels problèmes peut poser la proximité des stations pour le parc national ?

J'enquête

17 Fais une recherche sur Internet pour savoir quelles activités les touristes pratiquent à Courchevel en été. B2i

18 Trouve des photographies de la station en été et compare-les avec celle du DOC. 1 pour repérer les différences dans le paysage.

Les mots du géographe

Remontée mécanique : système qui permet de remonter les pentes sans effort.

Station de sports d'hiver : station de montagne destinée à la pratique du ski.

Parc national : parc créé pour protéger les milieux naturels.

Alpinisme : escalade et randonnée en haute montagne.

Le développement ancien du tourisme en montagne

Le tourisme en montagne s'est développé au XIXe siècle grâce notamment à l'alpinisme pratiqué en été. Les premières stations étaient situées en fond de vallée près des villages, comme Chamonix. Le développement du ski a entraîné la création de stations en altitude proches des pistes, comme Courchevel créée en 1946. Les principales stations de sports d'hiver sont surtout situées dans les Alpes du Nord.

Je retiens

Une station touristique sur le littoral

• Royan, comme toutes les stations balnéaires, s'organise autour d'un front de mer, le long de la plage où viennent se détendre les touristes en été. Le port de plaisance accueille les bateaux à voile et à moteur. Royan est une station touristique qui date du XIXe siècle, ce qui montre l'ancienneté du tourisme. Seules les personnes riches pouvaient à cette époque faire du tourisme en hiver et en été. Aujourd'hui, la moitié des Français partent en vacances et choisissent majoritairement la mer, surtout la Méditerranée et la côte atlantique en été.

• Les stations françaises sont parmi les plus importantes d'Europe, notamment celles qui ont été créées par l'État dans les années 1960, en Languedoc-Roussillon, pour attirer les touristes français et européens qui se dirigeaient vers l'Espagne (Port-Camargue, Port-Leucate, etc.).

Une station touristique de haute montagne

• Les premières stations ont été créées au XIXe siècle dans les fonds de vallée près des villages, pour faire notamment de l'alpinisme comme à Chamonix. Le développement du ski a favorisé l'installation de stations en altitude au pied des pistes, comme Courchevel ou La Plagne. Ces stations de sports d'hiver ont été construites pour loger, distraire les touristes et leur faciliter l'accès aux pistes grâce à des remontées mécaniques.

• En été, la montagne accueille des personnes qui font de la randonnée et de l'alpinisme. Ces touristes visitent aussi les parcs nationaux à proximité des stations. Ces parcs ont été créés à partir des années 1960 pour protéger des milieux fragiles.

• Les touristes se rendent aussi en vacances à la campagne (tourisme rural) ou visitent des villes (tourisme urbain) ou des sites culturels (Le Mont-Saint-Michel). Paris est ainsi la ville la plus visitée au monde à cause de ses monuments, ses musées et ses commerces. Les parcs d'attractions sont également des espaces touristiques importants (exemple du Futuroscope près de Poitiers). Par la diversité de ses espaces touristiques, la France est le pays le plus visité au monde.

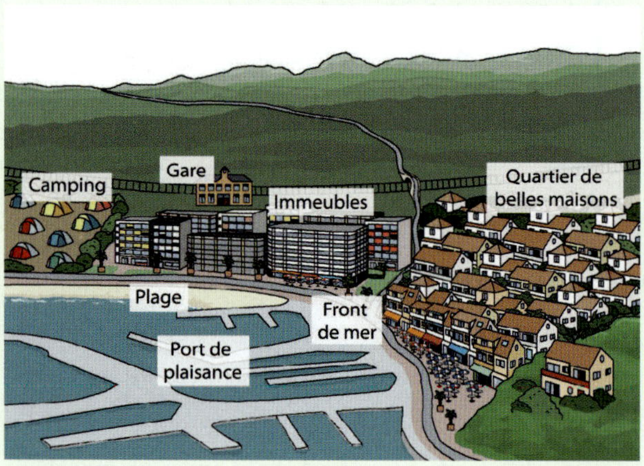

Schéma d'une station littorale.

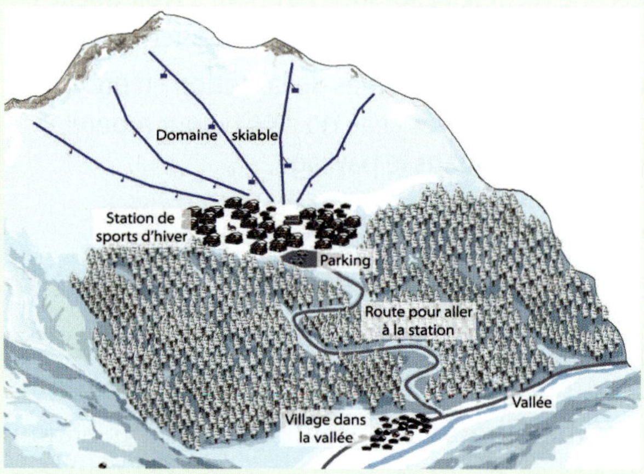

Schéma de l'organisation d'une station de sports d'hiver en montagne.

Chapitre 19

L'agriculture en Bretagne

Quelle est l'importance de l'agriculture bretonne en France ? Comment s'organise-t-elle ? Quels problèmes ce développement pose-t-il ? Quelles solutions sont proposées ?

Je découvre

DOC. 2 Une porcherie.

DOC. 1 Une ferme en Bretagne dans les Côtes-d'Armor (Bretagne).

1. Identifie les différentes parties de la ferme et les espaces autour de celle-ci.
2. Recherche des haies sur la photographie pour savoir si ce paysage est un bocage ou un paysage de champs ouverts, appelé « openfield ».
3. En t'aidant du DOC. 2, précise quelle activité est pratiquée dans les longs bâtiments présents sur la photographie.

Les mots du géographe

Bocage : paysage fermé par des haies. L'habitat est formé de petits groupes de maisons.

Openfield : paysage sans haies, avec de grands champs. L'habitat est groupé en gros villages.

Leçon 1

La Bretagne : une grande région agricole

J'observe et je m'interroge

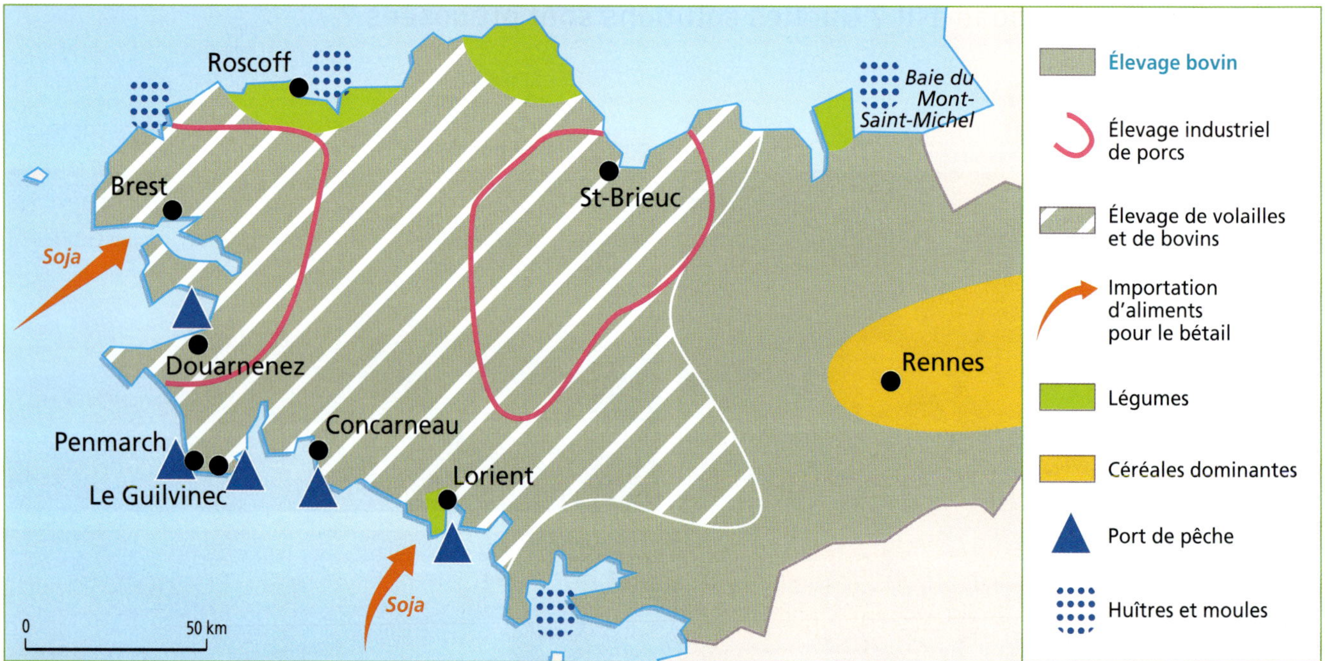

DOC. 1 Carte des productions agricoles en Bretagne.

J'étudie une carte

1. Observe le DOC. 1. Dresse la liste des différents types de productions agricoles. Classe-les ensuite dans l'une de ces deux rubriques : élevage ou cultures.
2. En regardant la carte, explique comment sont nourris une partie des animaux en Bretagne.

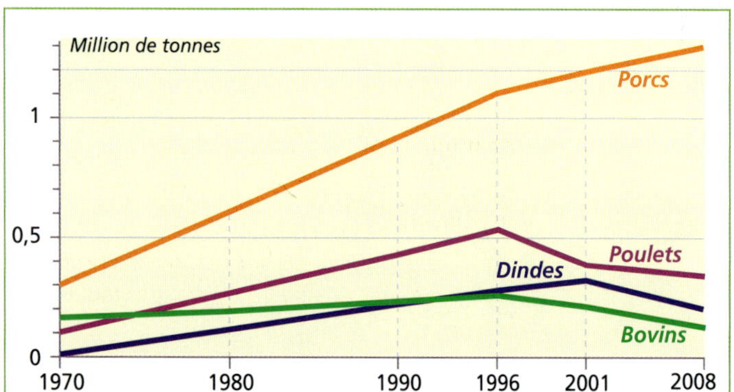

DOC. 2 Évolution des productions de viandes.

Choux-fleurs	75
Artichauts	75
Porcs	62
Dindes	49
Poulets	34
Veaux	25
Lait	35

DOC. 3 Part des productions bretonnes dans l'agriculture française en % en 2007.

J'analyse un graphique et je lis un tableau

3. Observe le DOC. 2. Quelle est l'évolution générale de la production de viande en Bretagne ?
4. Quelle est la principale production de viande dans cette région ?
5. Lis le tableau du DOC. 3. Que peux-tu en conclure sur la place de l'agriculture bretonne en France ?
6. Quels sont les types de productions agricoles bretonnes les plus importants ?

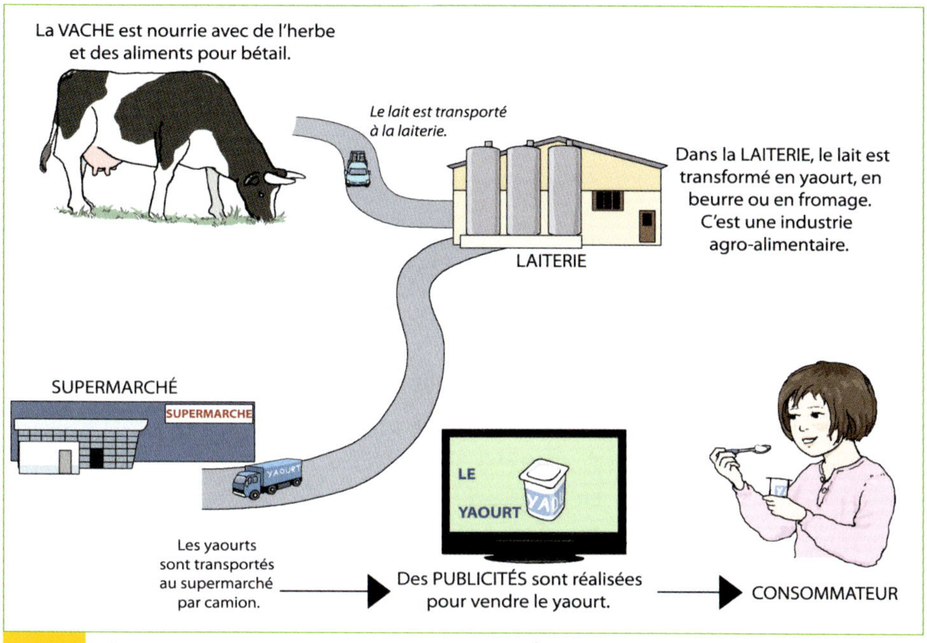

DOC. 4 De la vache au yaourt, de l'agriculture à l'industrie agro-alimentaire.

J'analyse un schéma

7 Observe le DOC. 4. Présente le circuit de fabrication et de vente d'un yaourt.

8 En t'aidant du schéma, explique pourquoi l'agriculture bretonne est liée à l'industrie.

9 Recherche à quel secteur de l'économie (primaire, secondaire ou tertiaire) se rattache chacune de ces étapes.

DOC. 5 Le port de Penmarch dans le Finistère (Bretagne).

J'étudie une photographie

10 Observe le DOC. 5. Localise Penmarch sur la carte du DOC. 1.

11 À quoi les bateaux présents le long du bâtiment servent-ils ?

12 Observe l'aménagement le long duquel se trouvent ces bateaux. Comment s'appelle-t-il ?

13 Le bâtiment est une criée. Que peux-tu en conclure sur l'activité de ce port ?

14 Observe le DOC. 1. Quel autre type de production liée à la mer trouve-t-on en Bretagne ?

15 En t'aidant des réponses aux différentes questions, définis ce qu'est une région agricole.

Les mots du géographe

Élevage bovin : élevage des vaches pour la viande ou le lait.

Industrie agro-alimentaire : industrie qui transforme des produits agricoles (blé) en produits alimentaires (biscuits).

Criée : lieu où les pêcheurs vendent le poisson.

Agriculture intensive : agriculture qui produit beaucoup, grâce à des moyens techniques.

La politique agricole commune de l'Union européenne

Le développement de l'agriculture en Bretagne et dans le reste de la France a été possible grâce à la mise en place de la politique agricole commune (PAC) par la CEE à partir de 1961. La PAC a favorisé la modernisation de l'agriculture pour mieux nourrir les Européens et encourager l'agriculture intensive. L'agriculture européenne, et surtout française, est ainsi devenue l'une des plus importantes au monde.

Leçon 2

Agriculture et environnement en Bretagne

J'observe et je m'interroge

J'ai repris en 1960 la ferme de mes parents que j'ai spécialisée dans l'élevage pour produire toujours plus de lait. Depuis trois ans, j'ai choisi avec mon frère de faire de l'agriculture biologique. Nous transformons nos champs en prés pour que nos vaches mangent de l'herbe. Auparavant, nous les nourrissions avec du maïs que nous cultivions en utilisant des engrais et des pesticides qui polluaient le sol et l'eau. Nous achetions également d'autres aliments très coûteux pour le bétail. Désormais, l'essentiel de l'alimentation de nos animaux vient de la ferme. Nous suivons les règles de l'agriculture biologique pour vendre un lait de meilleure qualité que nous vendons plus cher. Nous produisons moins de lait mais nous gagnons du temps en cultivant moins la terre et nous dépendons moins des produits achetés à l'extérieur.

DOC. 1 Le témoignage d'un agriculteur breton.

Je comprends un texte

1. Lis le DOC. 1. Quel type d'agriculture cet homme pratiquait-il ? Quel nouveau type d'agriculture a-t-il choisi ?
2. Quels inconvénients présentait l'agriculture qu'il pratiquait auparavant ?
3. Quels sont les avantages de l'agriculture qu'il pratique depuis trois ans ?

DOC. 2 Étiquettes d'une boîte d'œufs des Fermiers d'Argoat.

J'étudie l'étiquette d'un produit

4. Observe le DOC. 2. Quel type d'agriculture est évoqué sur l'étiquette ?
5. Explique de quelle manière sont élevées les poules produisant des œufs « bio ».
6. Fais une recherche sur Internet pour savoir dans quelles conditions sont élevées les poules qui n'ont pas cette étiquette « bio ». B2i
7. En t'aidant du DOC. 1, explique ce slogan : « Les bons produits de la ferme d'à côté ».

DOC. 3 Algues vertes sur la plage de Brest dans le Finistère (Bretagne).

J'analyse une photographie

8 Observe le DOC. 3. Localise Brest sur la carte p. 192.

9 Comment appelle-t-on ce type de paysage ?

10 De quelle couleur la plage est-elle ? Cela te semble-t-il normal ? Justifie ta réponse.

11 Que fait cette personne avec son tracteur ?

Selon un responsable de la ville de Brest, la tempête du week-end dernier aura remonté les algues sur la plage. Le stock d'algues vertes se situe juste devant la plage, par quelques mètres de profondeur, là où elles bénéficient d'eaux calmes et de lumière.

Les nitrates sont le principal responsable du développement des algues. Ils proviennent du mauvais traitement de l'eau et de l'agriculture (emploi d'engrais chimiques et de déchets des animaux d'élevage).

D'après Sébastien Panou, *Ouest France*, 18 novembre 2009.

DOC. 4 La plage de Brest, recouverte d'algues vertes.

J'étudie un article de journal

12 Lis le DOC. 4. Quel phénomène a touché la plage ?

13 Quels sont les responsables du développement des nitrates (éléments qui nourrissent les végétaux) ?

14 Quelle façon de produire est considérée comme responsable de ce problème ?

15 Fais une recherche sur Internet pour savoir quelles sont les solutions proposées pour lutter contre ces problèmes de pollution. B2i

16 Recherche, dans ta région, quelles sont les différentes façons de faire de l'agriculture.

Les mots du géographe

Agriculture biologique : type d'agriculture qui cherche à produire en respectant le plus possible le milieu naturel.

Pesticides : moyens chimiques, souvent mauvais pour la santé, utilisés pour éliminer les plantes et animaux qui peuvent détruire la production agricole.

L'importance de la qualité dans l'agriculture

Les consommateurs achètent de plus en plus des produits alimentaires de qualité. Ils se reconnaissent facilement car ils sont signalés par un label rouge, comme sur la boîte des œufs fermiers. Ces produits sont recherchés car ils ont un meilleur goût. Ils sont également considérés comme bien meilleurs pour la santé. L'agriculture de qualité est aussi très liée au territoire et à l'environnement où elle est pratiquée car elle est produite selon des règles très strictes.

Je retiens

La Bretagne : une grande région agricole

- Le paysage de bocage a été transformé depuis les années 1960 par la modernisation de l'agriculture bretonne. Celle-ci s'est faite grâce à l'action de l'État et de l'Europe dans le cadre de la politique agricole commune. La Bretagne est ainsi devenue l'une des premières régions agricoles de France.
- Les agriculteurs bretons se sont spécialisés dans l'élevage de porcs, de volailles et de bovins ainsi que dans la production de légumes. Cette agriculture produit en grande quantité pour que l'industrie agro-alimentaire fabrique des produits alimentaires. La pêche est également importante en Bretagne. Les pêcheurs vendent leurs poissons dans des criées installées dans les ports.
- D'autres régions françaises se sont aussi spécialisées. Le Bassin parisien produit surtout des céréales dans des paysages d'« openfied ». Dans le sud de la France, la Provence est une région de fruits et légumes. En montagne, l'élevage de qualité s'est développé pour la viande ou le fromage (Roquefort). D'autres régions produisent du vin (Bordelais, Bourgogne ou Languedoc).

Grâce à la diversité de ses produits, la France est devenue un pays agricole d'importance mondiale.

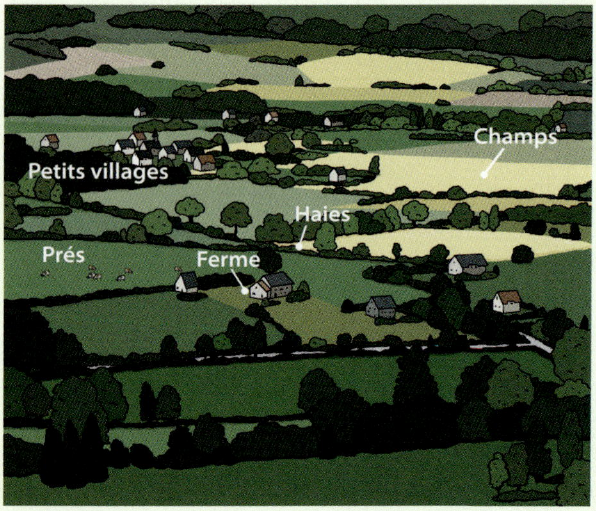

Un paysage de bocage.

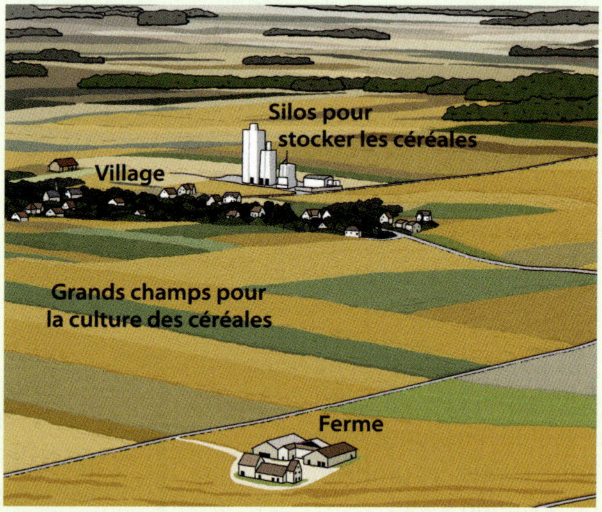

Un paysage d'« openfield » ou champs ouverts.

Agriculture et environnement en Bretagne

- Le développement de cette agriculture intensive pose des problèmes pour l'environnement. L'utilisation des engrais et des pesticides entraîne la pollution de l'eau et des sols. Celle-ci menace la santé et favorise le développement des algues vertes sur les plages.
- Les agriculteurs se préoccupent davantage de l'environnement. Ils utilisent moins d'engrais et de pesticides qu'avant. Certains d'entre eux ont choisi de faire de l'agriculture biologique. En nourrissant leurs vaches avec de l'herbe, ils dépendent moins de la nourriture achetée dans le commerce et ils polluent moins l'environnement.

Chapitre 20

Un centre tertiaire : la Défense

La Défense est un quartier presque entièrement tourné vers le tertiaire. Comment ce quartier est-il organisé ? Quel rôle joue-t-il dans l'agglomération parisienne ?

Je découvre

DOC. 1 Le centre tertiaire de la Défense dans les Hauts-de-Seine (Île-de-France), parvis et vue du CNIT (Centre des nouvelles industries et technologies), en 2006.

DOC. 2 La Défense en 1958.

Le CNIT :
- construit en 1958.
- rénové en 1988 et en 2009.
- classé monument historique pour sa voûte triangulaire posée sur trois appuis.

1. Observe le DOC. 1. Décris les bâtiments. Compare ce paysage avec celui du DOC. 2 : quels changements constates-tu ?
2. Lis les noms qui apparaissent aujourd'hui sur la façade du CNIT. En quoi sont-ils caractéristiques du secteur tertiaire ?
3. Observe les personnes qui circulent sur le parvis. D'après leur façon de s'habiller, imagine ce qu'elles font dans ce quartier.

Les mots du géographe

Tertiaire : secteur économique qui regroupe l'ensemble des activités de services (éducation, santé, commerce, transports).

Parvis : espace ouvert situé devant un bâtiment public (utilisé au départ pour les places d'église).

Leçon 1

La Défense, un quartier d'affaires

J'observe et je m'interroge

DOC. 1 La Défense, à gauche le siège social de Dexia, à droite la tour Gan-Eurocourtage.

J'étudie un ensemble de photographies

1. Observe le DOC. 1. Décris les bâtiments. Comment appelle-t-on ce type de construction ? Quels sont les matériaux utilisés ?
2. Choisis dans la liste suivante le mot qui caractérise l'architecture de ce quartier : traditionnelle – ancienne – moderne – classique.
3. Lis la légende de la photographie : à quoi ces bâtiments servent-ils ? Pourquoi l'architecture de leur siège social est-elle importante pour les sociétés ?
4. Décris les axes de circulation : quels moyens de transport sont visibles ?
5. Quelle impression a-t-on devant ce paysage ?

DOC. 2 Le centre commercial des Quatre Temps (231 boutiques).

6. Observe ce bâtiment. Quels sont les points communs entre celui-ci et les bâtiments du DOC. 1 ? Quelle différence peux-tu observer ?
7. Lis le titre du document : que fait-on dans ce bâtiment ?
8. Est-ce que 231 boutiques est un nombre important pour un seul centre commercial ?
9. Cette activité appartient-elle au secteur tertiaire ?

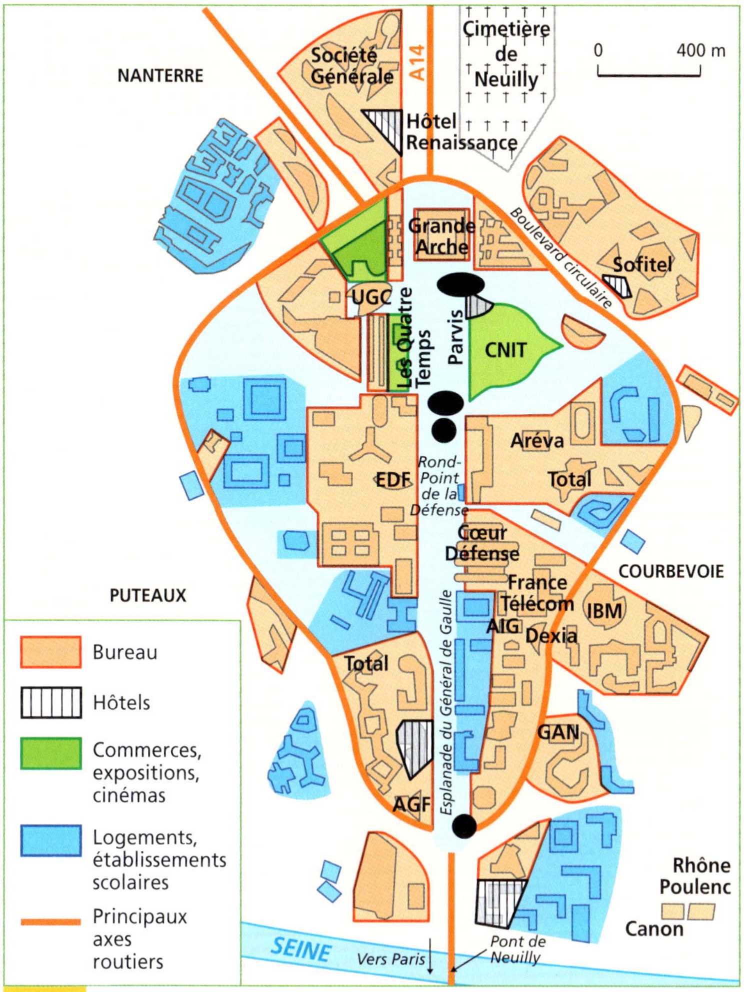

DOC. 3 Plan du quartier de la Défense.

La Défense en chiffres

- 160 hectares (environ 225 terrains de football)
- 3,3 millions de m² de bureaux (environ 465 terrains de football)
- 2 500 sièges sociaux
- 150 000 salariés
- 600 000 m² de logements
- 20 000 habitants
- 230 000 m² de commerces (Quatre Temps et commerces de proximité)
- 2 600 chambres d'hôtel
- Un réseau de fibre optique (pour le téléphone, l'Internet)
- Un équipement WIFI dans tous les espaces publics
- Cinéma
- 60 sculptures
- 11 hectares d'espaces verts

DOC. 4 D'après l'Établissement public pour l'aménagement de la Défense. (EPAD), *La Défense. Le renouveau*, 2008.

Je lis un plan

10 Observe le DOC. 3. Localise les immeubles visibles sur le DOC. 1 et le DOC. 2.

11 Lis la légende. À part des bureaux, quel type de bâtiments trouve-t-on à la Défense ?

12 Étudie le DOC. 3 et le DOC. 4. Explique en quoi ce quartier est aussi un endroit habité.

J'extrais des informations d'un document statistique

13 Cherche dans le DOC. 4 le nombre de sièges sociaux présents dans ce quartier. En quoi ce nombre montre-t-il l'importance économique du quartier ?

14 Que trouve-t-on à la Défense pour faciliter la circulation et le travail ?

15 À l'aide des DOCS. 1 à 4, explique ce qu'est un quartier d'affaires.

Les mots du géographe

Siège social : bâtiment où se trouve la direction d'une entreprise.

Commerce de proximité : magasin qui vend principalement des produits de première nécessité (alimentation).

Petite histoire du quartier de la Défense

Construit à moins de 10 km du centre de Paris, le quartier se situe sur trois communes : Puteaux, Courbevoie et Nanterre, dans le département des Hauts-de-Seine.

En 1958, alors que le CNIT est achevé, l'État crée l'EPAD (Établissement public d'aménagement de la Défense) pour y construire et animer un quartier d'affaires. Des tours sont construites pour accueillir les sièges sociaux d'entreprises. Malgré les crises qui touchent le quartier au milieu des années 70 puis pendant la décennie 90, il est aujourd'hui le premier quartier d'affaires d'Europe.

Leçon 2

La Défense, nouveau cœur de Paris ?

J'observe et je m'interroge

DOC. 1 Le quartier de la Défense et Paris en arrière-plan.

Le réseau de transports publics qui dessert la Défense facilite l'accès au quartier.

Cependant, l'augmentation de la population prévue au cours des dix prochaines années (50 000 usagers en plus) rend nécessaire la création d'une nouvelle liaison avec la capitale et l'est de Paris. Le prolongement du RER E permettrait de relier le quartier à l'aéroport de Roissy Charles de Gaulle.

Autres projets : utiliser le fleuve pour les livraisons et pour le transport de voyageurs.

DOC. 2 Un quartier relié à Paris, d'après l'EPAD, plaquette *La Défense. Le renouveau*, 2008.

Je lis un paysage

1. Observe la Grande Arche sur le DOC. 1. Quel bâtiment, présent également sur la photographie, te rappelle-t-il ?
2. À l'aide du DOC. 3, explique pourquoi l'architecte de la Grande Arche a placé le monument à cet endroit précis.
3. Compare le paysage de la Défense avec celui de la ville de Paris : quelles différences vois-tu entre les deux ?

J'extrais des informations d'un texte

4. Lis le DOC. 2. Par quels moyens de communication ce quartier est-il relié à Paris ?
5. Quelles évolutions le texte évoque-t-il ?

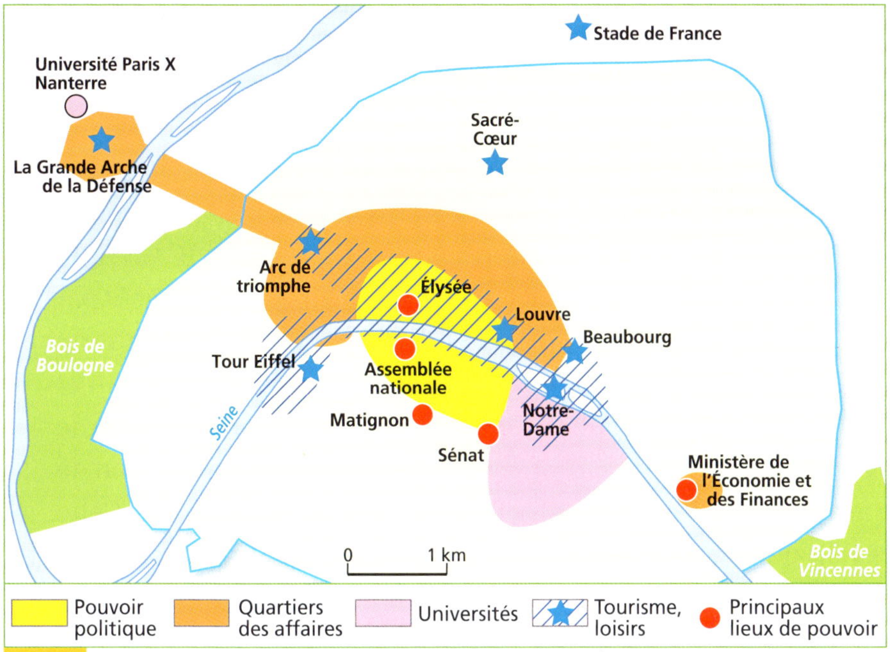

DOC. 3 Localisation des fonctions tertiaires à Paris (Île-de-France).

Je lis une carte

6 Observe la carte du DOC. 3. Quels types de services sont représentés ?

7 Dans Paris, où sont situées les activités de services ?

8 Quelles fonctions tertiaires trouve-t-on à la Défense ? Quelle fonction en est absente ?

9 Pourquoi peut-on dire que la Défense est le deuxième centre de Paris ?

DOC. 4 Le siège social de Bouygues Construction, ville nouvelle de Saint-Quentin-en-Yvelines (Yvelines).

Je décris une photographie

10 Saint-Quentin-en-Yvelines se trouve à 20 km au sud-ouest de Paris. Quelle est sa localisation par rapport à la Défense ?

11 Décris les bâtiments : sont-ils anciens ou récents ? Quel type de matériau reconnais-tu ?

12 À quoi ces bâtiments servent-ils ?

13 Quels points communs vois-tu entre la Défense et Saint-Quentin-en-Yvelines ?

Je rédige un court texte

14 En t'aidant de l'exemple de Saint-Quentin-en-Yvelines, explique comment les villes nouvelles ont pu jouer un rôle dans le contrôle du développement de Paris.

Les mots du géographe

RER (Réseau express régional) : réseau ferré qui dessert Paris et son agglomération.

Ville nouvelle : ville créée dans les années 60 à côté de Paris pour contrôler les développements de la capitale.

L'organisation de l'espace parisien

La répartition des activités dans l'espace parisien se fait de la manière suivante : à l'ouest et au sud-ouest, les sièges sociaux d'entreprises où se prennent les décisions dans le domaine économique ; au nord-ouest, les activités de productions industrielles (usines) ; à l'est, les activités liées au transport des biens et des personnes (avec notamment les aéroports et gares TGV de Roissy et d'Orly).

Je retiens

La Défense, un quartier d'affaires

- Ce quartier, né à la fin des années 50, concentre les services et les sièges sociaux d'entreprises françaises et étrangères. Avec 2 500 sièges sociaux et 150 000 salariés, il constitue le premier centre d'affaires d'Europe.

Ce quartier est aussi un endroit habité avec ses immeubles, ses commerces de proximité et ses cinémas. Pour faciliter l'accès du quartier aux usagers, il est desservi par les transports en commun (RER, métro, bus) et par l'autoroute.

- Les symboles de cet espace, le CNIT, la Grande Arche et le parvis, sont entourés par des immeubles de bureaux construits en verre et en métal. Cependant, ceux-ci ont vieilli et sont en cours de rénovation ; par ailleurs, le quartier se renouvelle avec la construction de nouvelles tours (tour Phare, tour Signal). Cette rénovation prend en compte les principes du développement durable. Ainsi, grâce à une combinaison de panneaux solaires, d'éoliennes et de miroirs intégrés aux fenêtres, la tour Signal devrait consommer peu d'énergie.

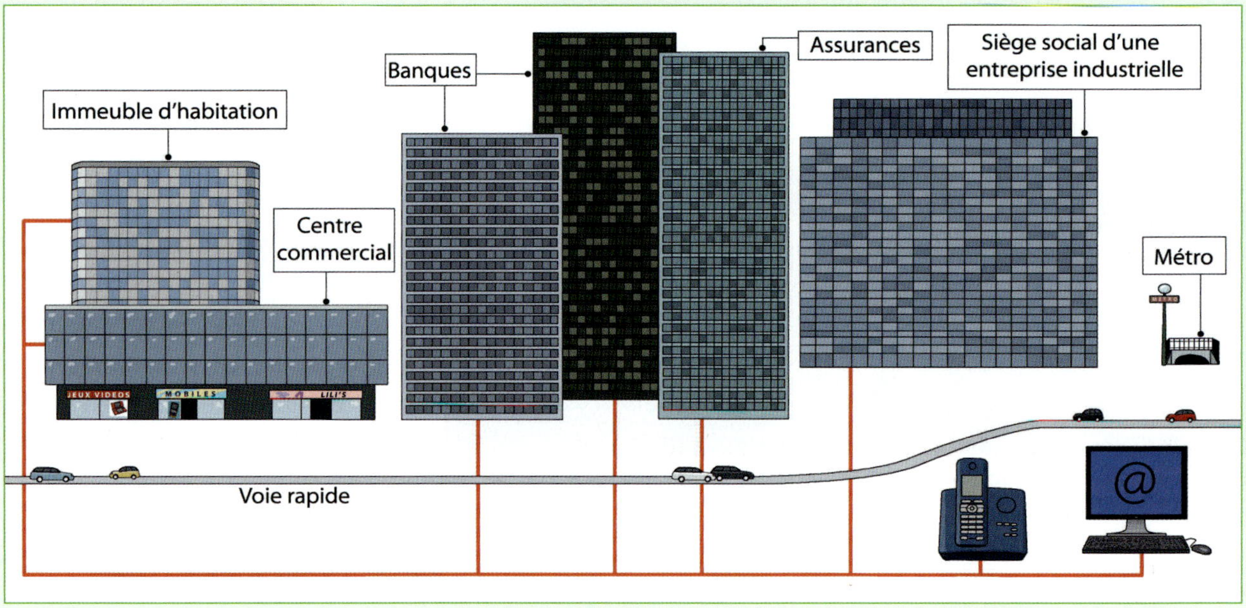

La Défense, nouveau cœur de Paris ?

- Alors que Paris concentre les pouvoirs politique et culturel, des centres, qui accueillent des activités tertiaires autrefois implantées à Paris, ont été installés dans la périphérie. Le plus important est la Défense mais, depuis peu, d'autres se développent, également dans l'ouest de la région parisienne, comme la ville nouvelle de Saint-Quentin-en-Yvelines qui abrite aussi des sièges sociaux de très grandes entreprises.

- En revanche, le nord-ouest est principalement consacré aux activités industrielles (usines qui produisent des biens). Enfin, dans l'est de l'espace parisien, se trouvent les équipements de transport (avec notamment les aéroports d'Orly et de Roissy qui sont desservis par le RER et l'autoroute).

Les sculpteurs et l'industrie

La production industrielle est une activité humaine que les artistes ont représentée de façon très différente selon les époques. Comment certains sculpteurs la représentent-ils ?

DOC. 1 *Long Term Parking*, (1982) sculpture d'Arman (Armand Fernandez, dit) composée de véritables automobiles superposées et coulées dans le béton.
Fondation Cartier, Jouy-en-Josas, hauteur : 19,50 m.

J'étudie une œuvre

1. Sur Internet ou dans un dictionnaire, fais une recherche sur Arman et sur ses œuvres. Quelle est la particularité de son travail ? B2i
2. Comment l'artiste a-t-il représenté la production industrielle ? Sur quoi insiste-t-il ?
3. Cette colonne te paraît-elle étrange ? Explique pourquoi.
4. L'être humain apparaît-il dans cette œuvre ?
5. Si tu devais « **accumuler** » un objet pour représenter la production industrielle aujourd'hui, quel objet choisirais-tu ?

DOC. 2 Monument au Travail, *L'Industrie* (1890), bas-relief sculpté par Constantin Meunier (1831-1905).
Bruxelles, Belgique.

Je compare

6. Recherche sur Internet ou dans un dictionnaire qui est Constantin Meunier. À quelle période a-t-il vécu ? B2i
7. À quel courant artistique appartient-il ?
8. Comment l'artiste représente-t-il l'industrie ? Peux-tu dire ce que ces hommes produisent ?
9. Sur quels éléments l'artiste a-t-il choisi d'insister ? Que voulait-il réellement montrer ?
10. Compare cette œuvre avec celle d'Arman : quelles sont les différences entre la représentation du monde du travail au XIXe siècle et celle du XXe siècle ?
11. Si tu devais représenter un ouvrier au travail, que choisirais-tu de montrer ?

Les mots des arts

Accumulation : action d'entasser des objets, souvent de même catégorie. En art, l'accumulation est une caractérisque de l'œuvre d'Arman qui utilise de véritables objets industriels mais qui les détourne de leur fonction habituelle (par exemple les voitures ne roulent pas).

Je mène l'enquête

Val d'Europe.

Pour découvrir la localisation de Val d'Europe et à quoi sert le bâtiment photographié ici, réponds aux questions suivantes. Pour t'aider, tu disposes de trois indices.

Indice n°1

Je suis un département situé à l'est de Paris. J'ai une frontière commune avec l'Yonne mais je ne suis pas le département de l'Aube. L'Aisne est mon voisin. Je suis …

Val d'Europe se trouve dans un département français. Pour découvrir lequel, reporte-toi à l'Indice n°1 et à la carte p. 185.

Indice n°2

Val d'Europe s'est développé en lien avec un espace touristique européen important. L'Indice n°2 t'aidera à découvrir de quel pôle touristique il s'agit.

Indice n°3

On nous appelle « de proximité » si nous proposons du pain ou des boîtes de conserves mais nous sommes « de luxe » lorsque nos murs abritent des produits très chers.
Nous sommes des …

Enfin, pour connaître ce qu'on trouve dans le bâtiment photographié, aide-toi de l'Indice n°3.

Chapitre 21

Reliefs et climats du monde

Où sont localisés les grandes chaînes de montagnes, les plateaux et les vastes plaines dans le monde ? Comment les grands domaines climatiques sont-ils organisés à la surface de la Terre ?

Je découvre

DOC. 1 Carte des reliefs dans le monde.

Cette carte localise les différentes formes du relief sur la Terre.

1. Quel est le sommet le plus haut ? Sur quel continent se trouve-t-il ?
2. Repère les grandes chaînes de montagnes : cite leur nom.
3. Quelle forme de relief domine sur le continent africain ? Cite le nom du point le plus haut d'Afrique.
4. En Europe, quels types de reliefs trouve-t-on ? Lequel est le mieux représenté ?
5. Sur la carte en début de manuel, recherche le nom du fleuve qui coule du sud vers le nord, dans l'est de l'Afrique.

Leçon 1

Des reliefs variés

J'observe et je m'interroge

DOC. 1 Le village de Kagbeni et l'Annapurna au Népal.

Je lis des paysages

1. Localise le Népal sur la carte en fin de manuel.
2. Décris le relief présent à l'arrière-plan. Comment appelle-t-on ce type de relief ?
3. Cherche sur la carte en début de manuel le nom de cet ensemble de reliefs.
4. Où se trouve le village par rapport à ce relief ?
5. Décris la végétation.
6. Quelle est l'activité d'au moins une partie de la population ?

DOC. 2 Fish River Canyon, en Namibie.

7. Localise la Namibie sur la carte en fin de manuel.
8. Comment appelle-t-on ce type de relief ? Justifie ta réponse en citant les éléments du paysage qui sont caractéristiques de cette forme de relief.
9. Cet espace est-il habité ? Pourquoi ?

DOC. 3 La plaine du Dakota, aux États-Unis.

10 Localise les États-Unis sur la carte en fin de manuel.

11 Observe le DOC. 3. Quels éléments permettent de dire qu'il s'agit d'une plaine ?

12 Cette région est-elle très peuplée ?

13 Quelle est l'activité des habitants de cette région ?

DOC. 4 L'île de Palm Jumeirah, Dubaï, Émirats arabes unis.

14 Localise les Émirats arabes unis sur la carte en fin de manuel.

15 Observe le DOC. 4. Le mot île n'est pas tout à fait adapté au cas de Palm Jumeirah : explique pourquoi.

16 Observe la forme de l'île : celle-ci te paraît-elle naturelle ? Justifie ta réponse.

17 Quelle est la principale activité visible sur la photographie ?

Je rédige un court texte

18 En t'aidant de ce que tu as appris dans ce chapitre, rédige un court texte sur la diversité des reliefs dans le monde. N'oublie pas de citer des exemples que tu prendras soin de localiser.

Fleuves et lacs dans le monde

L'eau sur les continents prend différentes formes. Les fleuves ont pour rôle de ramener l'eau vers les mers et les océans. Ils grossissent de plus en plus grâce aux rivières qui se jettent dedans. Les plus longs fleuves du monde sont l'Amazone en Amérique du Sud et le Nil en Afrique.

Les lacs sont de grands réservoirs d'eau qui s'évacuent vers des cours d'eau. Ils peuvent atteindre de grandes dimensions comme les Grands Lacs en Amérique du Nord ou le lac Victoria en Afrique, qui sont plus étendus que la Suisse.

Leçon 2

Des climats variés

J'observe et je m'interroge

DOC. 1 Ilulissat, à l'ouest du Groenland.

1. Observe le DOC. 1. Localise le Groenland sur la carte en fin de manuel.
2. Quelles informations la photographie donne-t-elle sur le climat de cette région ?
3. En t'aidant du DOC. 3 et du DOC. 4, décris les caractéristiques de ce climat.
4. Comment appelle-t-on ce type de climat ?
5. Ilulissat est un port. Quel problème le climat peut-il poser aux bateaux en hiver ?

DOC. 2 Collines et plateaux d'Ouganda.

6. Observe le DOC. 2. Localise l'Ouganda sur la carte en fin de manuel.
7. À l'aide du DOC. 3 et du DOC. 4, cite les caractéristiques du climat de l'Ouganda.
8. Décris les habitations et la végétation.
9. Quelles données du climat permettent de comprendre ce type de végétation ?
10. Ce paysage correspond-il à l'image que tu te fais du continent africain ? Pourquoi ?

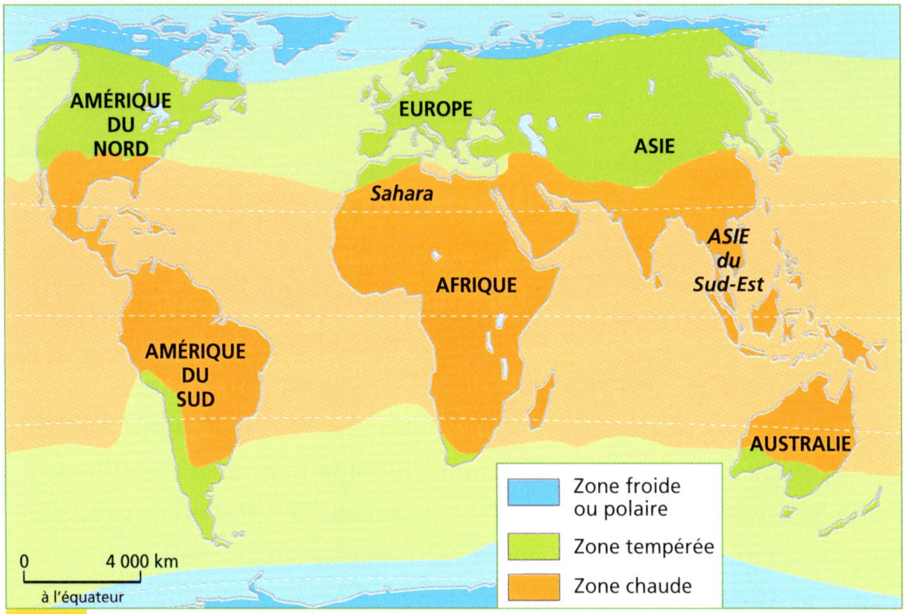

DOC. 3 Carte des températures.

Je lis des cartes

11 Regarde le DOC. 3.
Que vois-tu sur la carte ?
Lis la légende : que représentent les couleurs ?

12 Dans quelle zone la majeure partie de l'Amérique du Nord se trouve-t-elle ?
La plus grande partie de l'Afrique ?

13 Retrouve sur la carte l'équateur et les tropiques.
En t'aidant de ces indications, décris la distribution des zones de couleur en allant du nord vers le sud.

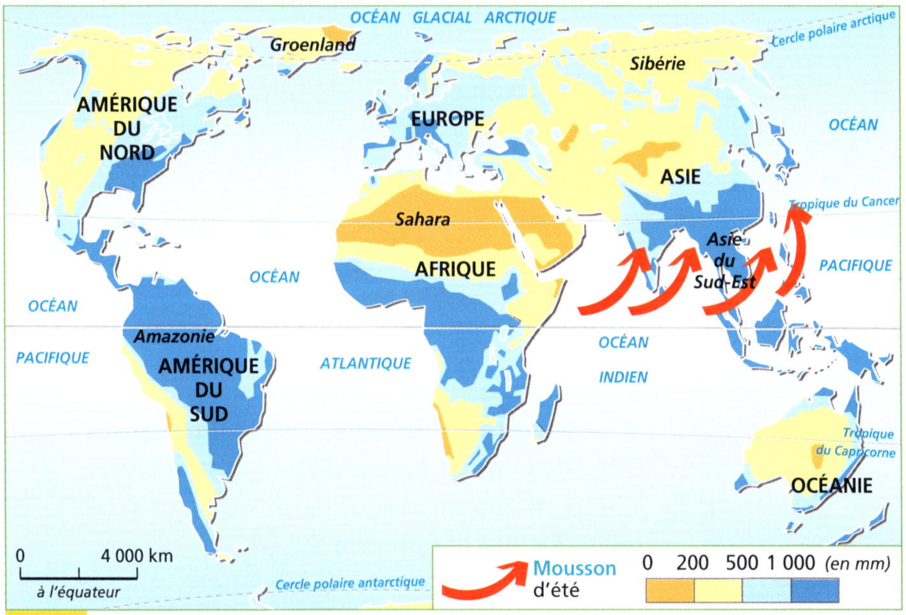

DOC. 4 Carte des précipitations.

14 Observe le DOC. 4. Comment les précipitations sont-elles représentées ? Quelle autre information la carte donne-t-elle ?

15 Où sont situées les zones les plus arrosées ?
Utilise les lignes tracées sur la carte pour répondre.

16 Décris la répartition des pluies en Afrique : que constates-tu ?

17 Comment s'expliquent les importants volumes de précipitations qui touchent l'Asie du Sud-Est ?

Je rédige des définitions

18 Observe la carte p. 201. Celle-ci présente trois grands domaines climatiques : froid, tempéré et chaud. Pour chacun des grands domaines, donne une définition en caractérisant les températures et les précipitations.

Les mots du géographe

Mousson : vent chaud et humide, venant de la mer, qui apporte de fortes pluies.

Les déserts chauds et froids

Les déserts sont des espaces où il y a très peu de végétation car les précipitations sont très rares. Il existe des déserts chauds et froids. Les déserts chauds sont situés surtout le long des tropiques. Le paysage de ces déserts est fait de pierre et parfois de sable (dunes) comme dans le Sahara.

Les déserts froids sont surtout situés dans les zones polaires. Le sol est gelé par le froid et certaines zones sont recouvertes par des glaciers. Dans l'Antarctique, un immense glacier plus étendu que les États-Unis recouvre une grande partie du continent.

Chapitre 21

Je retiens

Des reliefs variés

- Les **grandes chaînes de montagnes** sont localisées au sud de l'Asie (l'Himalaya), à l'ouest du continent américain (les Rocheuses au nord, la cordillère des Andes, au sud). D'autres sont moins étendues comme les Alpes, en Europe.
- Les **moyennes montagnes** et les **plateaux** dominent sur le continent africain et sur le sous-continent indien. Quant aux **grandes plaines**, elles se rencontrent dans le nord de l'Europe, au cœur de l'Amérique du Nord, et en Amazonie.
- Les plus longs fleuves du monde sont l'Amazone et le Nil. Certains lacs sont très étendus, comme les Grands Lacs en Amérique du Nord ou le lac Victoria en Afrique.

Des climats variés

- On distingue trois grands types de climats sur la Terre. Les **climats polaires** sont caractérisés par un froid intense toute l'année : ils sont situés à proximité des pôles. Les **climats chauds** sont situés entre les tropiques : on distingue le climat équatorial, humide toute l'année, et le climat tropical, avec une saison des pluies (dues à la mousson en Asie) et une saison sèche. Entre les climats polaires et les climats chauds, on trouve les **climats tempérés**, avec des saisons chaudes et des saisons froides (Europe, partie de l'Amérique du Nord et de l'Asie).
- On parle de déserts pour les régions caractérisées par une très grande faiblesse des précipitations. Il existe des déserts chauds, situés de long des tropiques, et des déserts froids, notamment dans les zones polaires.

Le village de Chalten, au pied du mont Fitz Roy, dans la cordillère des Andes
Cette chaîne de montagnes s'étire sur plus de 7 000 km et culmine à 6 962 m.
Le mont Fitz Roy, situé à la frontière entre le Chili et l'Argentine, ne dépasse pas 3 405 m. Pourtant, ce pic très raide est un sommet réputé chez les alpinistes. Au pied, on aperçoit le village de Chalten, en Argentine.

Paysage de la pampa, en Argentine
La pampa, qui s'étend sur plusieurs pays d'Amérique du Sud, est une prairie, c'est-à-dire une vaste plaine couverte d'herbe.
Une grande partie de cet espace est utilisée pour l'élevage du bétail, notamment des bovins, comme le montre la photographie. Cependant, c'est aussi un espace cultivé, où l'on produit notamment du soja.

Chapitre

22

Répartition de la population et des richesses dans le monde

Comment les hommes sont-ils répartis sur la Terre ? Comment s'expliquent les inégalités de peuplement ? Comment les richesses sont-elles réparties à la surface de la planète ?

Je découvre

DOC. 1 La ville de Tokyo (Japon).

1. Localise le Japon et Tokyo sur la carte en fin de manuel.
2. À quel continent le Japon appartient-il ?
3. Comment s'appelle l'océan visible au premier plan de la photographie ?
4. Observe le paysage urbain. Quels indices te permettent de dire qu'il s'agit d'un foyer de peuplement ?

Leçon 1

La répartition de la population mondiale

J'observe et je m'interroge

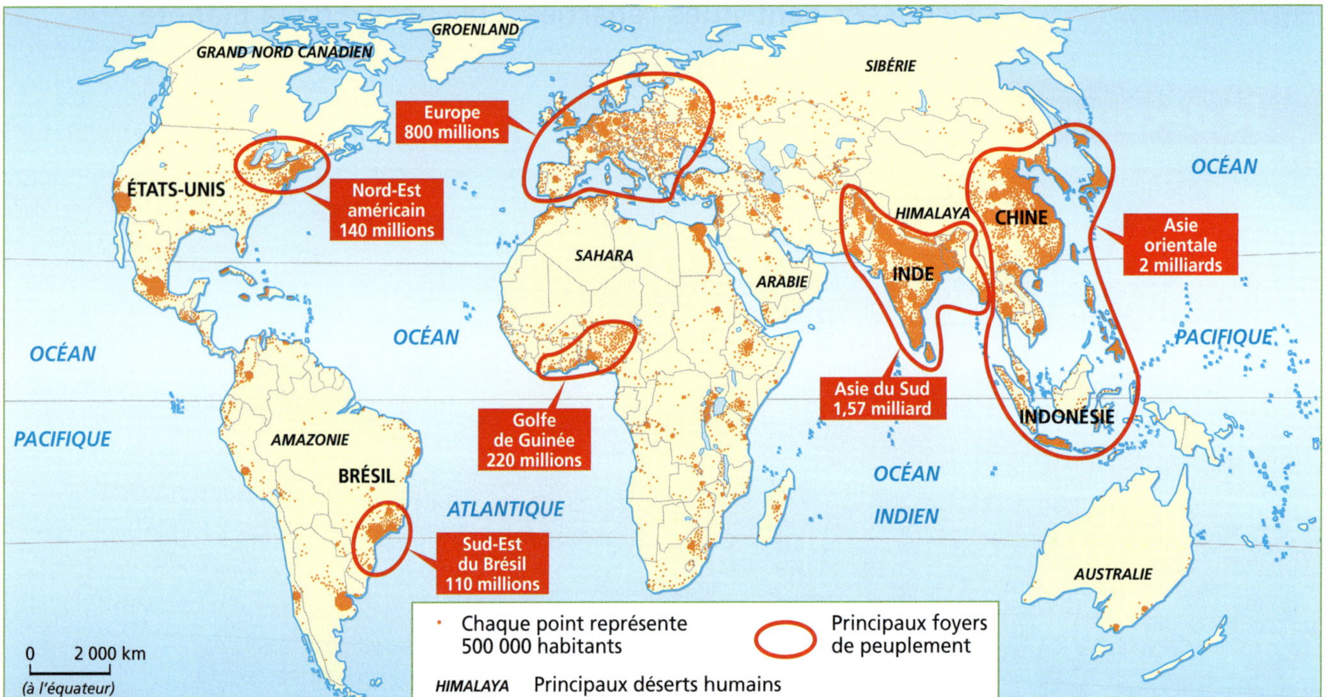

DOC. 1 La répartition de la population.

DOC. 2 L'Amazonie.

Je lis une carte

1. Comment la population est-elle représentée sur le DOC. 1 ?
2. Comment les principaux foyers sont-ils signalés ? Et les déserts humains ?
3. Dresse la liste des grands foyers de peuplement et des principaux déserts humains.
4. Les déserts humains sont-ils totalement vides ?

J'associe une carte et un paysage

5. Sur le DOC. 1, localise l'Amazonie. Des deux expressions suivantes *désert humain* et *important foyer de peuplement*, laquelle correspond au DOC. 2 ? Justifie ta réponse.
6. Quel élément présent dans le paysage permet de comprendre cette situation ?

Les montagnes ne regroupent que 10 % de la population mondiale […]. Les hommes semblent préférer s'installer dans les plaines, les plateaux et les vallées ou encore sur les littoraux plutôt que dans les hautes montagnes.
Pourtant, les montagnes ont rarement été un obstacle […]. Certaines d'entre elles ont même été d'importants foyers de peuplement […], alors qu'au même moment, les plaines qui les entouraient restaient vides d'hommes. Malgré leur altitude et leur relief, l'Himalaya, les Andes et les Alpes constituent le cadre de vie de 70 millions de personnes […], tandis que les montagnes africaines regroupent près de 70 millions de personnes.

DOC. 3 Relief et peuplement, d'après Isabelle Sacareau, *La montagne, une approche géographique*, Belin, 2003.

Je lis un texte de géographe

7 L'auteur du DOC. 3 cite quatre types de reliefs qui paraissent être préférés par les hommes : quels sont-ils ?

8 En t'aidant de la carte en début de manuel et du DOC. 3, trouve pour chacun de ces types de reliefs, un exemple peu peuplé.

9 Selon le DOC. 3, la haute montagne est-elle un espace vide ?

10 Recherche dans le texte un exemple de haute montagne peuplée.

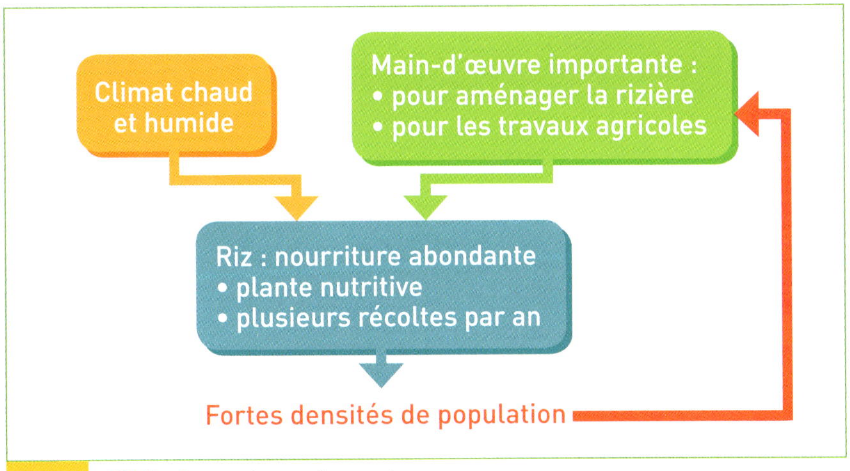

DOC. 4 Riziculture et peuplement.

Je comprends un schéma simple

11 Sur le DOC. 1, localise l'Asie. S'agit-il d'un foyer de peuplement ou d'un désert humain ?

12 Lis le DOC. 4. Quels éléments apparaissent dans les différents cadres ? Que signifient les flèches ?

13 À l'aide du DOC. 4, rédige un court texte dans lequel tu expliqueras la situation en Asie.

Je rédige une courte synthèse

14 En t'aidant de ce que tu as appris dans cette leçon, présente les différents éléments qui expliquent la répartition de la population mondiale.
Organise ta réponse en distinguant les éléments naturels et ceux qui sont dus à l'homme.

Les mots du géographe

Désert humain : région très faiblement peuplée.

Riziculture : culture du riz.

Migration : déplacement souvent définitif d'une population.

Le rôle des migrations dans le peuplement de la planète

Certains foyers de peuplement sont dus aux migrations de population : ainsi, les régions densément peuplées d'Amérique du Nord et du Sud existent en raison de l'arrivée massive de population en provenance d'Europe, à partir du XVIe siècle mais surtout au XIXe siècle.

Aujourd'hui, les continents riches, l'Amérique du Nord et l'Europe, attirent les populations en provenance des continents africain et asiatique. Cependant, ces migrations internationales ne remettent pas en cause la répartition de la population mondiale.

Leçon 2

Riches et pauvres dans le monde

J'observe et je m'interroge

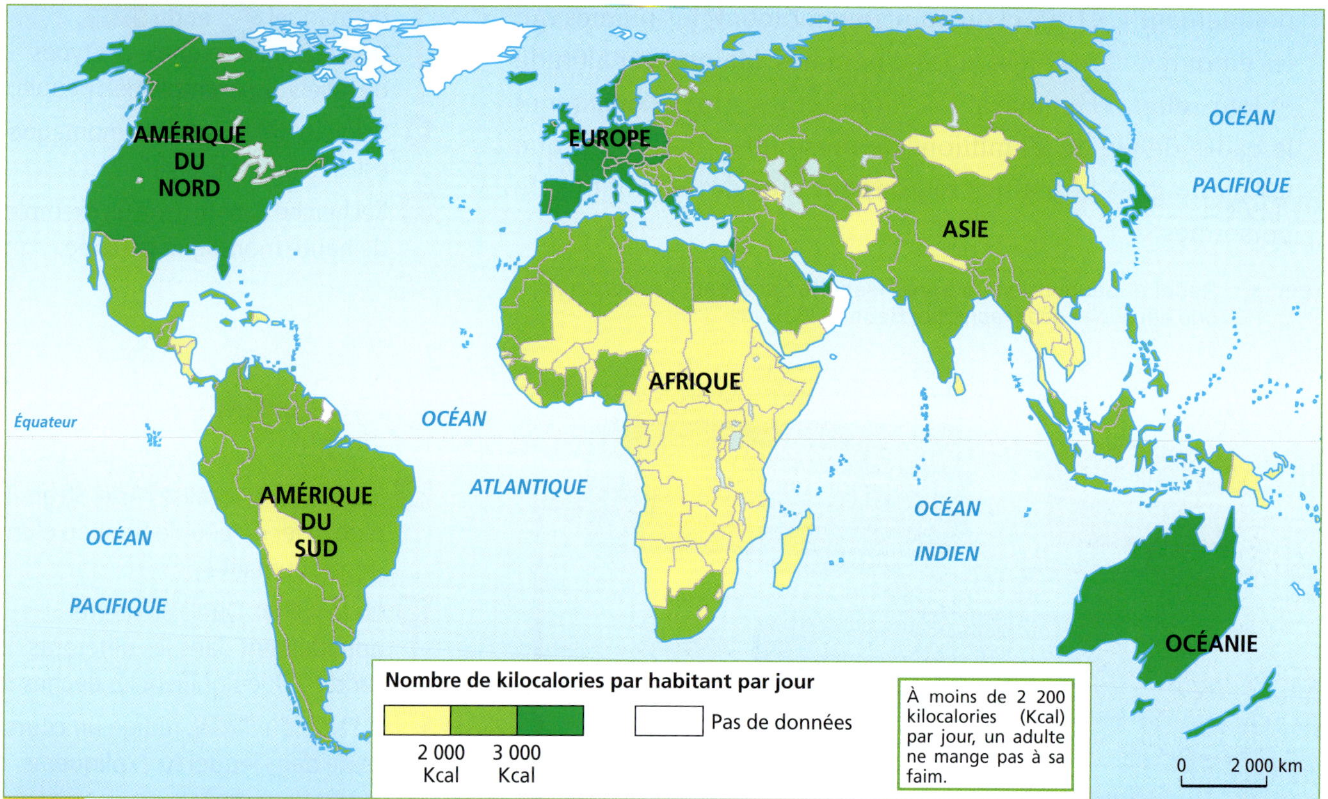

DOC. 1 Les inégalités alimentaires (les Kcal mesurent l'énergie que l'on trouve dans les aliments que l'on consomme).

DOC. 2 Villas dans un quartier résidentiel de Los Angeles, États-Unis d'Amérique.

J'extrais des informations d'une carte

1. Observe le DOC. 1. Lis le titre et la légende. Quelle information ce document nous donne-t-il ?
2. Cette information permet-elle de localiser les pays riches et les pays pauvres ? Justifie ta réponse.

Je compare deux documents

3. Observe le DOC. 2. Localise les États-Unis d'Amérique sur le DOC. 1.
4. Décris en quelques mots ce quartier de Los Angeles.
5. Ce paysage confirme-t-il l'information donnée par la carte ?

DOC. 3 Le bidonville de Kibera, Kenya.

6. Localise le Kenya sur la carte en fin de manuel puis sur le DOC. 1.
7. Que nous dit le DOC. 1 à propos du Kenya ?
8. Décris ce paysage : avec quels matériaux les maisons sont-elles construites ?
9. Ce paysage donne-t-il une image du Kenya proche de celle donnée par le DOC. 1 ?

DOC. 4 Sans domicile fixe (SDF) dans une rue de Tokyo (Japon) : la ville compte entre 10 000 et 14 000 SDF.

10. Quelle information le DOC. 1 donne-t-il sur le Japon ?
11. Observe le DOC. 4.
    Décris les personnages.
    Observe la vitrine : quelle activité pratique-t-on dans ce lieu ?
12. Compare les informations que nous donnent le DOC. 1 et le DOC. 4 sur le Japon.
    Que peux-tu en déduire ?

Je fais une recherche sur Internet

13. Localise la France sur le DOC. 1. Qu'apprends-tu à propos des Français ?
14. Recherche sur Internet des informations sur les SDF en France. Sont-ils nombreux ? B2i
15. Rédige un court texte sur la pauvreté en France.

Les mots du géographe

Bidonville : quartier très pauvre, mal équipé, où les habitations sont construites à l'aide de tôles, de bidons, de cartons.

SDF : désigne les sans domicile fixe, c'est-à-dire les personnes qui n'ont pas de logement.

Des riches dans les pays pauvres, des pauvres dans les pays riches

Les inégalités de richesses existent entre le nord et le sud de la planète, mais aussi sur un même continent ou dans un même pays. Ainsi, en Chine, les différences sont importantes entre les villes, plutôt riches, et les campagnes, plus pauvres. De même, les littoraux industriels se développent, tandis que l'intérieur des terres, rural, est plus pauvre.

Dans les pays du Sud qui se développent, le nombre des riches augmente alors qu'au Nord, dans les pays riches, la pauvreté progresse (SDF, travailleurs pauvres).

Chapitre 22

Je retiens

La répartition de la population mondiale

- La population mondiale est inégalement répartie. Les trois principaux foyers de peuplement (Asie de l'Est, Asie du Sud et Europe) regroupent plus de la moitié de la population de la planète.

Les autres foyers de peuplement sont localisés sur les littoraux (golfe de Guinée, Nord-Est des États-Unis, Sud-Est du Brésil). Littoraux, plaines et vallées sont souvent plus peuplés que l'intérieur des continents ou les hautes montagnes, qui sont pratiquement vides d'hommes : on parle de déserts humains. La présence humaine y est très faible et localisée par exemple sur des points d'eau.

- La répartition de la population ne s'explique pas uniquement par les reliefs ou le climat : l'histoire, l'activité économique (riziculture), les migrations de population expliquent aussi l'existence d'importants foyers de peuplement.
- Aujourd'hui, un être humain sur deux vit en ville. La croissance urbaine a donné naissance à des villes gigantesques, sur tous les continents.

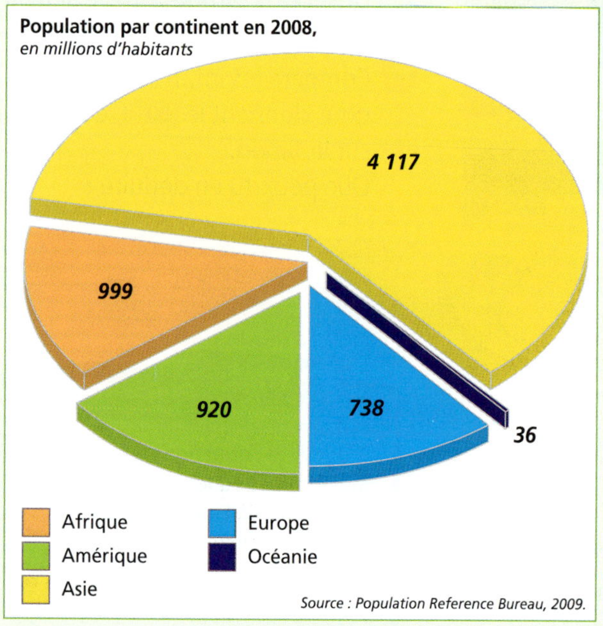

Répartition de la population par continent.

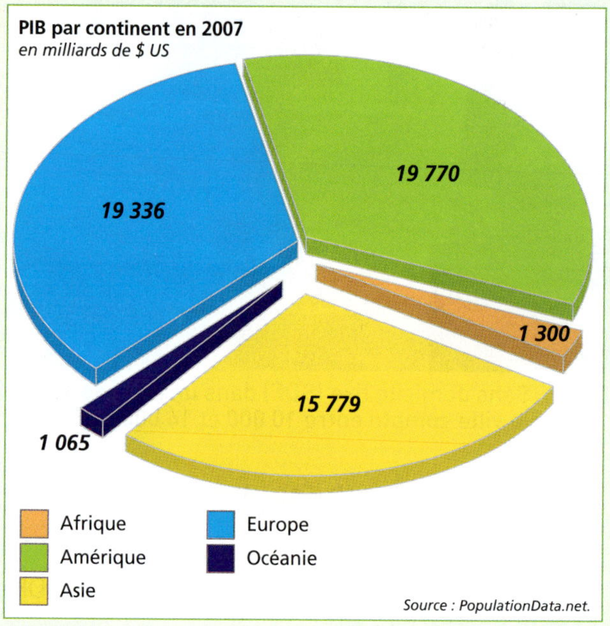

Répartition des richesses par continent.

Riches et pauvres dans le monde

- Les inégalités de richesses sont importantes dans le monde. Les pays les plus riches sont presque tous situés dans l'hémisphère Nord. Les pays les plus pauvres se trouvent principalement en Afrique et en Asie. Sur ces deux continents et en Amérique du Sud, les populations pauvres se rassemblent dans des bidonvilles, quartiers construits à l'aide de bidons, de cartons, de plaques de tôles.

Cependant, on trouve des individus très pauvres (par exemple les sans domicile fixe : SDF) dans les pays riches et des personnes très riches dans les pays pauvres.

Chapitre 23

Les territoires français dans le monde

La France ultramarine est constituée de différents territoires dispersés dans le monde. Où sont-ils situés ? Quelles sont les caractéristiques de ces territoires ?

Je découvre

DOC. 1 Timbres postaux qui présentent l'île de La Réunion.

1. Observe les timbres du DOC. 1. D'où proviennent-ils ?
2. Localise ce territoire sur la carte p. 203. À proximité de quels autres territoires se situe-t-il ?
3. Quels sont les éléments qui te permettent de dire que tu n'observes pas le territoire français métropolitain ?
4. Fais une recherche sur Internet pour définir ce qu'est un cirque et découvrir la principale activité de ce lieu. B2i
5. En t'aidant de la carte p. 203, dresse la liste des territoires français ultramarins, classe-les par continent et océan.

Les mots du géographe

Ultramarin : qui appartient à l'outre-mer, qui se situe au-delà des mers par rapport à un pays donné.

Métropolitain : qui appartient à la France d'Europe. La métropole est ici perçue comme celle qui détient le pouvoir sur les territoires ultramarins.

Leçon 1

Des territoires ultramarins de France

J'observe et je m'interroge

	Population en milliers d'hab.	Superficie en milliers de km²	Solde naturel	Solde migratoire	Chômage %
Martinique	402	1,1	7	- 1	21,2
Guadeloupe	406	1,6	10	- 4	22,7
Guyane	222	86,5	27	10	20,3
Réunion	802	2,5	13	- 2	24,2
Mayotte	187	0,4	39	- 8	25,4
Nouvelle-Calédonie	244	19,1	12	6	17,1
Polynésie française	260	4,2	13	- 1	11,7
France métropolitaine	62 106	551	4	1	8

DOC. 1 Tableau comparatif de quelques territoires d'outre-mer en 2008.

DOC. 2 Le centre spatial guyanais, Kourou, Guyane.

Je lis un tableau

1. Quelles informations le DOC. 1 donne-t-il ?
2. Quels sont les territoires les plus peuplés ?
3. Quels sont ceux dont la superficie est faible ?
4. Calcule la densité de la Guyane et de la Réunion. Que remarques-tu ?
5. Pourquoi les soldes naturels sont-ils élevés à Mayotte et en Guyane ?
6. En t'aidant de la définition du solde migratoire, cite le nom des territoires attractifs.
7. Que remarques-tu à la lecture des chiffres du chômage ?

J'analyse une image

8. Localise sur la carte p. 203 la Guyane et la ville de Kourou.
9. Quelle est l'activité économique présentée ici ? Quelle est son utilité ?
10. Observe les différents équipements. À quoi servent-ils ?
11. Fais une recherche sur Internet ou dans la bibliothèque de ton école pour expliquer la localisation de cette activité. B2i

DOC. 3 Supermarché, Saint-Denis de la Réunion, la Réunion.

Je mets en relation des informations

12 Localise Saint-Denis de la Réunion sur la carte p. 203.

13 Observe le DOC. 3. Identifie les éléments qui rappellent un supermarché métropolitain.

« Une enquête réalisée par une association de consommateurs dans les super et hypermarchés de la Réunion révèle que les prix des produits de marques étaient de 65 % à 82 % plus élevés sur l'île qu'en métropole.
Or, plus de la moitié de la population de cette île de l'océan Indien vit avec moins de 817 € par mois contre 13 % en métropole. Ces ménages sont donc considérés comme pauvres, parce que leurs revenus sont inférieurs au seuil de pauvreté qui est de 817 €. »

DOC. 4 Laurent Decloitre, *Libération*, 27 septembre 2008.

14 Lis le DOC. 4. Où trouve-t-on les prix les plus élevés ?

15 Que veut dire « seuil de pauvreté » ?
Combien de personnes vivent sous le seuil de pauvreté en métropole et à la Réunion ?

16 Quelles conséquences cela peut-il avoir sur la vie des Réunionnais ?

Je rédige une synthèse

17 Rédige un court texte pour présenter les caractéristiques des DROM en t'aidant de ces mots : *éloignement, ultramarin, métropolitain, relations importantes, population, activités agricoles, tourisme, activités industrielles.*

Les mots du géographe

Superficie : surface, étendue.

Solde naturel : différence entre le nombre de naissances et le nombre de décès.

Solde migratoire : différence entre le nombre de personnes qui sont entrées sur un territoire (immigrants) et le nombre de personnes qui en sont sorties (émigrants). Lorsque le solde est positif, on dit que le territoire est attractif.

DROM : département et région d'outre-mer (la Réunion, Guyane, Martinique, Guadeloupe et Mayotte en 2011).

Les activités économiques dans les DROM

La principale activité économique des DROM est l'agriculture : productions de bananes, de canne à sucre ou de vanille. La pêche et l'élevage de crevettes sont aussi des activités très présentes. Ces productions sont essentiellement exportées vers l'Union européenne.

Il y a peu d'emplois industriels dans les DROM, hormis ceux qui concernent la fabrication du sucre ou du rhum.
Les emplois de services sont nombreux, principalement dans le tourisme et dans les services publics (collectivités, éducation, santé).

Leçon 2 Les risques naturels et leur prévention

J'observe et je m'interroge

DOC. 1 Effondrement de la façade d'une habitation, dû au séisme du 21 novembre 2004, Terre-de-Bas, Guadeloupe.

Je lis une photographie

1. Observe le DOC. 1. Localise Terre-de-Bas en Guadeloupe sur la carte p. 203. Quel océan entoure ce territoire ?
2. À côté de quel continent ce DROM est-il situé ?
3. Que remarques-tu sur l'habitation ? Est-elle habitable ?
4. Quelle est l'origine de ces dégâts?
5. Recherche sur Internet les risques qui peuvent se produire en Guadeloupe. B2i

DOC. 2 Éruption du volcan du piton de la Fournaise le 5 avril 2007, la Réunion.

J'observe un phénomène, un événement exceptionnel

6. Observe le DOC. 2. Localise le piton de la Fournaise à la Réunion sur la carte p. 203.
7. Comment appelle-t-on ce type de relief ?
8. Quel océan entoure ce territoire ?
9. Quel phénomène observes-tu sur cette image ?
10. D'où ces fumées proviennent-elles ? Quel tracé forment-elles ? Pourquoi ?
11. Quels dégâts ce phénomène peut-il provoquer ?

« Il y a des risques de séisme sur notre île. Lorsqu'une secousse se produit, la terre tremble très fort. Nous devons nous protéger parce que nous sommes en danger : les toits et les murs peuvent s'effondrer. À l'école, on nous apprend des consignes de sécurité pour éviter d'être blessé.
Dès que la première secousse se produit, il faut se précipiter sous la table, protéger sa tête et bien tenir les pieds de la table si elle bouge.
Après la secousse, le maître nous fait sortir de l'école tranquillement. On rejoint les autres élèves et les maîtres font l'appel pour voir s'il manque quelqu'un.
Dans mon école, on fait souvent des exercices de prévention pour nous entraîner à bien réagir le jour où une secousse se produira. »

DOC. 3 Récit d'Eulalie, 10 ans, habitant Fort de France, Martinique.

J'analyse un témoignage

12 Lis le DOC. 3.
Localise la Martinique sur la carte p. 203.

13 Quelles sont les îles voisines ?

14 Quelle est la nature de l'information transmise dans ce récit ?
À qui ces recommandations s'adressent-elles ?
De quel phénomène parle-t-on ?

15 Que doivent faire les élèves avant la secousse ? Pendant la secousse ? Et après la secousse ?

16 Explique, pour chacune des étapes, pourquoi il est important d'agir ainsi.

17 Recherche sur Internet ou dans la bibliothèque de ton école des informations sur les catastrophes récentes qui ont eu lieu dans les DROM. B2i

Les mots du géographe

Séisme : tremblement de terre.

Cyclone : importante masse d'air se déplaçant très vite et provoquant des pluies et vents violents.

Aménager les territoires ultramarins face aux risques

Les populations des territoires français d'outre-mer, situés entre les tropiques et l'équateur, vivent dans des zones à risques naturels importants. C'est une zone particulièrement vulnérable où se forment parfois des cyclones, qui provoquent des crues et glissements de terrains. C'est aussi une zone où les séismes peuvent être nombreux, ainsi que les éruptions volcaniques.

Les habitations doivent être construites en tenant compte de ces risques. C'est pourquoi des plans de prévention des risques naturels (PPRN) ont été créés, afin de protéger les populations.

Je retiens

Des territoires ultramarins de France

- Les territoires ultramarins de France sont présents sur plusieurs continents. Ce sont essentiellement des îles situées dans plusieurs océans. Ces localisations permettent à la France d'être représentée à de nombreux endroits dans le monde.
- Ces territoires présentent des caractéristiques communes :

– une population jeune (solde naturel élevé) ;
– des territoires peu attractifs (solde migratoire négatif dans la plupart des territoires) ;
– une population qui vit de plus en plus en ville et sur les littoraux, à l'exemple de la Guyane qui a une vaste superficie et dont le peuplement se localise essentiellement dans les villes littorales ;
– des activités tournées vers les secteurs primaire et surtout tertiaire (tourisme et service public) ;
– un attachement au territoire métropolitain surtout dans les DROM.

Les risques naturels et leur prévention

- Ce sont aussi des territoires fragiles où les populations sont soumises à des risques divers : cycloniques, sismiques, volcaniques.
- Des politiques de prévention des risques sont mises en place afin de réduire les catastrophes. Elles informent les personnes sur les gestes qu'il est nécessaire de faire lorsque le danger s'annonce. Elles obligent aussi les populations à s'installer dans des zones moins dangereuses et à construire des habitations qui peuvent supporter les cyclones et les séismes.

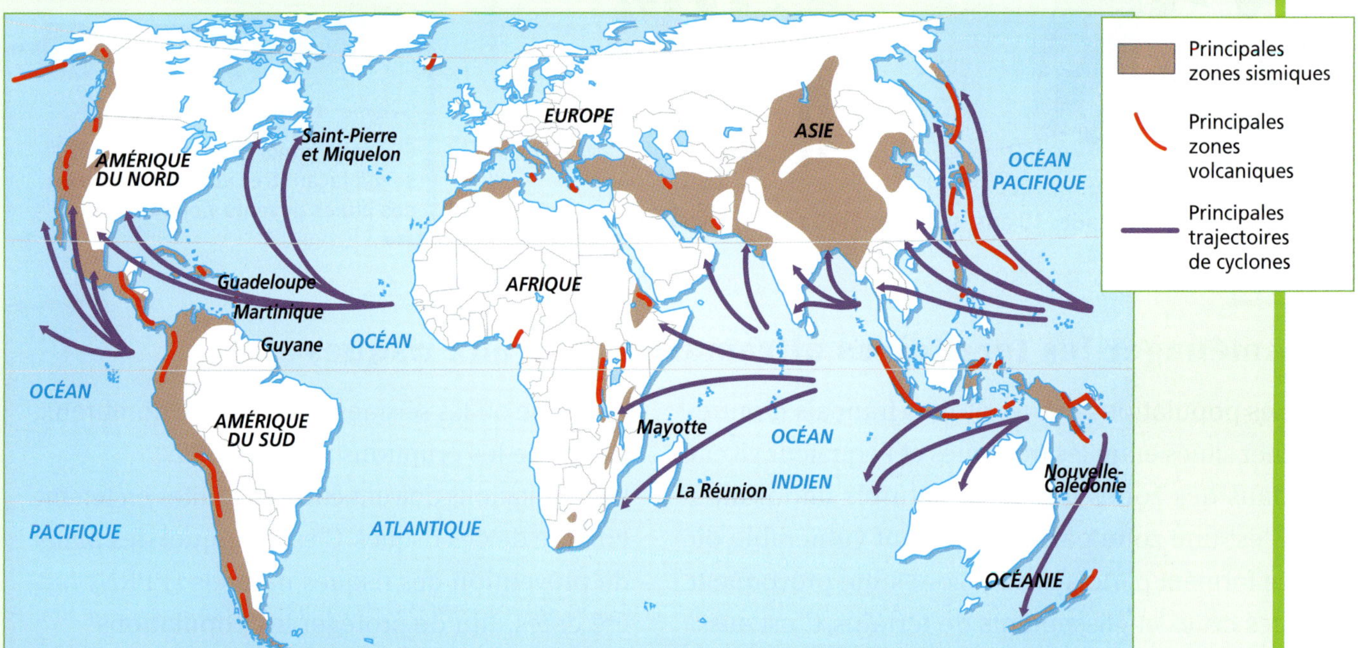

Les risques naturels dans le monde.

Chapitre 24

La langue française dans le monde

La langue française est utilisée dans d'autres pays que la France où elle est transformée pour s'adapter à des modes de vie différents. Dans quels pays est-elle utilisée ? Pourquoi ?

Je découvre

DOC. 1 Marguerite Abouet et Clément Oubrerie, *Aya de Yopougon*, vol. 5 © Gallimard Jeunesse.

Montrer papier : apprendre à lire, écrire.
Enjailler : plaire, attirer.

L'histoire d'Aya se passe dans un quartier populaire d'Abidjan, en Côte-d'Ivoire.

1. Cherche sur la carte en fin de manuel où se situent cet État et cette ville.
2. Lis les dialogues. Quelles expressions te semblent étranges ?
3. Connais-tu des mots ou des expressions utilisés dans ta région, qui ne sont pas dans un dictionnaire de langue française ? Cite un exemple.
4. Où a lieu la rencontre entre les deux personnages ? De qui parlent-ils ? Que conclut la jeune fille ?

Leçon 1

Le français dans le monde : la francophonie

J'observe et je m'interroge

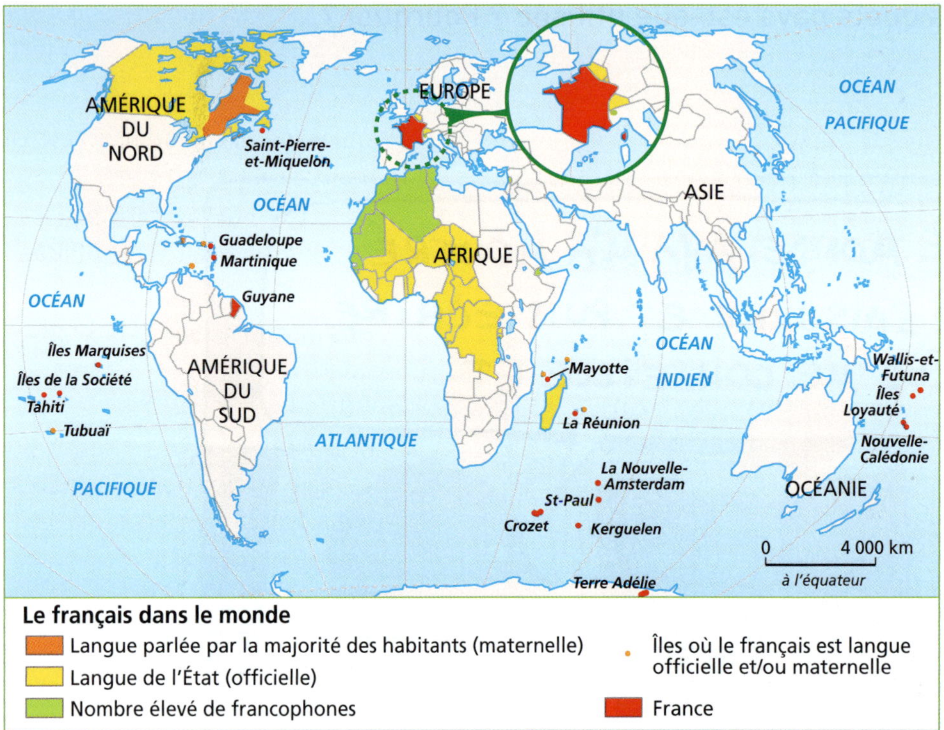

DOC. 1 La francophonie aujourd'hui.

Je lis une carte

1. Observe le DOC. 1. Sur quels continents le français est-il présent ? Sur quel continent, hors d'Europe, cette langue est-elle parlée dans un grand nombre d'États ? En t'aidant de la carte en fin de manuel, indique le nom de quelques États parmi ceux-ci.
2. Dans quels États le français est-il la langue maternelle ?
3. Donne le nom de quatre États dont le français est la langue officielle.

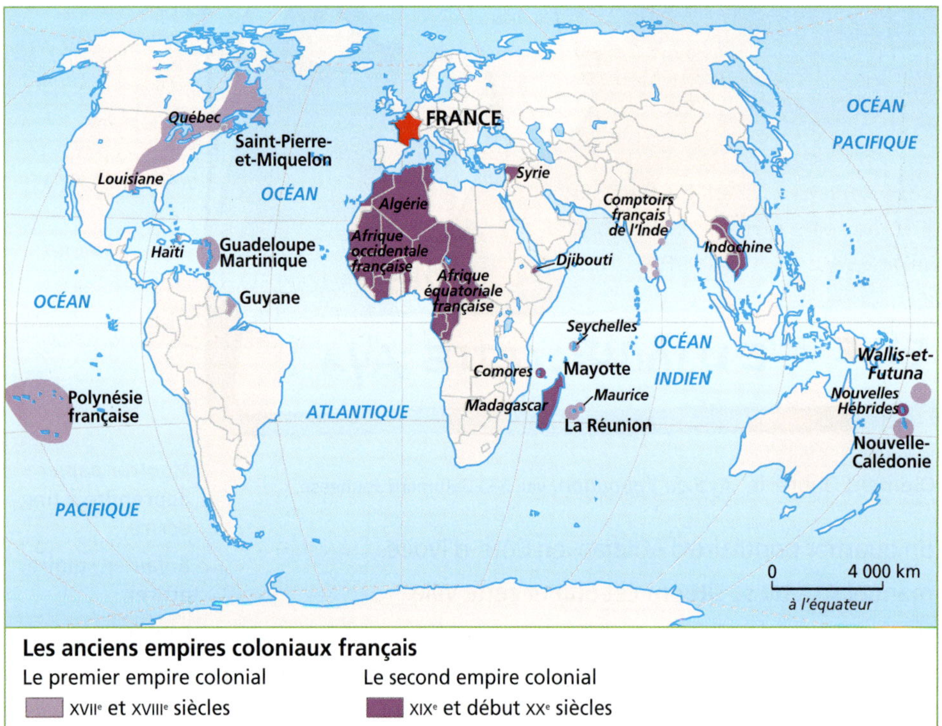

DOC. 2 Les empires coloniaux français.

Je compare deux cartes

4. Observe le DOC. 2. Compare cette carte à celle de la francophonie aujourd'hui : que constates-tu pour chaque continent ?
5. En t'aidant de la carte en fin de manuel, dresse la liste des pays qui ont été des colonies et dont la population parle encore français.
6. Fais une recherche sur Internet pour connaître les langues utilisées aujourd'hui dans les anciens territoires colonisés par la France. B2i

© Hergé / Moulinsart 2010

DOC. 3 Couverture d'un album de *Tintin et le secret de la Licorne* traduit en langue mauricienne, pour les habitants de l'île Maurice.

Je lis une image et je reconnais des mots créoles

7 Localise l'île Maurice sur la carte en fin de manuel.

8 Qu'est-ce que ce document ? Quels personnages reconnais-tu ? Quelle histoire va être racontée ?

9 À qui cette version de *Tintin* est-elle précisément destinée ?

10 Sur l'image, quel est l'élément qui montre que la langue utilisée est du créole à base de français ?

11 Quels mots proches du français reconnais-tu ? Quelles sont les différences ?

12 Fais une recherche sur Internet pour découvrir pourquoi les Mauriciens utilisent parfois le créole à base de français. B2i
À partir de ce que tu auras découvert, explique pourquoi *Tintin* est édité dans cette langue.

J'enquête

13 Recherche des informations sur les langues créoles parlées dans les territoires ultramarins français (sur Internet ou à la bibliothèque). B2i
Quels sont les endroits où ces langues sont couramment utilisées ? Où ne sont-elles pas employées ?

14 Réalise la couverture d'un album dont les titres seront dans une de ces langues.

Les mots du géographe

Francophonie : ensemble des 182 millions de personnes parlant français (francophones) présents sur les cinq continents.

Créole : langue qui est le résultat du mélange entre deux langues (en général celle des populations locales et une langue européenne).

La langue parlée par un individu peut avoir un statut différent

On parle de langue maternelle pour désigner la langue que l'on apprend en premier, avec ses parents. La langue administrative est la langue employée par l'administration d'un pays (langue officielle). Certains pays ont plus d'une langue officielle (Belgique, Canada, etc.). La langue de culture ou de communication est la langue utilisée dans certains secteurs d'activité, pour que tous ceux qui travaillent ensemble se comprennent, même si leur langue maternelle n'est pas commune.

Leçon 2

Le maintien du français dans le monde

J'observe et je m'interroge

DOC. 1 Entrée du lycée français au Caire (Égypte), inauguré en 1932.

Je cherche des indices sur des photographies

1. Observe le DOC. 1. De quel pays Le Caire est-il la capitale ? Sur quel continent se trouve ce pays ?
2. Quelle information ce document te donne-t-il ?
3. Quel indice te permet de dire que la photographie n'est pas prise en France ?
4. En t'aidant de ce document, cite le moyen utilisé ici par la France pour favoriser l'usage du français hors de France.

DOC. 2 Une rue touristique de Québec, province de Québec (Canada).

5. Observe le DOC. 2. Localise le Canada sur la carte en fin de manuel. Sur quel continent se trouve-t-il ?
6. Repère sur la photographie les indices qui montrent que nous sommes dans une région francophone. Recherche l'indice montrant que nous ne sommes pas sur le continent européen.
7. À l'aide du DOC. 3, identifie la langue parlée par la plupart des habitants de ce pays.

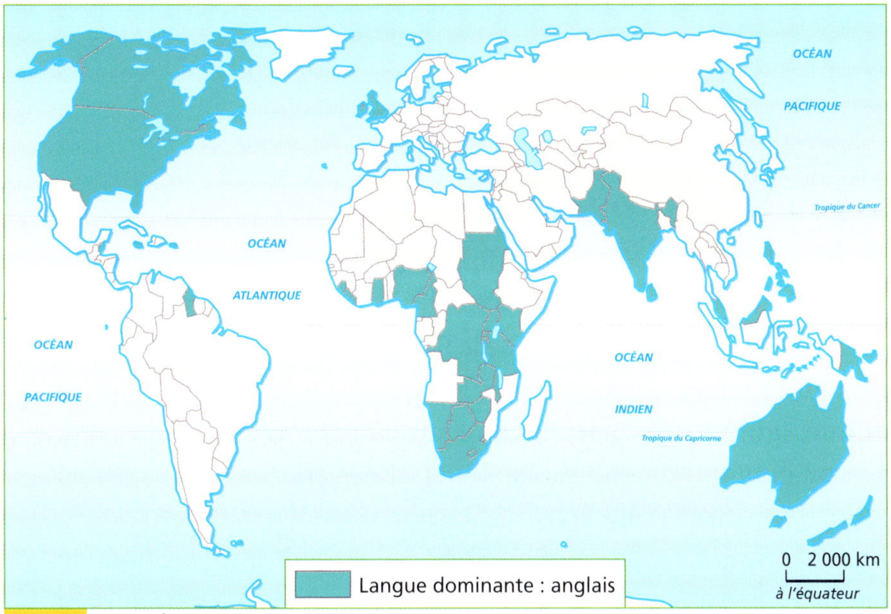

DOC. 3 Les États où l'on parle anglais dans le monde.

Je lis une carte

8 Observe le DOC. 3.
Où l'anglais est-il la langue dominante ?

9 À l'aide de la carte en fin de manuel, recherche le nom des principaux États où l'on parle anglais.

10 Fais une recherche sur Internet pour savoir pourquoi l'on parle anglais en Australie. Et dans le sud de l'Afrique ? B2I

11 En t'aidant du DOC. 1 p. 178, recherche un État où français et anglais sont tous deux en usage.

Les Jeux de la Francophonie sont constitués d'épreuves sportives et artistiques pour des jeunes du monde entier. Ils ont lieu tous les quatre ans, dans l'année qui suit les jeux Olympiques.
Le français, langue commune des pays engagés, favorise le dialogue entre les participants et avec le public. Langue olympique, le français se met au service de deux langages universels, le sport et la culture, pour approfondir les liens créés par les rencontres.

DOC. 4 Les Jeux de la Francophonie, Beyrouth, en 2009.

Je prélève des informations dans un texte

12 Lis le DOC. 4. Dans quel pays ont eu lieu les VIe Jeux de la Francophonie ? À quelle période ont-ils lieu ?

13 Que représente le dessin ? Dans quelle manifestation sportive ces mêmes couleurs sont-elles utilisées ?

14 Qui participe à ces jeux ? Quels types d'épreuves doivent-ils réaliser ?

15 Quelle langue les participants utilisent-ils ? Quel est le but de ces rencontres ?

500 millions de personnes parlent anglais dans le monde

L'anglais est utilisé dans des territoires qui ont été d'anciennes colonies anglaises, par exemple le Soudan. Certains États ont conservé l'anglais comme langue officielle parce qu'il y avait beaucoup de langues parlées à l'intérieur de leurs frontières : la seule langue commune était donc l'anglais. Dans d'autres pays, l'anglais n'est pas la langue officielle ni la langue utilisée par la majorité de la population, mais elle reste la langue de communication, notamment pour les activités économiques, en Inde par exemple.

Je retiens

Le français dans le monde : la francophonie

- La langue française est présente sur les cinq continents et employée par 182 millions de personnes.

Le français est une langue utilisée en dehors du territoire français, soit comme langue maternelle, parlée dans la famille, soit comme langue de communication, apprise pour pouvoir se comprendre lorsque plusieurs langues coexistent dans un même État. La francophonie réunit les pays qui ont le français comme langue commune.

- L'usage du français, en dehors du territoire national, s'explique en partie par l'histoire coloniale de la France mais aussi par la présence partout dans le monde d'un réseau d'écoles et de lycées français où tous les enfants peuvent être scolarisés et où les cours sont donnés en français.

Les populations qui parlent français hors de France l'ont souvent transformé en introduisant des expressions (comme « enjailler » ou « montrer papier ») et des mots qui existaient dans d'autres langues ; elles ont ainsi créé des langues nouvelles appelées créoles.

Le maintien du français dans le monde

- Le français n'est pas la seule langue internationale. Cette langue est concurrencée par l'anglais qui est la langue maternelle et la langue de communication d'environ 500 millions d'habitants dans le monde. Des mots anglais se sont introduits dans la langue française (ex. *week-end*), mais le français s'est aussi introduit dans la langue anglaise (ex. rendez-vous).

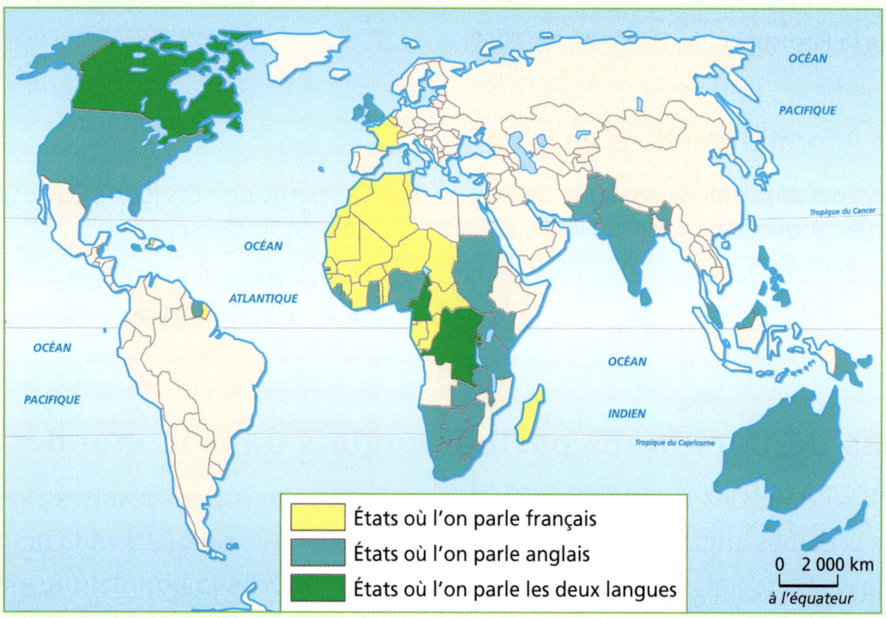

Le français et l'anglais dans le monde.

Les artistes du monde représentent l'homme

Les artistes du monde entier ont pour sujet principal l'homme et son environnement : comment représentent-ils l'homme dans son milieu et ses activités ?

DOC. 1 *Le Guerrier debout*, Ousmane Sow, 1988-1989.
Armature de métal, paille, toile et **pâte minérale**, 3 m de haut.

J'étudie une œuvre

1. Recherche sur Internet ou dans un dictionnaire qui est Ousmane Sow. D'où vient-il ? Quels métiers a-t-il exercés ? B2i
   En quoi son métier a-t-il eu une influence sur son œuvre ? Quelles sont ses principales réalisations ?
2. Recherche dans un dictionnaire ou sur Internet qui sont les Masaïs et localise leur lieu de vie. B2i
3. Décris la statue du guerrier Masaï. Quels sont les éléments mis en valeur par l'artiste ?
4. Si tu devais représenter un soldat, sur quels éléments insisterais-tu ?

DOC. 2 *Homme debout tenant le bâton de commandement sur les épaules*. Statue sculptée par Asèh Yufanyi, entre 1850 et 1860, Cameroun. Musée du Quai Branly, Paris. Statue en bois, 95 cm de haut.

Je compare

5. Localise le Cameroun sur la carte en fin de manuel. De quand cette statue date-t-elle ? Combien d'années la séparent de la précédente ?
6. Quels sont les points communs et les différences entre les deux œuvres ?
7. Compare le visage de cette statue avec le visage du guerrier d'Ousmane Sow. Quelle impression la statue produit-elle sur toi ?

Les mots des arts

Pâte minérale : préparation plus ou moins dure, composée d'éléments extraits de la terre et que l'on peut modeler pour lui donner une forme : la pâte à modeler est une pâte minérale.

Je mène l'enquête

Les dunes de Mingsha et le lac du Croissant de Lune.

Observe ce paysage. Pour le comprendre, réponds aux questions suivantes.
Pour ce faire, tu disposes de trois indices.

Indice n°1

Je suis un désert froid. Je me partage entre la Chine et la Mongolie. Je suis le désert de …

Tu dois d'abord localiser les dunes de Mingsha et le lac du Croissant de Lune. En t'aidant de la carte des zones climatiques dans le monde p. 201, de celle placée en fin de manuel et de l'Indice n°1, trouve le nom de ce désert.

Indice n°2

Des hommes se sont installés au milieu de ce désert. Comment ont-ils pu vivre ici ? Pour répondre, aide-toi de l'Indice n°2.

Indice n°3

Je suis une route dont le nom rappelle un produit que l'on allait chercher en Chine au Moyen Âge. Marco Polo m'a rendue célèbre. Je suis la route de …

Ce lieu se trouve non loin d'une grande ville, Dunhuang, elle-même située sur une célèbre route. Pour trouver laquelle, réponds à l'Indice n°3. Tu peux t'aider d'un dictionnaire ou d'Internet pour répondre. B2i

France : les départements

France : les régions

Les grands types de reliefs : le littoral

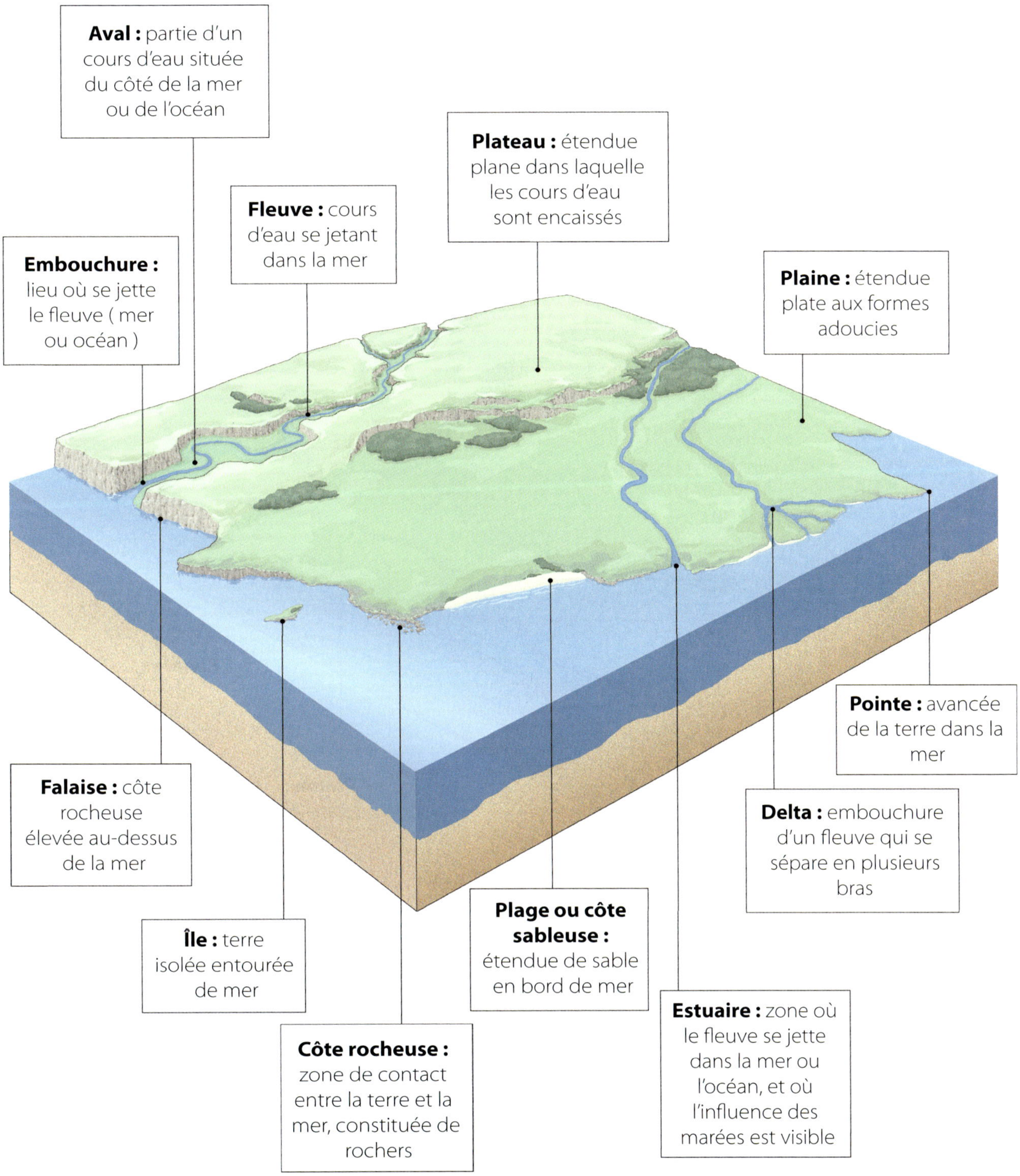

Atlas

Les grands types de reliefs : la plaine et les plateaux

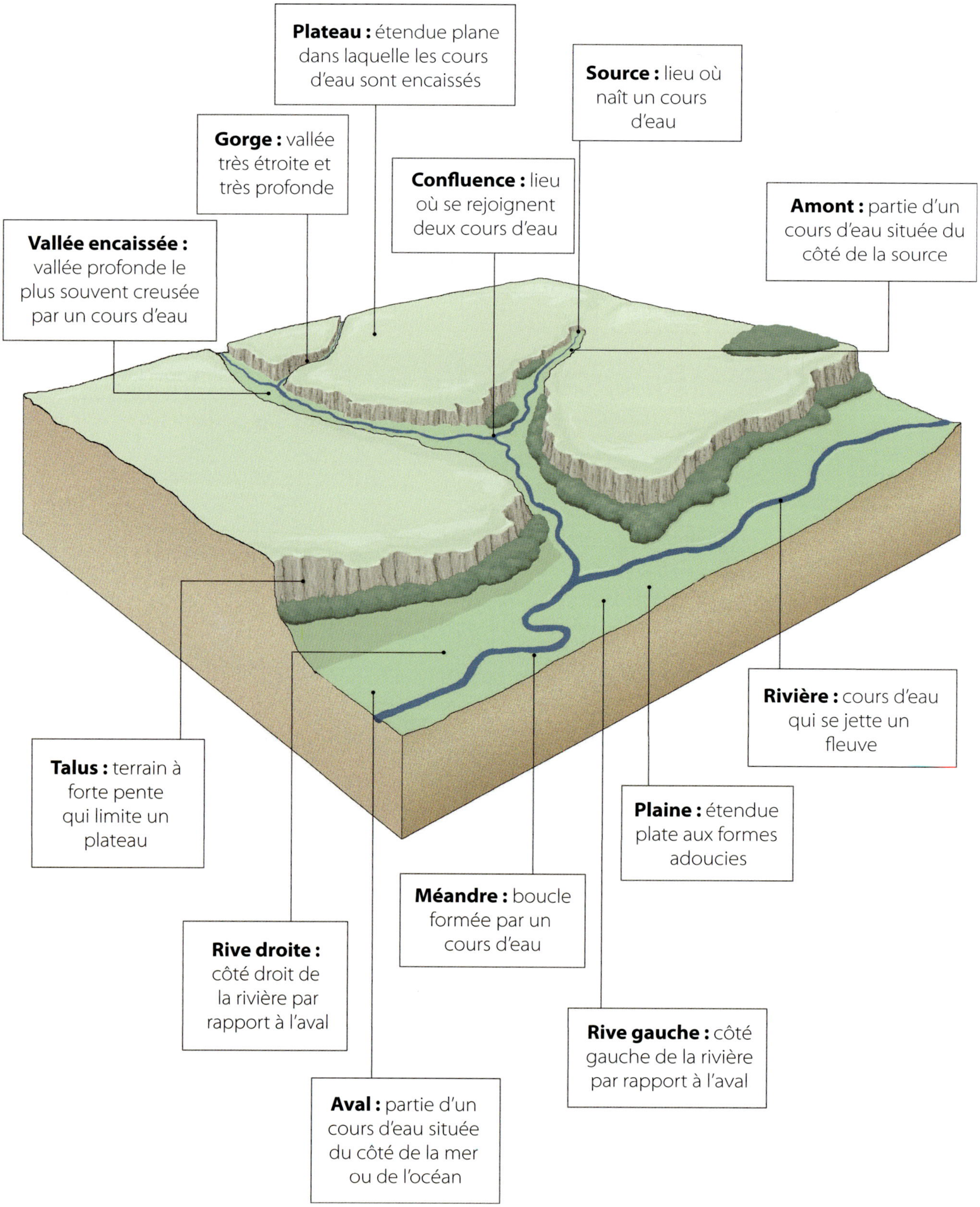

Les grands types de reliefs : la montagne

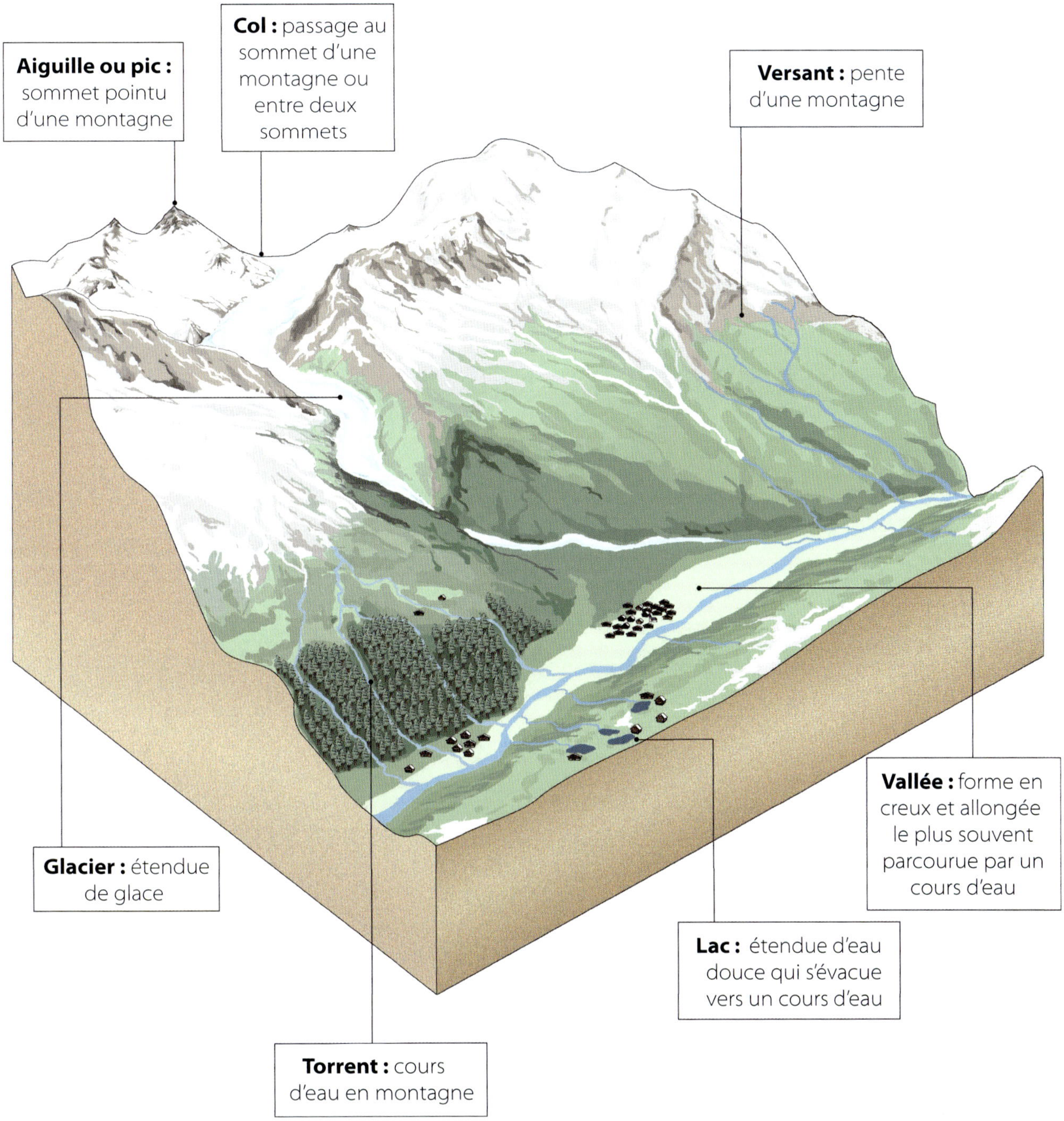

France : les reliefs

Les fleuves de France

Un fleuve est un cours d'eau qui se jette dans la mer ou l'océan. En France métropolitaine, cinq grands fleuves irriguent le territoire : le Rhône, la Loire, la Garonne, la Seine et le Rhin.

	Source	Embouchure	Longueur
Le Rhône	Glacier du Rhône, Suisse	Delta, Camargue	812 km
La Loire	Mont Gerbier-de-Jonc, Ardèche	Estuaire, Saint-Nazaire	1 013 km
La Garonne	Massif de la Maladeta, Pyrénées, Espagne	Estuaire de la Gironde, Bordeaux	647 km
La Seine	Plateau de Langres, Côte d'Or	Estuaire, Le Havre	777 km
Le Rhin	Massif du Saint-Gothard, Suisse	Delta, vers Rotterdam aux Pays-Bas	1 320 km

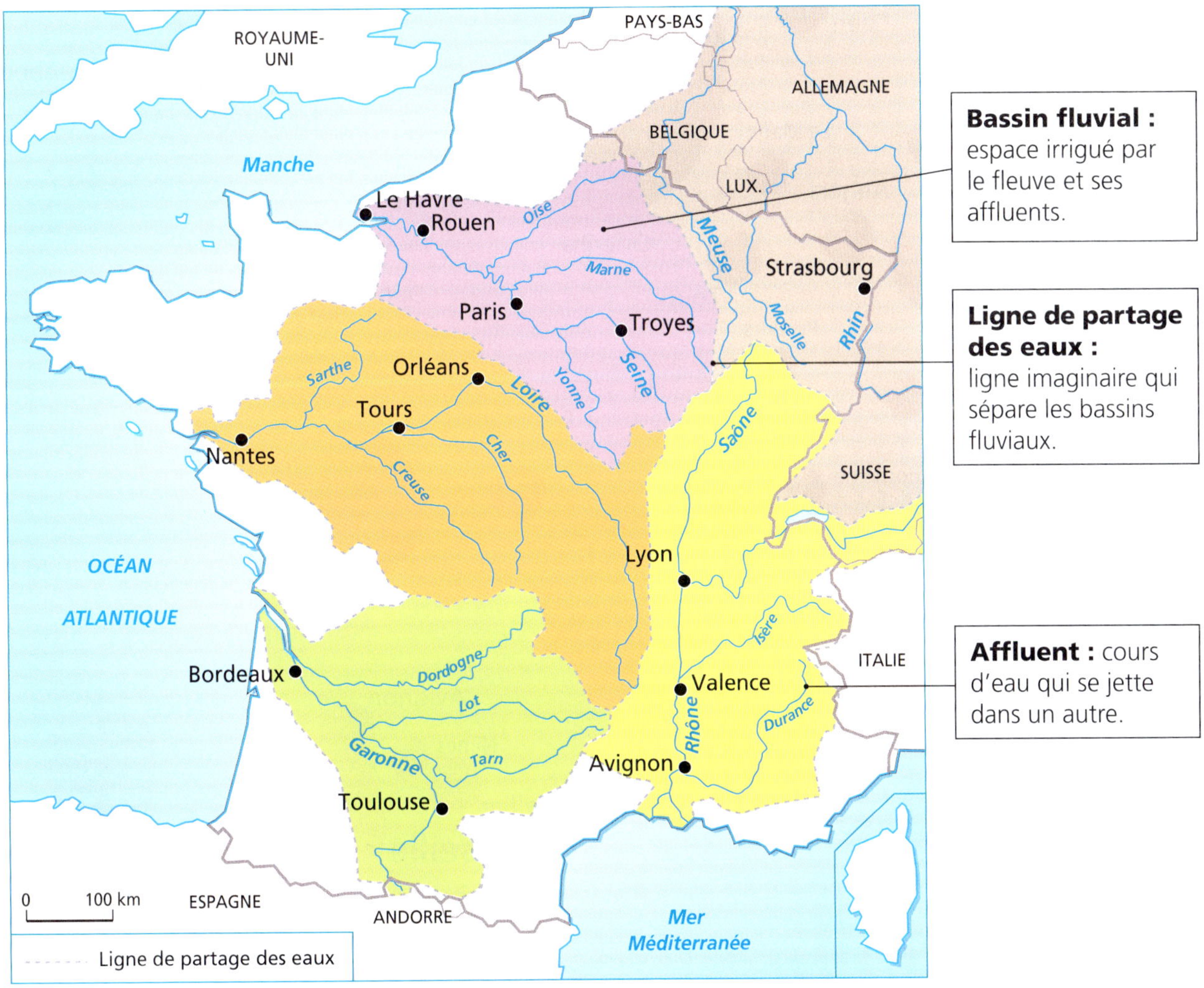

Les principaux bassins fluviaux en France.

Le lit d'un fleuve

Le lit est l'espace dans lequel coule l'eau dans une rivière. Durant l'année, les pluies ou les sécheresses modifient cette quantité d'eau (débit). Quand la montée des eaux est importante (crue), le cours d'eau occupe un espace plus étendu qui correspond au lit majeur (inondations).

France : les grandes villes

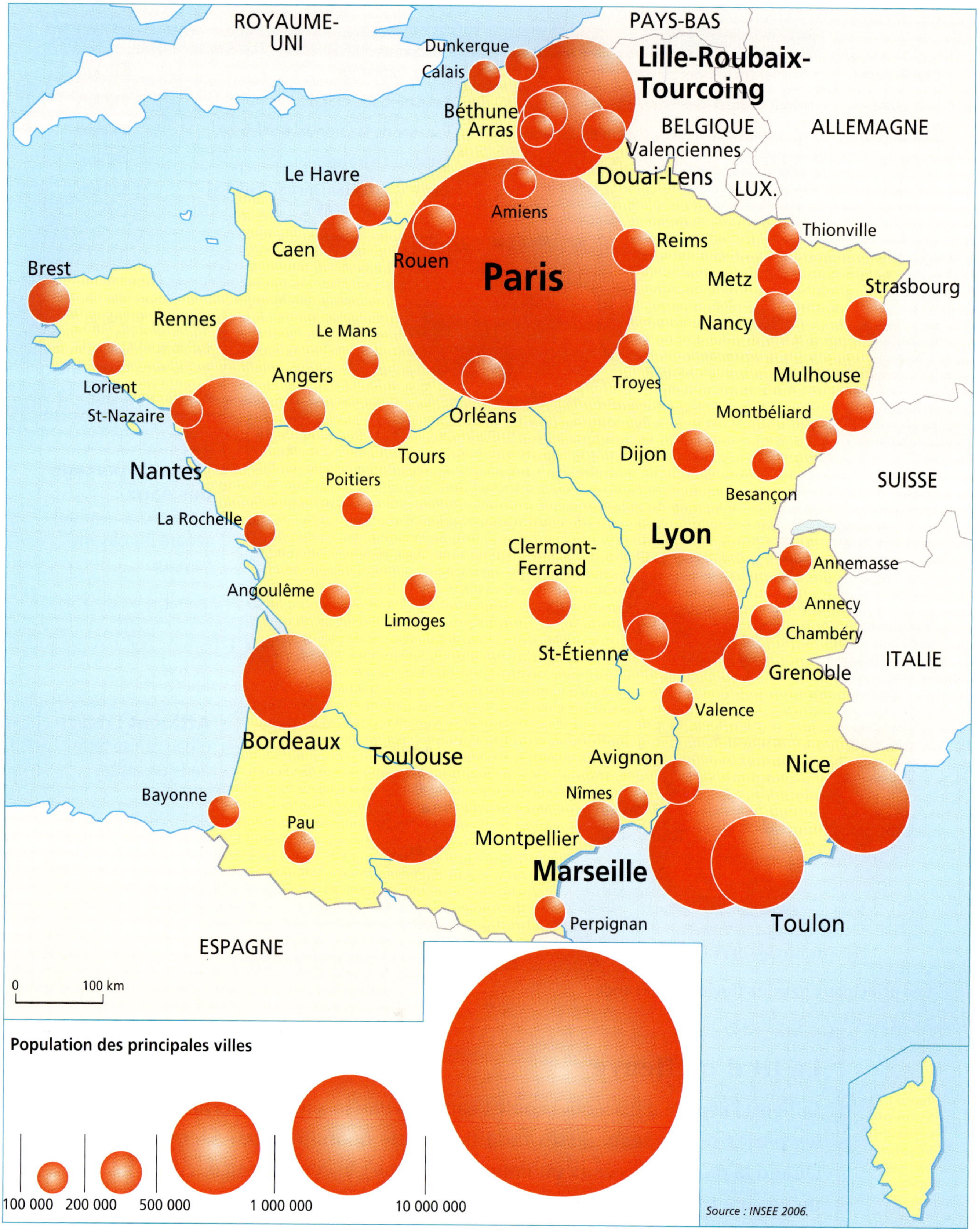

France : les grandes régions agricoles

Agriculture productive et spécialisée

- Grandes cultures céréalières
- Élevage
- Vigne, fruits et légumes
- Grande fôret exploitée

Agriculture peu productive

- Élevage en montagne
- Polyculture (élevage et céréales)

Atlas

France : les espaces industriels

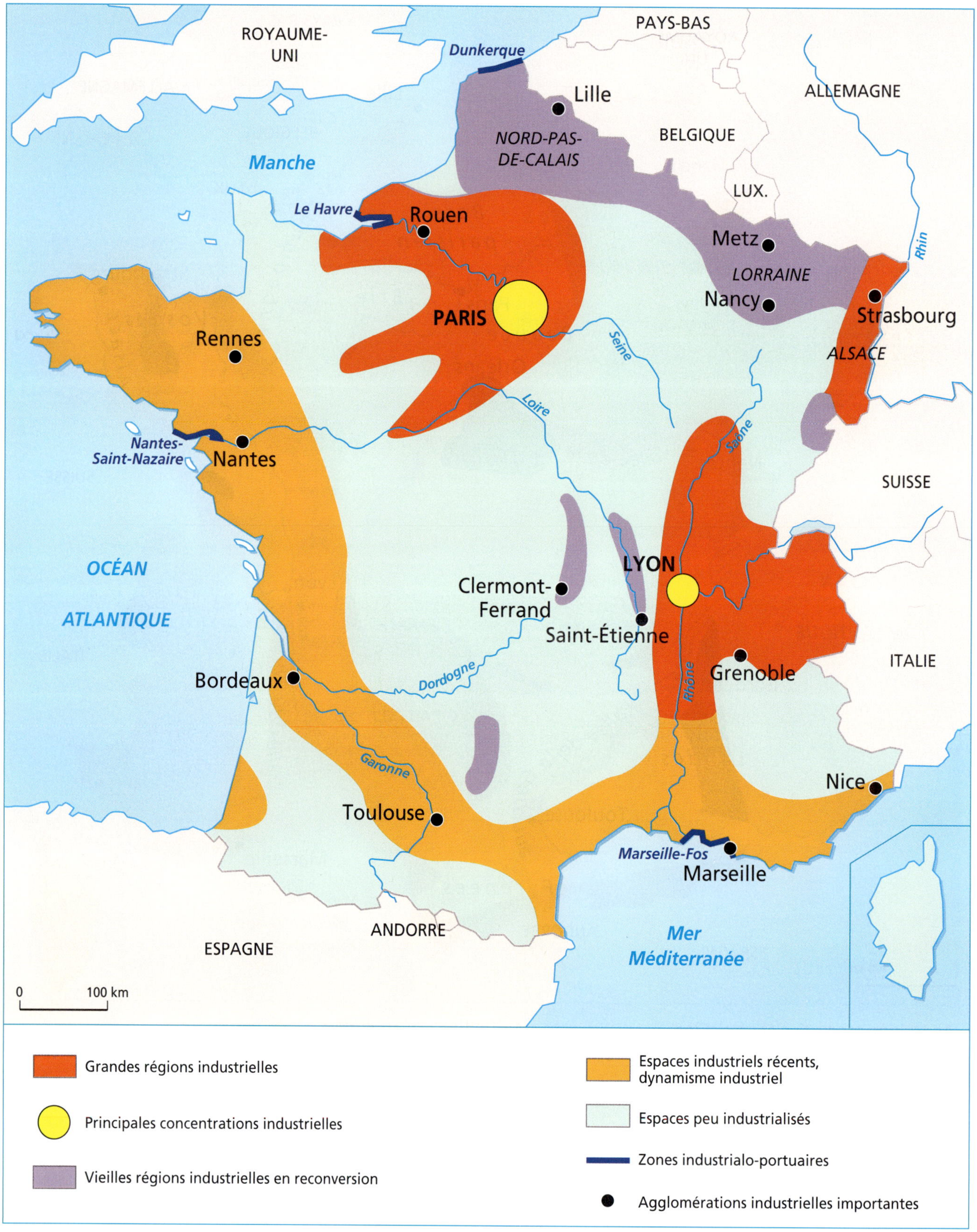

France : les espaces touristiques

Atlas

France : les grands axes de circulation

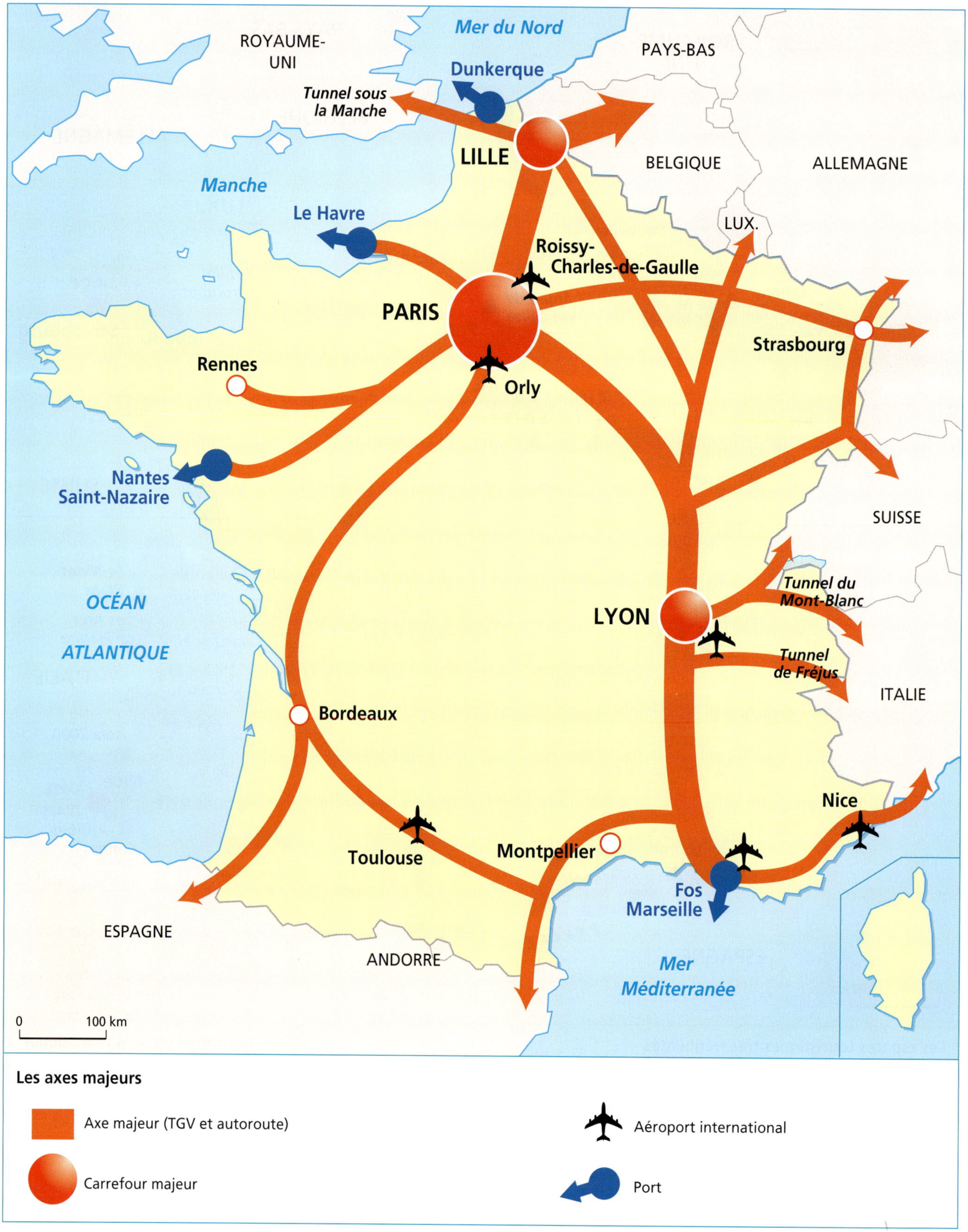

Europe : les reliefs

Atlas

Europe : les climats

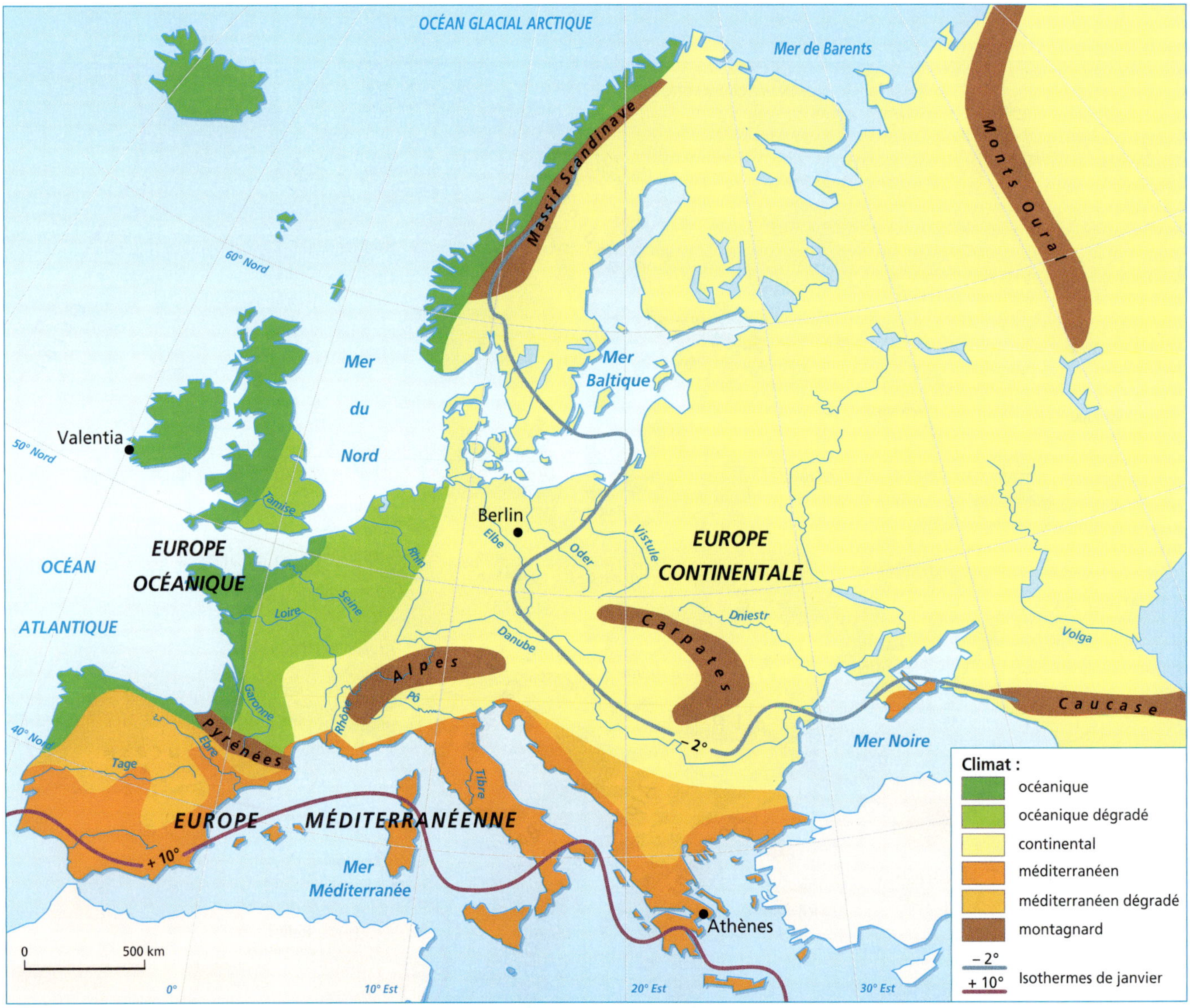

Europe et Union européenne : les États les lieux de pouvoir en Europe

Europe : les grandes villes

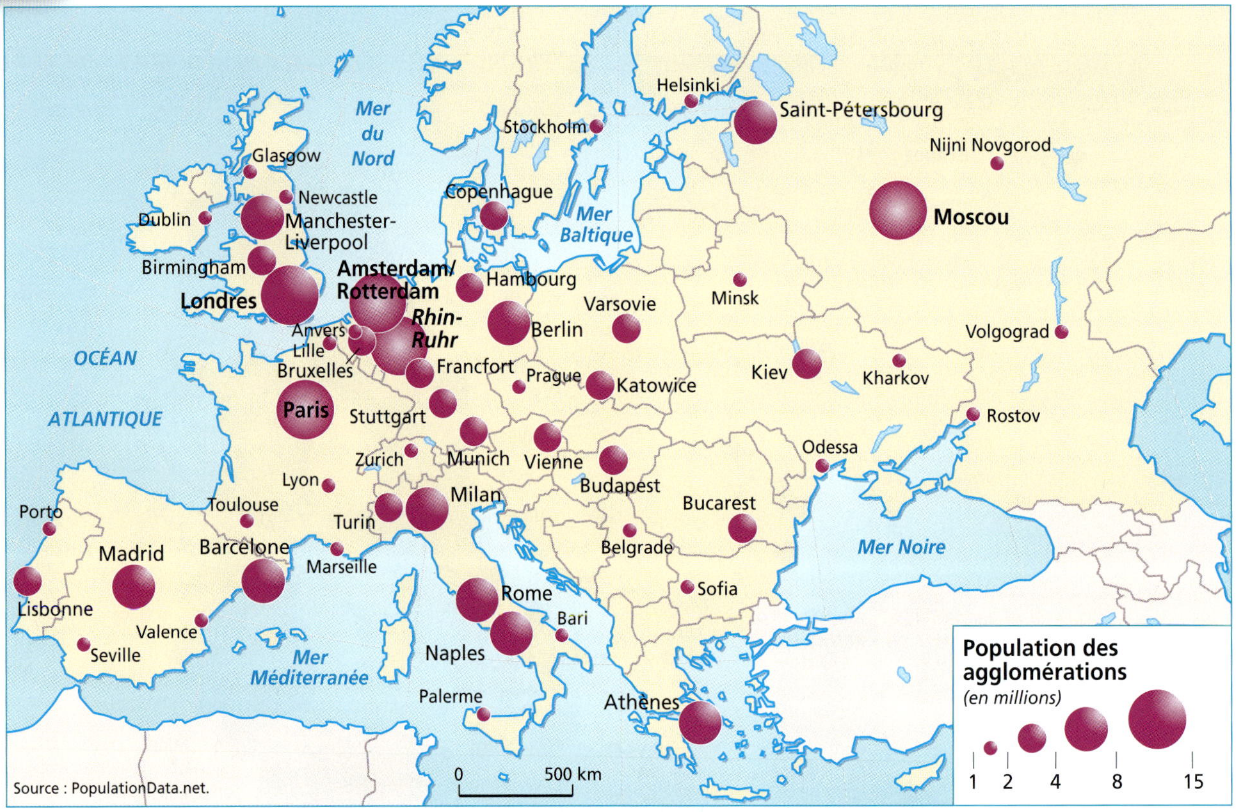

Europe : les grands axes de circulation

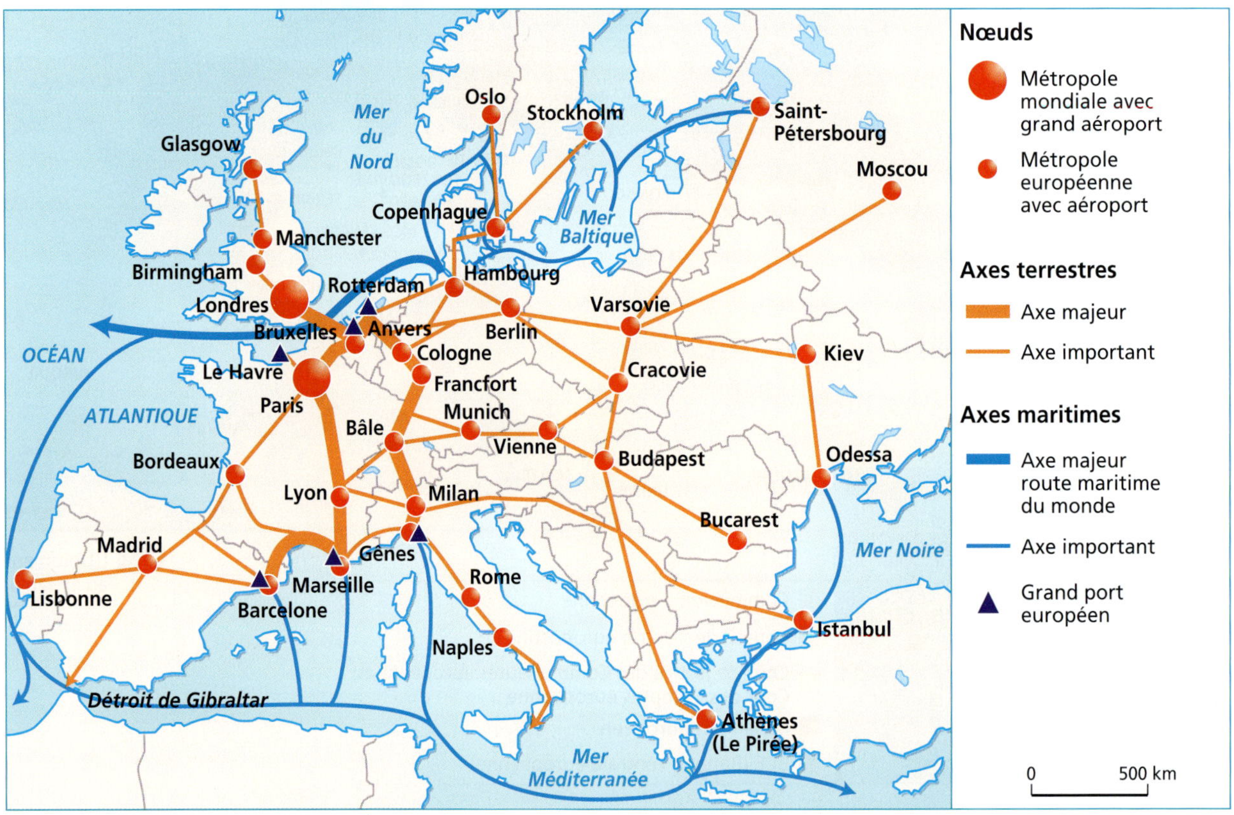

Monde : les zones climatiques

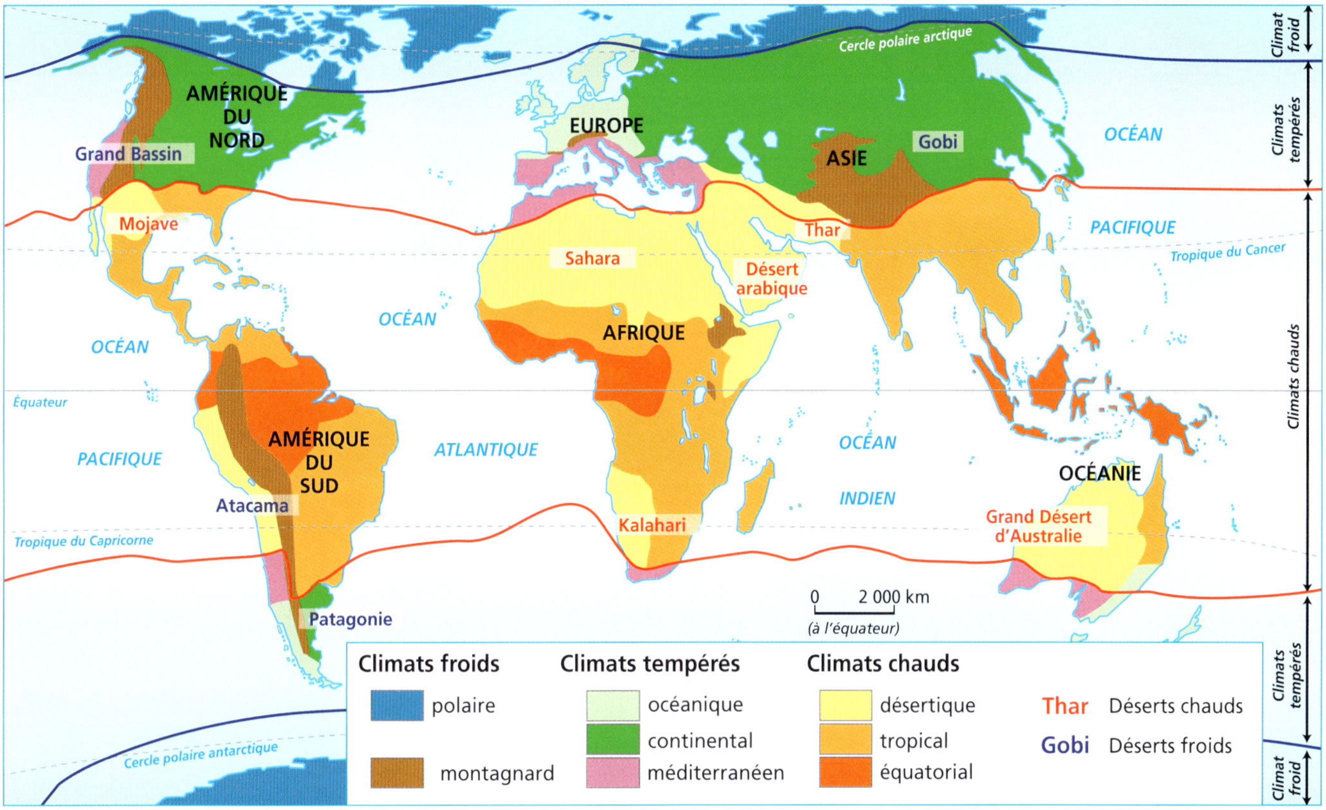

Monde : la végétation naturelle

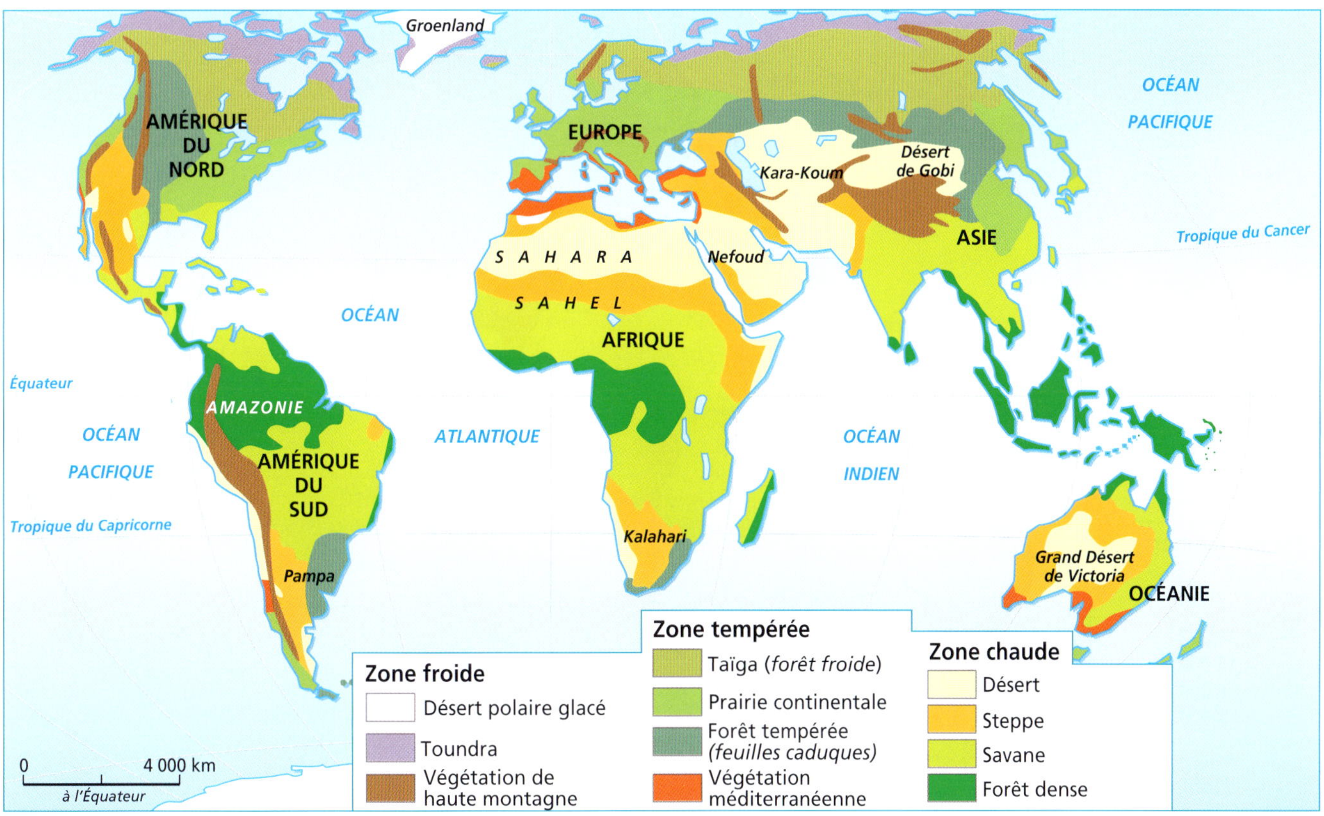

Monde : les grandes villes

Monde : la richesse dans le monde

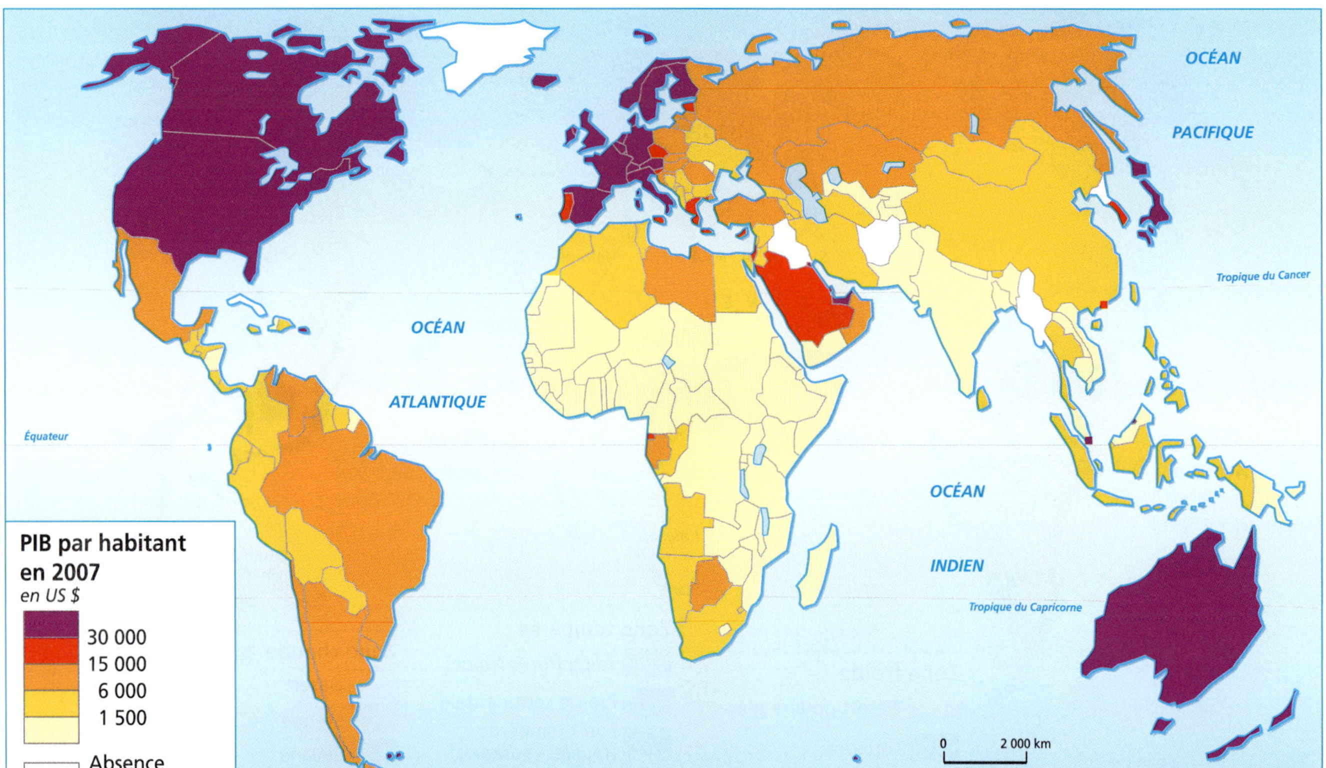

Source : Rapport mondial sur le développement humain 2009.

France - Monde : les territoires d'outre-mer français

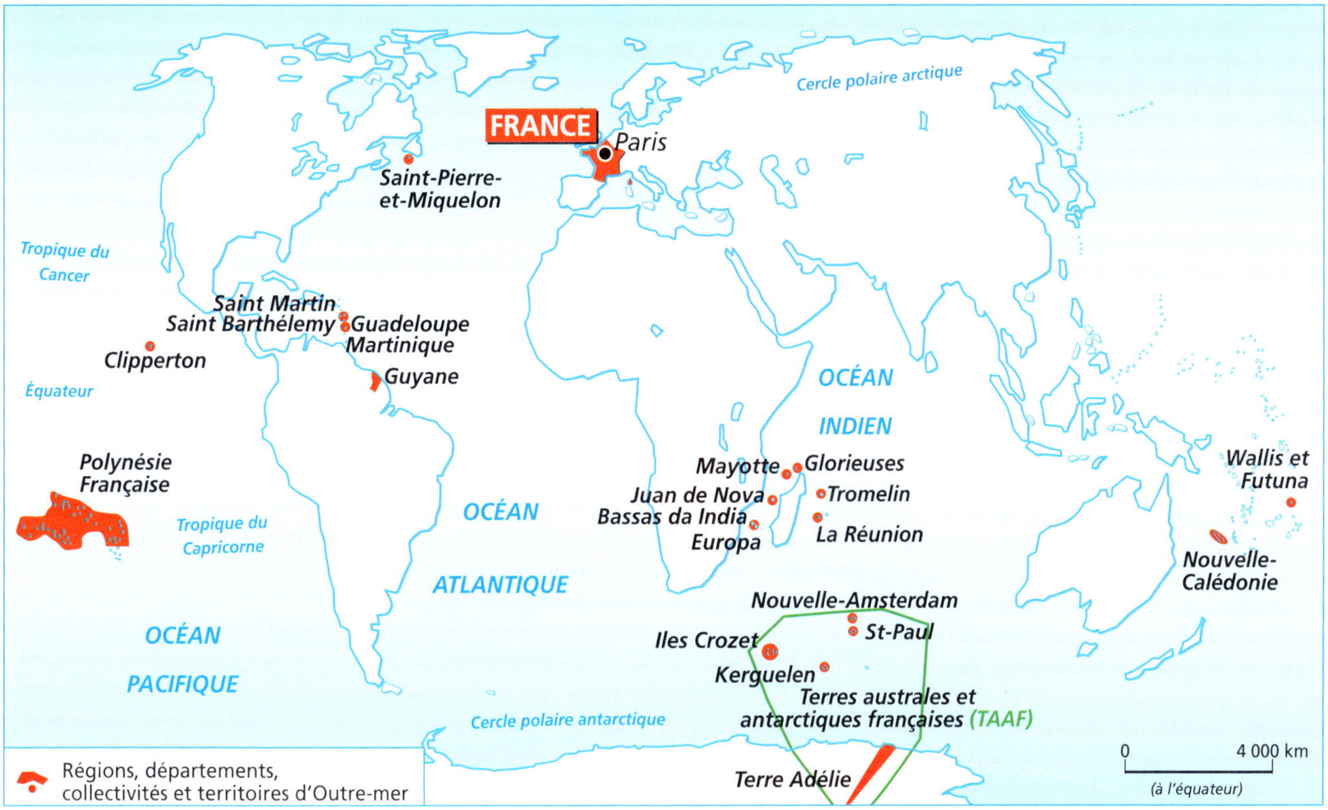

France - Monde : les DOM-ROM

Les agglomérations :

- plus de 100 000 habitants
- de 50 000 à 100 000 habitants
- de 20 000 à 50 000 habitants
- moins de 20 000 habitants

Le milieu naturel :

- Alizé
- Volcan
- Forêt

Les principales activités :

- Cultures (banane, canne à sucre, ananas, vanillier)
- Port
- Littoral touristique

Les mots du géographe

A

Accords de Schengen : accords qui prévoient un renforcement des contrôles douaniers aux frontières de l'UE mais une libre circulation des citoyens européens à l'intérieur de l'espace des États signataires. L'espace créé est appelé « espace Schengen ». **89**

Activités économiques : actions de l'homme pour produire, fabriquer ou mettre à disposition un service. **35**

Activités tertiaires : activités de services comme l'administration, le commerce, l'éducation, la santé. **96**

Aéroport : ensemble des bâtiments (aérogare) et équipements (pistes, etc.) où s'organise le transport des personnes ou des marchandises en avion. **125**

Agglomération : ensemble constitué par une ville centrale et ses banlieues. **102**

Agriculteur : personne qui cultive les sols pour produire des plantes et récolte des céréales ou du colza, par exemple. **36**

Agriculture biologique : type d'agriculture qui cherche à produire en respectant le plus possible le milieu naturel. **148**

Agriculture intensive : agriculture qui produit beaucoup grâce à des moyens techniques (engrais, machines). **147**

Agro-alimentaire : activité industrielle de transformation des produits agricoles en produits alimentaires. **80**

Alpinisme : escalade et randonnée en haute montagne. **143**

Archipel : ensemble d'îles proches les unes des autres. **75**

Assainissement : traitement des eaux usées. **47**

Autoroute : route à plusieurs voies réservées aux voitures, motos et camions, dont la vitesse est limitée à 130 km/h. **113**

Axe de circulation : permet aux hommes de se déplacer (routes, voies ferrées). **38**

B

Banlieue : partie de la ville autour du centre et qui en dépend. **103**

Bassin : partie du port dans laquelle circulent les bateaux. **133**

Bidonville : quartier très pauvre, mal équipé, où les habitations sont construites à l'aide de tôles, de bidons, de cartons. **169**

Bocage : paysage fermé par des haies. L'habitat est formé de petits groupes de maisons. **145**

C

Campagne d'information : sert à faire connaître à de nombreuses personnes des informations importantes. **47**

Capitale : ville qui occupe la première place dans un État ou une région. **83**

Carte : représentation d'une partie ou de la totalité de la Terre, sur une surface plane. **10**

CEE : Communauté économique européenne. Nom donné au regroupement des États d'Europe né en 1957. **85**

Centre-ville : cœur de la ville, où se trouvent des monuments et des commerces. **30**

Cercle polaire : ligne délimitant une zone où, pendant au moins une journée, le soleil ne se lève pas en hiver (nuit permanente) et ne se couche pas en été (jour permanent). **12**

Climat : ensemble de phénomènes météorologiques (températures, pluie, neige). **67**

Climat tempéré : climat marqué par la variété des saisons. **71**

Collecter (les déchets) : ramasser les poubelles pour recycler les déchets. **56**

Collectivité : territoire administré par un conseil élu, par exemple la commune. **54**

Commerce de proximité : magasin qui vend principalement des produits de première nécessité (alimentation). **153**

Commune : la plus petite division du territoire français (36 783 en 2010). **29**

Commune périurbaine : commune située à la périphérie d'une agglomération. **103**

Compagnie aérienne : société qui organise le transport par avion, comme Air France. **125**

Compétences : les pouvoirs des différentes collectivités territoriales. **62**

Compostage : traitement biologique des végétaux qui sont stockés dans un lieu où ils se décomposent : ils sont biodégradables. **57**

Composteur : objet dans lequel sont déposés des déchets biodégradables. **56**

Confluence : point de rencontre entre deux cours d'eau. **83**

Conteneur : boîte qui sert à transporter toutes sortes de marchandises par différents moyens de transport. **136**

Continent : immense étendue de terre entourée d'eau. **14**

Correspondance aérienne : certains passagers prennent plusieurs avions durant leur voyage. Le changement d'avion s'appelle une correspondance. **128**

Covoiturage : regroupement de plusieurs personnes dans une même voiture pour effectuer un déplacement. **43**

Créole : langue qui est le résultat du mélange entre deux langues (en général celle des populations locales et une langue européenne). **179**

Criée : lieu où les pêcheurs vendent le poisson. **147**

Cyclone : importante masse d'air se déplaçant très vite et provoquant des pluies et vents violents. **175**

D

Densité de population : nombre d'habitants au km^2. **93**

Département : division administrative du territoire français. Il y a 100 départements en 2010. **21, 29**

Désert humain : région très faiblement peuplée. **167**

Desservir : relier un lieu à un autre par un ou plusieurs moyens de transport. **120**

Diagramme ombrothermique : graphique représentant les températures moyennes (T°) par une courbe (rouge) et les précipitations mensuelles totales (P) par des bâtonnets (bleus). **70**

DROM : département et région d'outre-mer (la Réunion, Guyane, Martinique, Guadeloupe et Mayotte en 2011). **173**

E

Éboueur : personne chargée d'enlever les poubelles. **56**

Échangeur : voie qui permet de prendre l'autoroute ou de passer d'une autoroute à une autre. **117**

Échelle : rapport entre la distance sur la carte et la distance sur le terrain. **20**

Élargissement : extension de l'Union européenne par l'entrée de nouveaux membres. **87**

Élevage bovin : élevage des vaches pour la viande ou le lait. **146**

Élysée : palais où réside le président de la République française. **108**

Enfouir : les déchets sont enterrés dans une décharge. **55**

Engrais : produit permettant d'accélérer la croissance des plantes et d'augmenter les récoltes. **49**

Éolienne : moyen qui permet de fabriquer de l'électricité grâce à la force du vent. **137**

Équateur : ligne imaginaire, située à égale distance des pôles, qui sépare la Terre en deux parties égales appelées hémisphères. **12**

Équipement : installation nécessaire au développement ou à la pratique d'une activité (sport, santé, culture, etc.). **33**

Espace vert : espace planté d'arbres, de fleurs ou de pelouse dans une ville. **100**

Étalement urbain : développement de l'espace urbain dans la proche campagne. **103**

État : autorité qui gouverne l'ensemble de la population sur le territoire français. **61**

F

Fosse septique : équipement qui traite les eaux usées d'une seule habitation. **51**

Foyer de peuplement : espace caractérisé par des densités de population très élevées. **97**

Francophonie : ensemble des 182 millions de personnes parlant français (francophones) présents sur les cinq continents. **178**

Front de mer : partie de la station qui se trouve au bord de la plage. **140**

G

Gare nouvelle TGV : gare construite sur une ligne nouvelle en périphérie des villes. **121**

Globe : sphère sur laquelle est dessinée une carte de la Terre. **12**

I

Île : petite étendue de terre entourée d'eau. **75**

Incinérer : les déchets sont brûlés pour être réduits. **55**

Industrie agro-alimentaire : industrie qui transforme des produits agricoles (blé) en produits alimentaires (biscuits). **147**

Industriel : se rapporte à l'industrie, c'est-à-dire toutes les activités de fabrication de produits. **38**

Insecticide : produit qui sert à détruire les insectes. **50**

Intercommunalité : regroupement de communes, géré par des représentants des différentes communes associées. **63**

L

Latitude : distance mesurée en degrés Nord ou Sud qui sépare un point de l'équateur. **12**

LGV : ligne à grande vitesse construite pour permettre aux TGV de rouler à 300 km/h ou plus. **119**

LGV Mixte : ligne à grande vitesse sur laquelle circulent des TGV et des trains de marchandises. **123**

Littoral : bande de terre plus ou moins large, en contact avec la mer. **73**

Longitude : position de tout point par rapport au méridien de Greenwich soit à l'est, soit à l'ouest de cette ligne. **12**

Lotissement : ensemble de maisons qui se ressemblent. **31**

M

Mégalopole : ensemble urbain constitué de villes reliées entre elles, dont le pouvoir s'étend sur le monde entier. **107**

Ménage : ensemble des personnes vivant dans un même logement. **54**

Méridien : ligne imaginaire qui relie les pôles. Le méridien de Greenwich qui passe par Londres sert de référence. **12**

Métallurgie : activité industrielle de fabrication des métaux. **80**

Métropole : ville qui domine un territoire étendu (régional, national, mondial) par son pouvoir économique et politique. **105**

Métropolitain : qui appartient à la France d'Europe. La métropole est ici perçue comme celle qui détient le pouvoir sur les territoires ultramarins. **171**

Migration : déplacement souvent définitif d'une population. **167**

Montagne : relief avec une forte pente, une altitude élevée, et où la végétation dépend de l'altitude. **69**

Monument : construction remarquable par sa beauté ou son ancienneté. **99**

Mousson : vent chaud et humide, venant de la mer, qui apporte de fortes pluies. **163**

O

Océan : vaste étendue d'eau salée. **14**

Openfield : paysage sans haies, avec de grands champs. L'habitat est groupé en gros villages. **145**

Ouvrier : personne qui fait un travail avec ses mains dans une usine, une ferme. **36**

P

Parallèle : ligne imaginaire parallèle à l'équateur. Les parallèles situés à la latitude de 23° 27' sont appelés tropiques. **12**

Parc d'attractions : lieu où se concentrent diverses activités pour détendre les populations. **139**

Parc national : parc créé pour protéger les milieux naturels. **143**

Parlement : lieu dans lequel se réunissent les représentants élus d'un pays. **106**

Parvis : espace ouvert situé devant un bâtiment public (utilisé au départ pour les places d'église). **151**

Paysage : portion de l'espace terrestre que l'on découvre en regardant autour de soi. **11**

Péniche : long bateau à fond plat utilisé pour le transport de marchandises. **43**

Périphérie : qui se situe autour de la ville. Se dit aussi d'un espace éloigné du centre. **39**

Pesticides : moyens chimiques souvent mauvais pour la santé, utilisés pour éliminer les plantes et animaux qui peuvent détruire la production agricole. **148**

Peuplement : répartition de la population sur un territoire. **93**

Place : lieu public qui sert à tous, situé dans un village ou dans une ville. La place est souvent entourée de bâtiments publics, parfois de commerces. **32**

Plaine : relief plat où les cours d'eau s'écoulent sans creuser de vallées profondes. **68**

Planisphère : représentation à plat de la Terre. **12**

Plateau : relief plat où les rivières creusent des vallées profondes. **68**

Pôle : extrémité nord ou sud de la Terre par laquelle passe l'axe de rotation de la Terre. **12**

Pollution : présence dans l'eau, dans le sol ou dans l'air de produits dangereux pour l'homme et l'environnement. **49**

Port de plaisance : port réservé aux bateaux de navigation de loisir. **141**

Portique : grue qui sert à transporter les conteneurs d'un mode de transport à un autre. **136**

Précipitations : pluie, neige ou grêle. **71**

Préfet : représentant de l'État dans les départements et les régions. **61**

Q

Quai : espace le long duquel sont stationnés les bateaux. **133**

Quartier : partie d'une ville. **30**

Quartier d'affaires : quartier où sont concentrées les banques, les assurances et la direction des grandes entreprises. **105**

R

Raffinerie de pétrole : usine où l'on transforme le pétrole pour obtenir de nouveaux produits (essence, diesel, huile, etc.). **135**

Recyclage : opération visant à utiliser tels quels des déchets ou à les employer pour fabriquer d'autres choses. **53**

Région : division administrative du territoire français. Il y a 26 régions en 2010. **20, 59**

Relief : inégalités de la surface terrestre (montagne, plateau, colline, vallée, plaine). **23**

Remontée mécanique : système qui permet de remonter les pentes sans effort. **142**

Rénovation : action qui consiste à remettre en bon état des immeubles anciens et abîmés. **101**

RER (Réseau express régional) : réseau ferré qui dessert Paris et son agglomération. **154**

Réseau : ensemble de voies de transport reliées entre elles. **113**

Risque : tout danger d'origine naturelle ou humaine menaçant les populations. **135**

Riziculture : culture du riz. **167**

Rural : qui se rapporte à la campagne. **31**

S

Satellite d'embarquement : dans les grands aéroports, certains terminaux sont reliés à des bâtiments appelés satellites où les passagers vont prendre l'avion. **128**

Saturation : nombre trop important de véhicules sur un axe de transport. **117**

SDF : désigne les sans domicile fixe, c'est-à-dire les personnes qui n'ont pas de logement. **169**

Séisme : tremblement de terre. **174**

Services : activités qui correspondent aux besoins des habitants : l'administration, les commerces, les loisirs. **35**

Siège social : bâtiment où se trouve la direction d'une entreprise. **152**

Solde migratoire : différence entre le nombre de personnes qui sont entrées sur un territoire (immigrants) et le nombre de personnes qui en sont sorties (émigrants). Lorsque le solde est positif, on dit que le territoire est attractif. **172**

Solde naturel : différence entre le nombre de naissances et le nombre de décès. **172**

Station balnéaire : lieu touristique situé en bord de mer. **140**

Station d'épuration : équipement destiné à traiter les eaux salies, usées par les hommes. **50**

Station de sports d'hiver : station de montagne destinée à la pratique du ski. **142**

Station touristique : lieu dans lequel des touristes passent leurs vacances et pratiquent différentes activités. **140**

Superficie : surface, étendue. **172**

T

TER : transport express régional. Les transports régionaux (train ou car) sont gérés par le Conseil régional. **61**

Terminal : bâtiment réservé aux passagers ou aux marchandises qui vont prendre l'avion (embarquement) ou en descendre (débarquement). **126**

Terminal fret : terminal réservé uniquement au transport des marchandises. **126**

Territoire : partie de l'espace terrestre qu'un groupe d'hommes considère comme le sien et organise pour pouvoir y vivre. **10**

Territoire de la France d'outre-mer : territoire français situé sur d'autres continents que l'Europe. **73**

Tertiaire : secteur économique qui regroupe l'ensemble des activités de services (éducation, santé, commerce, transports). **151**

TGV : train à grande vitesse qui roule à plus de 300 km/h sur les lignes nouvelles à grande vitesse. **119**

Thalys : TGV reliant la France, la Belgique, les Pays-Bas et l'Allemagne depuis 1996. **122**

Tour de contrôle : tour à partir de laquelle la circulation aérienne autour de l'aéroport est gérée. **126**

Tourisme : activité par laquelle le touriste se déplace pour son plaisir dans un autre lieu que celui où il vit. **82**

Trafic : nombre de véhicules, de personnes ou de marchandises circulant sur un axe de transport. **116**

Tramway : transport en ville (ou ubain) qui circule sur des rails. **41**

Transport en commun : permet à un nombre important de personnes de se déplacer ensemble en ville, dans un même véhicule : bus, tram, métro. **43**

Tunnel sous la Manche : ouvert en 1994, ce tunnel relie la Grande-Bretagne à la France par chemin de fer. **123**

U

UE : Union européenne. Nom donné au regroupement des États d'Europe depuis 1993. **85**

Ultramarin : qui appartient à l'outre-mer, qui se situe au-delà des mers par rapport à un pays donné. **171**

Urbain : qui se rapporte à la ville. **31**

Usager : personne qui utilise un service. **43**

Usine sidérurgique : transformation du fer pour fabriquer des métaux. L'acier se fabrique avec du charbon et du fer. **134**

V

Vallée : relief creusé par un cours d'eau. **69**

Ville nouvelle : ville créée dans les années 60 à côté de Paris pour contrôler les développements de la capitale. **155**

Volcan : relief formé par la remontée de lave à la surface de la Terre. **67**

Z

Zone d'activités : lieu où sont concentrés des usines, des commerces, des laboratoires de recherche… **38**

Zone industrialo-portuaire (ZIP) : zone industrielle installée dans un port, accueillant les navires du commerce mondial. **134**

Les États du monde

1 LUXEMBOURG
2 SLOVAQUIE
3 LIECHTENSTEIN (Vaduz)
4 ANDORRE (Andorre-la-Vieille)
5 MONACO
6 SAINT-MARIN
7 VATICAN
8 SLOVÉNIE
9 CROATIE
10 BOSNIE-HERZÉGOVINE
11 MACÉDOINE
12 KOSOVO